Beck'sche Reihe
BsR 1034

Wie machen Sie Ihr Hotelzimmer einbruchsicher? Wie verhalten Sie sich in undurchsichtigen Situationen im Ausland, wenn scheinbare oder echte Amtsträger zudringlich werden? Wie verschaffen Sie sich einen optimalen Platz im Flugzeug? Was ist zu beachten, wenn Sie allein, als Frau, mit Kindern oder als Behinderter verreisen wollen? Auf alle diese und viele andere Fragen gibt Dr. Klaus Müller eine Antwort.

Der Autor, *Klaus Müller,* war in einer „früheren Inkarnation" als Bankjurist im internationalen Kreditgeschäft in Düsseldorf, Paris, New York, Brüssel, Luxemburg und Rom tätig. Bei Geschäfts- und Urlaubstrips verfiel er der „Droge Reisen". Seit mehreren Jahren durchstreift er die fünf Kontinente. So stammen seine Tips aus einem riesigen Fundus eigener Erfahrungen, die er in allen möglichen und unmöglichen Reisesituationen gewonnen hat.

KLAUS MÜLLER

Den Urlaub überleben

Tausend wirklich brauchbare Reisetips

VERLAG C.H.BECK MÜNCHEN

Die Deutsche Bibliothek – CIP-Einheitsaufnahme

Müller, Klaus:
Den Urlaub überleben : tausend wirklich brauchbare
Reisetips / Klaus Müller. – Orig.-Ausg. – München :
Beck, 1993
(Beck'sche Reihe ; 1034)
ISBN 3 406 37424 7
NE: GT

Originalausgabe
ISBN 3 406 37424 7

Umschlagentwurf: Uwe Göbel, München
Illustration: Simone Fischer/Rüdiger R. Goth

Satz und Druck: Presse-Druck- und Verlags-GmbH, Augsburg
Gedruckt auf säurefreiem, aus chlorfrei gebleichtem
Zellstoff hergestelltem Papier
Printed in Germany

Inhaltsverzeichnis

Vorwort

Bei ihrem ersten Flug fragte eine Dame die Stewardessen in der Küche im Heck des Flugzeuges, wo sie die Toilette finden könne. „Gehen Sie ganz nach vorn ans andere Ende dieses Ganges!" Die Dame bedankte sich, verschwand und kam nach ein paar Minuten wieder. „Haben Sie die Toilette gefunden?" vergewisserte sich die Stewardeß freundlich. „Ja", kam mißmutig die Antwort, „aber es sitzen zwei Herren darin, die fernsehen." Sie war ins Cockpit geraten, wo Pilot und Copilot vor ihren Bildschirmen arbeiteten. – Die Gute könnte sicher viel aufregend Neues in diesem Reiseratgeber finden. Ich hoffe aber, auch dem erfahreneren Reisenden und sogar dem fortgeschrittenen Traveler Interessantes zu bieten, zum Beispiel Informationen über Reisemöglichkeiten im fremden Land und die neuesten Tricks der Ganoven. Stellen Sie sich vor, Sie plaudern auf der Avenida Copacabana in Rio mit einem anderen Reisenden, den Sie gerade kennengelernt haben. Plötzlich steht ein Herr vor Ihnen, der sich als Geheimpolizist ausweist und Ihnen beiden mitteilt, daß er wegen Drogenmißbrauchs ermittelt. „Ihre Nationalität bitte?" „Venezolaner", sagt Ihr Gesprächspartner. „Deutscher", sagen Sie. „Bitte Ihre Pässe!" Ihr Gesprächspartner überreicht sofort respektvoll seinen Paß. Wenn Sie das Kapitel Diebe – Betrüger – Räuber in diesem Buch gelesen haben, können Sie nun sagen: „Ich kenne den Trick, mein Freund", und weitergehen. Sonst verlieren Sie vielleicht Ihre ganze Bargeldreserve.

Reisevorbereitung

Hurra! Durch Rat von Bekannten oder Reisebüros, durch Reisebücher oder Fernsehberichte haben Sie das Reiseland Ihrer Träume gefunden. Vielleicht verlangt es zur Einreise nur einen Personalausweis. Falls Reisepaß erforderlich, muß er für viele Länder noch mindestens drei oder sechs Monate gültig sein. Lassen Sie ihn ggf. verlängern oder beantragen Sie einen neuen. Da stempelfreudige Grenzbeamte oft für jeden Ein- und Ausreisestempel eine neue Seite benutzen und dadurch einen Paß schnell vollstempeln, klemme ich die leeren Seiten und einen Zettel „bitte" mit einem Pfeil durch eine Büroklammer zusammen. Es ist eine gute Idee, auf dem vorderen Innendeckel folgende Informationen einzukleben: 1. Ihre Blutgruppe mit Rhesusfaktor. Dadurch kann im Falle eines Unfalls mit der Notwendigkeit zur Blutübertragung wertvolle Zeit gewonnen werden. 2. Ein Zettel, wer im Notfall zu Hause zu verständigen ist, mit Adresse und Telefonnummer – eventuell auch in Englisch (Emergency? Please inform … phone …). 3. Ein Organspenderausweis, falls Sie wünschen, daß nach Ihrem Tod das Leben anderer Menschen durch Übertragung Ihrer Organe gerettet wird.

Von Ihrem Reisebüro oder einem Konsulat bzw. der Botschaft des zu besuchenden Landes (s. Telefonbuch im Postamt unter Bonn oder Bad Godesberg) erfahren Sie mit einer Postkarte oder einem Anruf, ob für Ihre Reise ein Visum erforderlich ist. Lassen Sie sich ein Visaantragsformular schicken und senden Sie es ausgefüllt per Einschreiben mit Ihrem Paß, der erforderlichen Zahl von Fotos, der Visagebühr und einem als Einschreiben frankierten und an Sie selbst adressierten Briefumschlag zurück. Beachten Sie, daß die meisten arabischen Staaten kein Visum erteilen, wenn Ihr Paß ein Israel-Visum oder auch nur einen ägyptischen Grenzstempel enthält, aus dem sich ein Israel-Besuch erkennen läßt. Ähnliches gilt für einige – meist afrikanische – Länder mit einem Südafrika-Visum. Unter Hinweis auf dieses Problem können Sie übrigens jederzeit einen zweiten Paß erhalten, der auch nützlich sein kann, um bei einer größeren Reise mehrere Visa gleichzeitig zu beantragen (die „Laufzeit“ pro Visaerteilung liegt oft bei zwei oder mehr Wochen) oder um wiederholt in Länder einzureisen, die z. B. nur einen Aufenthalt von höchstens sechs Monaten je Kalenderjahr zulassen (wie Indien, Sri Lanka). Wenn Sie zu wenig Zeit haben, sich mit den Details der Visabeschaffung zu befassen, die im Fall einiger exotischer Länder einen oder zwei Besuche beim Konsulat einschließen können, übernimmt das Ihr Reisebüro gegen entsprechende Gebühr. Informieren Sie sich auch über Ausreiseformalitäten. Es gibt Länder, die neben dem Einreise- auch ein Ausreisevisum, Steuer-Freistellungsbescheinigung = Bestätigung, daß Sie bei der Abreise keine Steuerschulden im Gastland hinterlassen, und dergleichen verlangen. Häufig wird die gelbe internationale Bescheinigung über Impfungen verlangt, auch von Ländern, die gar keine Impfungen vorschreiben. Um nicht jedes Mal diesen Impfpaß aus den unergründlichen Tiefen meiner Reisetasche herauskramen zu müssen, habe ich ihn mit einem Gummiring über den Rücken des Reisepasses daran befestigt. Für den Fall, daß Sie im Ausland einen Wagen oder ein Motorrad mieten oder auch nur in unvorhergesehenen Fällen bei Freunden als Fahrer einspringen wollen, ist die Beantragung eines internationalen Führerscheins sinnvoll. Sie werden unterwegs immer wieder mal Paßfotos für Visaverlängerungen, Reisegenehmigungen für sonst gesperrte Gebiete usw. brauchen. Nehmen Sie ein paar auf Vorrat mit. Es spart Ihnen unterwegs Sucherei und Zeit. Wenn Sie länger unterwegs sind, ist es praktisch, ein Negativ dabei zu haben, von dem Sie sich von Zeit zu Zeit Abzüge machen lassen. Der Ausweis Ihrer Berufsgruppe (z. B. Mitarbeiter eines Reisebüros, einer Fluglinie, Eisenbahner, Angestellter einer Hotelkette) oder Ihres Hobbyvereins (z. B. Tauchclub) kann Ihnen unterwegs Vergünstigungen und interessante Kontakte vermitteln. Ein Studentenausweis mag für ermäßigte Eintrittskarten in Museen, verbilligte Eisenbahnfahrkarten und ähnliches hilfreich sein. Ansonsten hat er stark an

Bedeutung verloren, seit Zehntausende von Fälschungen in aller Welt verkauft werden. Die meisten Fluggesellschaften sind dazu übergegangen, verbilligte Flugscheine statt an Studenten an Jugendliche, in der Regel bis 26 Jahre, abzugeben. Ein Jugendherbergsausweis verhilft nicht nur Jugendlichen zu sauberen, preiswerten und sportlichen Unterkünften. Die Seniorenermäßigung für (je nach Land) 55-, 58-, 60jährige zeigt, wie sehr auch ältere junge Leute willkommen sind (ihnen stehen oft Einzelzimmer zur Verfügung). Hosteling, also in Herbergen leben, ist eine Geisteshaltung. Viele wachsen aus der Gemeinschaft heraus, wenn sie keine Teenager mehr sind. Aber es gibt eine Reihe von im Herzen jung gebliebenen älteren Weltenbummlern, die nicht davon loskommen, nicht aus finanziellen Gründen – sie könnten sich meistens gute Hotels leisten – sondern weil sie das einfache, kameradschaftliche Leben in der Gesellschaft junger Leute aus aller Welt lieben. – Packen Sie alle Ihre Papiere in eine Dokumententasche. Wenn diese durchsichtig ist, hilft das beim Auffinden kleiner Dinge wie Adreßkleber, und wenn sie (durch einen Spezial-Reißverschluß) wasserdicht ist, kann das Ihre Papiere bei einem Regenguß oder unfreiwilligen Bad retten.

„Man sieht nur, was man weiß“ heißt es zutreffend in einer Werbung. Gute Vorausinformation ist sicher eines der wesentlichsten Erfolgsrezepte für eine Reise. Welche Freunde und Bekannte haben Ihr Reiseland schon besucht und können Empfehlungen und Hinweise geben? Diese mögen natürlich subjektiv gefärbt sein: Einer hat vielleicht in einem ansonsten trostlosen, völlig uninteressanten Dorf die Frau seines Lebens (bzw. sie den Mann ihrer Träume) kennengelernt; ein anderer war an einem faszinierenden Platz krank oder wurde dort bestohlen, so daß seine Erinnerung negativ beeinflußt ist. Falls es ein Fremdenverkehrsamt oder Touristenbüro des betreffenden Landes gibt (meist in Frankfurt oder Düsseldorf – Telefonbuch!), teilen Sie ihm Ihre besonderen Interessen, Reisezeit und -dauer mit, und bitten Sie um Landkarten, Routenvorschläge, Stadtpläne, Kalender von Festen und anderen besonderen Veranstaltungen, allgemeine touristische Informationen usw. In Ihrem Reisebüro finden Sie vielleicht jemanden, der Ihr Reiseland aus eigener

Erfahrung kennt. Zumindest können Sie aus Gruppenreise-Prospekten ersehen, was die Standardrouten und meistbesuchten Plätze sind. Mit etwas Glück finden Sie in Ihrer Stadtbibliothek einschlägige Literatur. Die wichtigste und ergiebigste Informationsquelle wird Ihre Buchhandlung sein, die Sie kompetent über die richtigen Bücher und Landkarten beraten wird, besonders über gute Reiseführer. Die Palette reicht vom kleinen Polyglott-Führer über die Sympathie-Magazine vom Studienkreis für Tourismus in Starnberg, Merian-Hefte, Traveler-Handbücher, Apa-Guides, „Kulturschock"-Bände zu DuMont-Kunstführern. Mit beispielsweise einem Indonesien- oder Pakistan-Handbuch aus dem Gisela Walther-Verlag oder auch einem Lonely Planet-Guide (oft Bibel der Traveler genannt, ursprünglich Englisch, inzwischen für mehrere Länder ins Deutsche übersetzt und vom Schettler-Verlag vertrieben) werden Sie bei Ihrem ersten Besuch in Surabaya, Hongkong oder Mexiko-City aus dem Flugzeug steigen und sich sofort – fast – wie zu Hause fühlen. Es ist sinnvoll, Bücher, die Sie mit auf die Reise nehmen, mit durchsichtiger Decofix-Folie zu überziehen. Sie werden sonst rasch unansehnlich. Sie können auch erwägen, wesentliche Seiten aus dicken Bänden zu fotokopieren, nach Besuch der betreffenden Plätze wegzuwerfen und so für die Weiterreise Platz und Gewicht für anderes zu sparen. Falls Sie einen Videorecorder haben (und zufällig auch damit umgehen können), wird Ihnen manches Reisebüro eine 20-Minuten-Kassette über Ihr Reiseziel leihen (oder zumindest im Büro vorführen). Ausführliche Kassetten zur Reisevorbereitung und Nachfreude (über das, was man alles nicht gesehen hat) gibt es für zahlreiche Länder zu kaufen.

Beginnen Sie rechtzeitig mit eventuell erforderlichen oder empfehlenswerten Schutzimpfungen, damit zu Beginn der Reise der Schutz durch die Impfungen bereits eingetreten ist und die vorgeschriebenen Abstände zwischen den einzelnen Impfungen eingehalten werden können: Gelbfieber für den Tropengürtel Afrikas und Amerikas; Pocken – die Krankheit ist praktisch ausgerottet, aber wenige Länder schreiben zur Vorsicht noch eine Impfung vor; Cholera – die Wirksamkeit der Impfung ist umstritten, dennoch wird sie bei Einreise aus Infektionsgebieten gelegentlich verlangt (erwägen Sie eine Gefälligkeits-Impfbescheinigung); Polio (= Kinderlähmung – eine Erstimpfung werden Sie als Kind erhalten haben, aber eine Auffrischungsimpfung ist höchst ratsam); Tuberkulose; Diphtherie; Typhus und Paratyphus (die Einnahme von Typhoral-Tabletten kann vom Reisenden ohne ärztliche Aufsicht selbst vorgenommen werden); Tetanus (= Wundstarrkrampf – alle zehn Jahre zu wiederholende Impfung, auch für zu Hause sehr zu empfehlen); Kinderlähmung-Schluckimpfung; Meningitis (= Gehirnhautentzündung – häufig durch Zecken übertragen); Röteln, falls Sie nicht als Kind erkrankt waren – besonders sichere und bekömmliche Impfung; Hepatitis B und A (Keine Impfung i. e. S. durch Verabreichung von Krankheitserregern, die im Körper die Bildung von Abwehrstoffen = Antikörpern auslösen, sondern eine vorbeugende Injektion von Immunglobulinen, die gegen Virus- und Bakterieninfektionen wirksam sind. Diese vom Körper nicht selbst produzierten Abwehrstoffe werden vom Organismus wieder abgebaut, so daß bei mehrmonatigem Aufenthalt in infektionsgefährdeten Gebieten die Immunglobulingabe wiederholt werden sollte. 50% der Reisenden sind schon immun gegen die Erkrankung. Ein Bluttest zeigt Ihnen, ob Sie für den Rest Ihres Lebens auf die Vorbeugung verzichten können). Ihr Gesundheitsamt, Tropeninstitut oder Ihr Arzt wird Sie beraten, impfen, mit dem Impfausweis und dem amtsärztlichen Eintrag darin versehen. Eine Vorabinformation ist im Reisebüro möglich, das über ständig aktualisierte Unterlagen verfügen dürfte (z. B. TIM-Monatsschrift oder das deutsche Handbuch „Der blaue Fink“, herausgegeben von der Industrie- und Handelskammer der Region Stuttgart, mit vielen Hinweisen nicht nur zu Impfbestimmungen, sondern auch zur Vorbereitung und Durchführung von Auslandsreisen, Einreisebestimmungen, Klimaübersichten, wichtigen Anschriften usw.).

Sie sollten sich – je früher, desto besser für die Planung – über zwei wesentliche Alternativen klarwerden:

1. Gruppen- oder Individualreise. Wenn Sie Wert darauf legen, daß Ihre Hotelzimmer für die gesamte Reise vorab reser-

viert sind und daß ein Reiseleiter Sie vom Flughafen zum Hotel, vom Restaurant zum Museum, von Sehenswürdigkeiten zum Schlafwagen bringt, daß Ihre Hotels und alle drei Mahlzeiten am Tag hohem internationalem Standard entsprechen, daß Sie jeden Tag mit der gleichen, langsam vertraut werdenden Gruppe von Menschen in Flugzeug, Bus, Schiff, Restaurant und Museum zusammen reisen, dann ist eine organisierte Gruppenreise für Sie das Beste und auch Billigste. Durch die Großabnahme von Flugzeugplätzen und Hotelzimmern können gute Reiseunternehmen Ihnen Paketpreise bieten, zu denen Sie allein nicht reisen können. Das mag selbst für einen Individualisten als „Schnupperreise" ein guter Weg in ein Land sein, das er später einmal auf eigene Faust länger und tiefer erforschen will. Wenn Sie Abenteuer, Unabhängigkeit, die Herausforderung, sich selbständig mit dem fremden Land auseinanderzusetzen und es dadurch besser, da nicht nur von seiner „Schokoladenseite", kennenzulernen, wechselnde Gesichter um sich herum suchen und vielleicht auch zu einem Bruchteil der Kosten sauber aber einfacher wohnen und essen wollen, dann reisen Sie individuell! Interessante Mittelwege zwischen beiden Formeln sind Veranstaltervorschläge wie Flug & Appartement, Flug & Mietwagen, Flug & Hotel mit Halbpension. Besonders attraktiv sind „Stop-over-Arrangements" von Fluggesellschaften, die Transport Flughafen-Stadt, Hotelunterkunft, Verpflegung sowie Stadtrundfahrt mit z.T. sehr günstigen Konditionen anbieten. Bei der organisierten Reise haben Sie (hoffentlich) gleichgestimmte Reisegenossen. Wenn Sie unorganisiert losziehen, ist eine Gewissenserforschung angebracht:

2. Allein oder mit Reisepartner? Wenn Sie allein, also ohne festen, vorab „gebuchten" Reisegefährten verreisen, haben Sie völlige Freiheit und Unabhängigkeit, tun, was Sie wollen, haben auf niemanden zu warten und niemanden zu fragen, ob er heute oder morgen abreisen will, ob er ins Museum oder an den Strand möchte, ob er dies Hotel zu teuer, jenes zu einfach findet, ob sein Sinn nach einem vegetarischen Restaurant oder einem Steak-House steht. Aber Sie können sich auch sehr allein fühlen an Ihrem „Sträflingstisch" im Restaurant, im schmucklosen

Hotelzimmer, auf langen Wanderungen durch dann besonders unpersönliche Städte, vor allem, wenn Sie einmal krank werden. Mit Partner können Sie Aufgaben teilen (einer steht Schlange beim Bankschalter, der andere beim Fahrkartenbüro), auch manche Kosten (Reiseführer, Taxis, Bücher, Hotelzimmer: EZ = meist etwa 60% des DZ-Preises). Eine gemeinsame Reise wird – wenn Reiserhythmus und Interessen kompatibel sind – eine besonders enge Freundschaft bilden. Andererseits sind die Straßen, Züge, Hotels, Jugendherbergen, Traveler-Restaurants der interessanteren Reiseländer voll Alleinreisender. Mit etwas Kontaktfreude werden sich unterwegs fast immer passende Gefährten finden. Es kann sogar besonders reizvoll sein, auch hier die Pendelbewegungen des menschlichen Lebens auszukosten. Nachdem man ein paar Tage allein gereist ist und es genossen hat, baut sich ein Wunsch nach Gesellschaft und Gedankenaustausch auf, und man freut sich, für eine Weile mit netten Einzelpartnern oder fidelen Gruppen aufzubrechen. Wenn sich dann jeder sein Leben erzählt und man gemeinsam Freude an verschiedenen Unternehmungen gehabt hat, ist es meist auch wieder ganz nett, sich nach der Weggabelung allein an seiner Ruhe, Muße zum Lesen, Unabhängigkeit und Entscheidungsfreiheit zu erfreuen. Das schließt keineswegs aus, daß man sich auf einer späteren Etappe mit großem Hallo wiedertrifft oder sich vielleicht sogar schon vor der Trennung für ein späteres Ziel verabredet. Dieses Verfahren vorübergehender Trennung ist auch möglich, wenn man die ganze Reise von vornherein mit einem fest „gebuchten" Reisegefährten angeht. Stellen Sie vielleicht schon vor dem Aufbruch klar, daß man sich möglicherweise zwischendurch einmal ohne Verstimmung für ein paar Tage trennt, wenn dem einen nach Entspannung in der Mangrovenlagune, dem anderen nach Kulturprogramm mit zehn gotischen Kirchen oder 15 Tempeln zumute ist. Das mag helfen, von vornherein Reibungen zu vermeiden und Verstimmungen gar nicht erst aufkommen zu lassen und Ihnen das Beste beider Reisewelten zu geben: in Gesellschaft reisen und doch von Zeit zu Zeit etwas unabhängig sein.

Wenn Sie unbedingt mit Partner verreisen wollen, aber keinen geeigneten kennen, helfen Zeitungsanzeigen, Anschläge an Schwarzen Brettern, Reisebüros, die gelegentlich auch Single-Parties veranstalten, Reisepartnervermittlungen wie Bon Voyage in verschiedenen Großstädten wie Köln, Berlin, Hamburg, die in Tageszeitungen inserieren und für ca. 60 (Europa) bis 80 DM (außerhalb Europas) vermitteln oder für 130 DM fünf Partnervorschläge für ein Jahr machen. Ihre Entscheidung!

Reiseplanung

Wenn Sie organisiert reisen, wird Ihnen die Reiseplanung abgenommen. Wenn nicht, werden Sie sich mit Ihrem Partner zusammensetzen bzw. allein darüber nachdenken, wie die Streckenführung und zeitliche Aufteilung aussehen soll. Wie weit diese Planung ins Detail geht, ist individuell verschieden. Manche Reisende improvisieren nach Ankunft je nach Stimmung, Wetter, Informationen von anderen Travelern, Begegnungen mit anderen, die zu gemeinsamen Unternehmungen führen. Andere fixieren vorab den ganzen Ablauf bis auf jede Stunde, jeden Zug, jeden Museumsbesuch und jede Tempelbesichtigung (... und bleiben dann oft doch wochenlang am schönen südindischen Strand von Kovalam oder in Bali hängen). Wenn Sie der Planer-Typ sind, können Sie sich anhand der oben (S. 11–12) gegebenen Informationen eine erste Liste der Plätze machen, die Sie gerne besuchen würden. Studieren Sie dann die Wetterbedingungen. In Südindien und Ägypten z.B. ist es im Sommer um die 45° C heiß. In der feuchten, heißen Regenzeit sind Straßen in Teilen Borneos kaum befahrbar, die Schiffsverbindungen ins Innere der Insel funktionieren jedoch im Gegensatz zur Trockenzeit, da die Flüsse reichlich Wasser führen. Messen Sie Entfernungen und schätzen Sie Transportzeiten. Dabei kann der ABC-World-Airways-Guide, ein doppelbändiger, monatlich erscheinender Wälzer mit allen Linienflugverbindungen der Welt von Hilfe sein. Sie finden ihn in fast jedem Reisebüro. Als gutem Kunden überläßt man Ihnen vielleicht ein älteres Exemplar. Es gibt auch einen ABC-Guide für die nationalen und internationalen Linienschiffsverbindungen, den Thomas Cook Overseas Timetable, ein Fahrplan für die wichtigsten Züge der Welt, oft mit Anschluß-Bussen und -Fähren, den ABC-Guide for International Travel und The Hotel Guide vom THG Tour + Travel Guide Verlag, der 40000 Hotels in aller Welt aufführt. Sie sind allerdings nicht ganz so leicht zu finden. – Rechnen Sie für Busfahrten in Drittwelt-Ländern je nach Straßenzustand mit 30–70 km pro Stunde, für Züge mit meist wesentlich weniger. Wenn Sie Einheimische fragen, gilt die Faustregel: Genannte Reisezeit verdoppeln, Preis halbieren.

Gibt es besondere Feste, Festspiele oder Vorführungen während Ihrer Besuchszeit? Setzen Sie die Zahl der Tage fest, die Sie voraussichtlich gern an den verschiedenen Orten Ihrer Reise verbringen würden und planen Sie Ruhetage ein (besonders für den Reiseanfang mit Erholung von Abreisestreß und -hektik, Klimaänderung, Zeitverschiebung, Kulturschock, ungewohntem Essen, Anpassungserkrankungen etc.), Wartetage für Zugreservierungen, Zeitverlust durch unvorhergesehene Probleme (Zugausfall, Krankheit, Schließung eines besonders wichtigen Museums). Denken Sie daran, daß Sie bei Überfliegen der Datumslinie vielleicht einen Tag verlieren oder gewinnen, zumindest gilt das für Stunden bei jeder größeren Bewegung nach Osten oder Westen.

Die Welt der Flugscheine ist ein Dschungel, und ein Reiseagent, der sich darin virtuos von Ast zu Ast, sprich von Computerbild zu Computerbild schwingt, ist ein Juwel. Er kann Ihnen viel Geld, Zeit und Umstände sparen. Wenn Sie einmal einen gefunden haben, bleiben Sie ihm treu und quälen Sie ihn nicht mit zu vielen Umbuchungswünschen. Es vereinfacht Ihr Gespräch mit ihm und macht Spaß, wenn Sie einige Begriffe seines Fachchinesischs beherrschen: Linienflüge sind – im Gegensatz zu Charterflügen – fahrplanmäßige Verbindungen offizieller Luftlinien. Voll gezahlte Linientickets bieten, um ihren hohen Preis zu rechtfertigen, folgende wesentliche Vorteile: Buchung und Umbuchung jederzeit; Gültigkeit meist ein Jahr; Umtausch- und Erstattungsfähigkeit; Endorsierungsmöglichkeit, d. h. Sie können mit einer anderen Gesellschaft fliegen, wenn Ihnen deren Flugzeit oder Route besser paßt; Stop-over-Möglichkeit, d. h. Sie können ohne Mehrkosten Zwischenstops einlegen; Möglichkeit des Gabelflugs (engl. open-jaw-flight), d.h. Sie können beispielsweise nach Lima fliegen und Ihre Rückreise von Rio nach dem Karneval antreten, oder nach Venedig, zurück von

Neapel, nach Bangkok, zurück von Singapur, nach New York, zurück von San Francisco, und dabei jeweils die dazwischenliegende interessante Strecke über Land zurücklegen; Diabetiker-, vegetarische-, koschere Mahlzeiten ohne Aufpreis bei Anmeldung Ihres Wunsches 48 Std. vor Abflug; kostenlose Reservierungsmöglichkeit vorab; möglicherweise ein bis zwei kostenlose Umwegflüge bei einer weiten Reise mit hohem „Mileage". Diese voll gezahlten Flüge werden meist von Geschäftsleuten auf Firmenkosten gebucht. Trotz häufiger Umbuchungen wegen Terminänderungen – oft in letzter Minute – sind diese Kunden so interessant, daß verschiedene große Fluggesellschaften für sie eine besondere „Geschäftsklasse", „Business-Class", „Club-Class", „Raffles-Class" oder dgl. eingerichtet haben, die in Komfort und Verpflegungsangebot zwischen der Economy (= Touristenklasse) und First (1. Klasse) liegt. Sie wird bald mit Laptops, individuellen Fernsehschirmen und Videorecordern ausgerüstet werden. Eine starke Ermäßigung auf Linienflügen bringen APEX- (= Advanced Purchase Excursion Fare), Super-APEX-, Holiday-, Excursion-, Flieg & Spar-Tarife. Dafür müssen Sie vorab bezahlen, bestimmte Mindest- und Höchstaufenthaltsdauern am Zielort respektieren, sich an die einmal gewählten Ab- und Rückflugtermine halten. Wenn Sie einen Studentenausweis haben und/oder jünger als 26 Jahre alt sind, wenn Sie in einer Gruppe fliegen, wenn Sie unter Verzicht auf einen reservierten Platz „stand-by" reisen, falls es freie Plätze bei dem Flug gibt, können Sie Ermäßigungen erhalten. Stand-by ist der billigste Tarif, ist aber nur interessant, wenn erfahrungsgemäß bei einem Flug Plätze frei bleiben. Wenn Sie mehrmals nach London-Gatwick hinausfahren, um nach Hongkong zu starten, und erfolglos zurückkehren und übernachten müssen, ist der Preisvorteil bald aufgezehrt.

Wollen Sie einmal um die Welt fliegen und dabei ein paarmal aussteigen? Verschiedene Fluggesellschaften haben Round-the-world-Tarife schon zwischen 2000–3000 DM, gültig für wenige Monate bis zu einem Jahr. Die meisten günstigen beginnen im Ausland, z.B. in Luxemburg, Brüssel, Amsterdam, Paris, London.

Wenn ein Veranstalter sieht, daß für einen Termin viele Plätze frei bleiben, verramscht er diese oft ein bis zwei Wochen vor dem Flug über die Restplatzbörse (last-minute-booking) – häufig in Verbindung mit überaus attraktiven Halb- oder Vollpensions-Hotelangeboten.

Früher war trotz zusätzlicher Anreisekosten London ein Mekka für Billigtickets. Das gilt heute nur noch für wenige Fernstrecken wie in die USA. Dagegen sind Amsterdam, Brüssel, Luxemburg oft günstige Startplätze, besonders für nicht zur IATA (= International Air Traffic Association, Zusammenschluß der meisten Nobel-Fluglinien, die gegenseitig die Tickets der angeschlossenen Gesellschaften anerkennen) gehörende Linien.

Ihr Reiseagent wird das alles für Sie herausfinden. Wenn Sie ihn noch nicht vorher erprobt haben, kontrollieren Sie seine Preise beim ersten Mal durch Einholung eines Konkurrenzangebotes bei Reisebüros wie Travel-Overland oder Travel-Team, beide München, Globetrotter Travel Agency in Zürich und in anderen schweizer Städten, Malibu Travel, Amsterdam, Österreichisches Landesreisebüro, Innsbruck, oder Trailfinders, London. (Erfragen Sie bitte die häufig wechselnden Telefonnummern bei der internationalen Telefonauskunft, und sagen Sie der Vermittlung gleich zu Beginn des Gesprächs, daß Sie von weither oder aus dem Ausland anrufen, damit Sie schnell verbunden werden.)

Vielleicht finden Sie auch eine Verbilligung für Flitterwöchner, Paare, Säuglinge, Kleinkinder, Familien, Interessengruppen, Heimflüge ausländischer Arbeitnehmer, Studenten-Heimflüge oder Nachtflüge im Tarifdschungel. Charterflüge, früher oft eine Veranstaltung zweifelhafter Gruppen mit ausrangierten Propellermaschinen, sind heute salonfähig geworden und werden oft von erstklassigen Gesellschaften fahrplanmäßig zu attraktiven Preisen angeboten (letzteres besonders für einige Rückflüge aus dem Ausland nach Deutschland).

Wenn Sie es nicht eilig haben, schenken Ihnen gelegentlich im harten Konkurrenzkampf Gesellschaften der Golfregion ein oder zwei Nächte mit Vollpension in einem top Wüstenhotel, wenn kein Anschlußflug am gleichen Tag besteht. Royal Jordan Airlines und Malta Air haben sich gleichfalls mit derartigen Arrangements Herzen erobert. Wer kommt normalerweise schon nach Amman oder La Valetta?

Wenn Sie die Wahl zwischen verschiedenen Fluglinien zum gleichen oder fast gleichen Preis haben, lohnt es sich, über die kürzesten und günstigsten Flugzeiten, die Möglichkeiten verpaßter Anschlüsse beim Umsteigen, die moderneren und besser gewarteten Maschinen und die Qualität des Service am Boden und an Bord nachzudenken. Ein zeitlich günstiger Direktflug mit Singapore Airlines oder Thai International ist allemal einen Aufpreis gegenüber einem Umwegflug mit Aeroflot über Moskau oder mit Malev über Bukarest mit langen Wartezeiten und unsicherem Anschluß wert, und wenn Sie von Sri Lanka nach Indien mit der Lanka Air zum gleichen Preis fliegen können wie mit der Air India und dem Risiko, auf dem Flughafen Colombo ohne ein Wort der Erklärung oder gar Entschuldigung, ganz zu schweigen von Umbuchungen auf andere Linien, Hotel- oder Restaurantgutscheinen zwölf Stunden sitzengelassen zu werden, sollte die Entscheidung auch klar sein. – Besonders im Charterflugzeug werden Sie beim Gespräch mit Ihrem Sitznachbarn oft erfahren, daß er einen oder ein paar Hunderter weniger (oder mehr) als Sie bezahlt hat. Tragen Sie es mit Fassung!

IT-(= Inclusive Tour)Tarife geben gelegentlich Veranstaltern die Möglichkeit, behördlich vorgeschriebene Mindestpreise zu unterbieten. Touropa, Jet-Tours, Airtour bieten ein Paket von Flug, Hotel und/oder Mietwagen usw., dessen Preis manchmal nur geringfügig über dem normalen Flugpreis liegt. Beim „falschen IT“ mit „Wegwerfquartier“ wird augenzwinkernd vereinbart, daß die Hotelgutscheine nicht benutzt werden. Beim „Campingflug“ wird oft ein – manchmal vorhandener – Campingplatz angegeben, dessen Betreiber sehr erstaunt wäre, wenn Sie sich bei ihm zur Übernachtung in der Mitte von Nirgendwo einfinden würden.

Einige US-Carrier brachten vor ein paar Jahren Prämienprogramme heraus, und inzwischen wurde die werbewirksame Idee von einer Reihe internationaler Fluggesellschaften aufgegriffen.

Geflogene Flugmeilen werden auf einem besonderen Konto gutgeschrieben, oft auch für Billigtickets. Zu den geflogenen Meilen addieren sich häufig noch Bonusmeilen für die Anmeldung bei der Reservierungszentrale der Gesellschaft, Übernachtungen in bestimmten Hotels, Mieten eines Leihwagens. Für schon relativ geringe Meilenguthaben gibt es Prämien wie Freiflüge, Upgradings (s. u. S. 105), Geschenke.

Lassen Sie sich beim Empfang des Flugscheins mitteilen, wie hoch die Flughafengebühr (airport-tax) ist, die Sie vor dem Geldwechseln in bar zurückhalten müssen, wie lange vor dem Abflug Sie sich mit Flugschein, Paß und Gepäck zum Einchecken im Flughafen einzufinden haben und in welchem Terminal (A, B oder C in Ffm) und an welchem Schalter Sie einchecken. (Hat Ihre Fluggesellschaft eigene Schalter, oder ist die Lufthansa oder sonstwer „handling agent"?). Prüfen Sie die Eintragungen auf dem Flugschein: Name, Flugdatum und -zeit, feste Reservierung (OK) oder nicht (RQ = request, seltener WL = Waiting List), Rückflug. Bei letzterem ist es zweckmäßiger, den spätesten wahrscheinlichen Termin reservieren und eintragen zu lassen, als ihn offen (open), also unreserviert zu lassen. Für möglicherweise auf Wochen hinaus ausgebuchte Flüge ist eine Umbuchung meist leichter als eine ganz neue Reservierung. Und wenn gar nichts geht, kann man wenigstens auf das reservierte Datum zurückgreifen.

Es ist ein verbreiteter Irrtum, daß man Flugscheine günstiger bei einem Büro der betreffenden Fluggesellschaft kaufen kann als bei einem Reisebüro. Ein seriöses Reisebüro ist mindestens genauso billig wie die Fluglinie (die Reisebüro-Provision von meist 5–12% wird von dieser vergütet), manchmal günstiger, wenn es große Mengen von Tickets kauft und einen Teil des Engros-Rabatts an die Kunden weitergibt. Zu diesen „bucketshops" gehören einige der oben genannten Reisebüros.

Wenn Ihre Reisedaten feststehen, können Sie über Ihre Versicherungen nachdenken und sich in das „Kleingedruckte" einlesen. Dabei sind besonders wichtig die Ausschlußklauseln, die festlegen, welche Schäden nicht gedeckt sind – ebenso Ihre Pflichten als Versicherter im Schadensfall, wie fristgemäße Meldung per Einschreiben, bei Krankenhausaufenthalt per Telegramm. Vermeiden Sie unnötige Doppelversicherungen: Diebstahl ist häufig durch eine bereits bestehende Hausratversicherung mit abgedeckt, wobei möglicherweise Juwelen, deren Mitnahme auf Reisen sich ohnehin nicht empfiehlt, und eine aufwendige Foto- oder Videoausrüstung unterversichert bleiben. Eine Reiserücktrittskostenversicherung ist manchmal schon im Ticketpreis enthalten. Ein Heimtransport per Flugrettungswacht ist vielleicht schon Teil einer bestehenden Krankenversicherung. Damit sind – außer der Haftpflichtversicherung – die wichtigsten in Frage kommenden Versicherungen angesprochen. Lassen Sie sich über für Ihr Ziel und Ihre Reisedauer empfehlenswerte Versicherungen, Bedingungen, Prämien usw. von einem seriösen Versicherungsvertreter oder Versicherungsmakler beraten. Letzterer hat den Vorzug der Unabhängigkeit, ist für Sie kostenfrei (seine Provisionen tragen die Versicherungsgesellschaften) und kann ggf. Ihre Rechte gegenüber den Versicherern durchsetzen helfen. Erwähnenswert ist, daß Sie bei wirklich erheblichem Ärger mit einer Versicherung Hilfe beim Bundesaufsichtsamt für das Versicherungswesen in Berlin suchen können. Schon die Drohung damit wirkt oft Wunder, da damit das Problem auf Vorstandsebene gebracht wird: Die Beantwortung einer Anfrage des Amtes muß von einem Vorstandsmitglied der Versicherung unterschrieben werden. Ein wenig bekanntes, aber sehr wichtiges Detail.

Der beste Kauf auf dem Gebiet der Versicherungen scheint mir die Auslandskrankenversicherung zu sein, die von verschiedenen Gesellschaften zu einer Jahresprämie von ca. 14 DM (!) angeboten wird und sämtliche Auslandsreisen des Jahres bis 45 Tage abdeckt. Ein erstaunlich günstiges Angebot! Es ist so günstig, daß man es auch erwägen sollte, um eine Prämien-Rückgewähr wegen Nichtinanspruchnahme einer laufenden Dauer-Versichung nicht zu gefährden. Für längere Reisen bietet die Partner-Gruppe in Offenbach eine weltweite Abdeckung zu 100% (ohne Zahnbehandlung) für 26 DM Monatsprämie. Ähnlich günstig, je nach Reisedauer, sind beispielsweise die Angebote von Barmenia, Wuppertal, Victoria Gilde, Düsseldorf, und

Central Krankenversicherung, Köln. Versicherungsschutz durch gesetzliche Krankenkassen erhält man in einer Reihe von europäischen Ländern aufgrund deutsch-ausländischer Sozialabkommen auf Gegenseitigkeit. Sie sichern die Behandlung bei plötzlicher Erkrankung (Auslandskrankenschein). Informationsblätter erhalten Sie bei ihrer Krankenkasse. Auf ihnen ist vermerkt, welcher Versicherungsschutz im jeweiligen Land besteht. Außerhalb Europas ist es seit den Blümschen Krankenkassen-Reformen mit dem Schutz vorbei. Dort brauchen Sie eine private Versicherung.

Eine Reiserücktrittskostenversicherung empfiehlt sich besonders, wenn eine Reise lange Zeit vor Reiseantritt gebucht wird. Erstattet werden nicht nur die Kosten bei Nichtantritt der Reise, sondern auch Mehrkosten bei einer vorzeitigen Rückkehr. Aus dem „Kleingedruckten" ergibt sich, daß nur erstattet wird, wenn schwerwiegende Gründe wie Tod, schwerer Unfall oder schwere unerwartete Krankheit des Versicherten selbst oder eines nahen Angehörigen vorliegen. Unerwartet bedeutet, daß nach allgemeiner Lebenserfahrung eine Erkrankung nicht vorhersehbar war. Wenn die 95jährige Mutter erkrankt, wird nichts gezahlt. Und wenn das diensthabende Fräulein Gemahlin sich plötzlich überlegt, daß sie lieber mit einem anderen verreist, mag das für den versicherten Verehrer überaus schmerzlich sein, aber seine Reiseausfallversicherung wird abwinken.

Was tun, wenn Sie nicht versichert sind und Ihr Reisebüro hohe Stornogebühren fordert? Ruhig Blut bewahren! Eine Storno-Pauschale wird nicht automatisch fällig. In der Regel kann ein Veranstalter vom Kunden nur Ersatz des entstandenen Schadens verlangen. Wenn der Kunde – z. B. durch Umfragen im Bekanntenkreis oder ein paar Kleinanzeigen, evtl. mit Angebot eines Zuschusses – einen Ersatzmann findet oder beweisen kann, daß die Reise anderweitig verkauft wurde, muß er nur die Kosten einer Umbuchung bezahlen. Letzterer Beweis könnte beispielsweise erbracht werden, indem Freunde kurz vor Beginn der Reise schriftlich beim Reisebüro anfragen und beschieden werden, daß die Reise ausgebucht ist. Falls sich zufällig vor der Reise ergibt, daß sie durch einen erheblichen Mangel beeinträchtigt würde, kann der Kunde nicht nur ohne Stornokosten zurücktreten, sondern möglicherweise darüber hinaus Schadenersatz verlangen. Wenn Sie eine Reise in ein Krisengebiet gebucht haben, in dem Krieg, Bürgerkrieg, Epidemien oder sonstige Gefahren drohen, und das Auswärtige Amt in Bonn von der Reise abrät, können Sie vom Vertrag zurücktreten. Allerdings können Reiseveranstalter ihre Kunden bei Kündigung wegen höherer Gewalt mit bis zu 50% der entstandenen Auslagen z.B. für Flug- und Hotelbuchungen in Anspruch nehmen. Diese möglicherweise erheblichen Kosten sind auch durch eine Reiserücktrittskosten-Versicherung nicht immer abgedeckt. All das und mehr ergibt sich aus § 651 BGB, der Rechtsprechung dazu und den Bedingungen des jeweiligen Versicherungsvertrages, den man genau studieren sollte.

Es mag zweckmäßig sein, trotz der Exotengebühren unserer Banken (die Postbank ist oft einen i-Punkt günstiger) schon für spanische Pesetas und portugiesische Escudos, geschweige denn für Währungen entfernterer Destinationen, etwa einen Tagesbedarf an Devisen vor Abfahrt zu wechseln, falls sie verfügbar und ihre Einfuhr ins Zielland gestattet ist. Allerdings haben die meisten internationalen Flughäfen 24-Std.-Bankschalter, in Europa EC-Automaten, und notfalls helfen ein paar kleingestückelte Dollarscheine über die ersten Ausgaben hinweg (Gepäckträger, Flughafen-Terminal-Bus, Taxi, evtl. erste Hotelnacht). Wechseln Sie größere Beträge vorab nur, wenn der Kurs in der Heimat günstiger als am Zielort ist. Das ist selten der Fall. Für Länder mit einer starken Währung wie der DM empfiehlt es sich meist, Geld erst am Reiseziel zu wechseln. Reisende, die in Ländern mit schwacher Währung unterwegs sind, sollten übriggebliebene Devisen noch vor der Abreise schnell vor Ort in DM umtauschen. Für einige Länder bietet das gute alte Postsparbuch eine preiswerte Geldreserve und kursgünstige Wechselmöglichkeit.

Unsere besonders gut organisierte Freundin Rosemie tippt vor jeder Reise die Adressen für Urlaubskarten bzw. -briefe auf Klebezettel, die sie am Ziel nur abzuziehen und aufzukleben braucht und somit die Zeit für Adressenschreiben spart. Ich habe unterwegs eigentlich immer mehr Zeit als zu Hause und nehme deshalb meine Adressensammlung (auch für Besuche unterwegs) als lose Blätter mit – leichter als ein Adreßbuch, platzsparender, über die Jahre mit Tipp-Ex und Kopien aktualisierbar, somit Schreiberei sparend und bei Verlust nicht unersetzlich, da eine Kopie zu Hause bleibt. Telefonieren von einigen Drittweltländern ist nahezu undurchführbar, lange Telegramme sind teuer, und ihr Schicksal ist ungewiß. Daher sollten Sie mit diesen Adressen auch die Telex- und/oder Fax-Nummern von Verwandten, Freunden, Nachbarn, Ihres Bankberaters und Ihrer Versicherung notieren.

In Notfällen finden Sie Adressen und Telefonnummern unserer Auslandsvertretungen im örtlichen Telefonbuch unter Botschaft, Embassy (E), Ambassade (F), Embajada (E), Embaixada (P), Ambasciata (I) oder Konsulat, Consulate (E), Consulat (F), Consulado (E, P), Consolato (I). Für Städte, in denen es kein Telefonbuch gibt (und das sind mehr als man glaubt), könnte es sich auszahlen, die relevanten Nummern nach Befragung Ihres Reisebüros oder Anforderung der Liste „Auslandsvertretungen der BRD" vom Auswärtigen Amt in Bonn mitzunehmen. Wenn Ihnen das zuviel Aufwand ist, können Sie sie am Zielort beim Fremdenverkehrsamt (tourist office), einem Reisebüro oder der Rezeption eines großen Hotels erfragen.

Deutsche Pässe werden auf den Schwarzmärkten mancher Länder mit hohen Preisen gehandelt, da sie – nach entsprechenden Änderungen wie Fotoaustausch – visafreie und problemlose Einreise in viele Staaten verschaffen. Ihr Paß mag daher in das Fadenkreuz eines Diebes gelangen. Sie bekommen dann im nächsten deutschen Konsulat ein Ersatzdokument für die Heimreise oder – wenn Sie darauf bestehen, und das sollten Sie – einen neuen Paß. Das geht leichter und schneller, wenn Sie eine Fotokopie des verlorenen Passes vorlegen können. Eine Fotokopie wird auch meist bei Polizeikontrollen und beim Einlösen von Reiseschecks statt des Originals akzeptiert. Sie sollten daher die Personalien – Seiten 2 und 3 – (und zweckmäßigerweise auch die Seite mit dem Besuchsvisum) fotokopieren lassen. Auf der Rückseite können Sie die Nummern Ihrer Reiseschecks (s. u.), Ihres Bankkontos, Ihrer Versicherung, Ihrer Kreditkarte etc.

notieren. Verwahren Sie diese Kopie körpernah, am besten je eine an zwei verschiedenen Stellen. Sollten Sie einmal beraubt werden, bildet sie Ihre Notaktionsbasis, von der auch ein Exemplar bei der Familie oder Freunden zum telefonischen Abruf bleiben sollte. Vielleicht lassen Sie auch die anderen, oben genannten Ausweise auf ein Blatt kopieren. Dann können die Originale evtl. zu Hause bzw. im Hotelsafe in Sicherheit bleiben. Führerscheinkopien werden bei Kontrollen meist anerkannt. Das liegt im Ermessen des kontrollierenden Polizeibeamten. Sie können ihn sicher davon überzeugen, daß Sie in diesen unsicheren Zeiten das Original nicht der Gefahr eines Verlustes aussetzen wollten.

Es kann zweckmäßig sein, ein offiziell aussehendes Dokument außer dem Reisepaß mitzuführen, das als Sicherheit z.B. beim Mieten von Fahrrädern, Booten etc. akzeptiert wird. Ich hatte mir in Hohot in der Inneren Mongolei einmal ein Fahrrad gegen Hinterlegung des Passes geliehen. Am Abend gab mir der Verleiher den Reisepaß eines anderen Deutschen zurück, der seinerseits bei Rückgabe seines Rades mit meinem Paß losgezogen war, ohne die Verwechslung zu bemerken. Es wurde ein panikartiger, langer Suchabend in zahlreichen Hotels für westliche Langnasen. Seitdem lasse ich meinen Paß möglichst nie aus den Augen und habe ihn durch Decofix-Überzug, ein rotes Signalband und einen außen angebrachten Adreßkleber schwer verwechselbar gemacht.

Sprechen Sie die Sprache des Landes, das Sie bereisen werden? Mit Deutsch oder sogar Englisch mag es in dem kleinen peruanischen Andendorf oder im japanischen Ryokan schwierig werden. Das sollte Sie aber nicht von der Reise abhalten. Schreiben Sie in ein Heft oder auf fliegende Blätter untereinander wichtige Sätze und Wörter (Guten Tag, bitte, danke, Verzeihung, wieviel, wo, wann, Hotel, Restaurant, Bahnhof, Bushaltestelle, Toilette, Eingang, Ausgang, Arzt, Apotheke, Hilfe, Post, Telefon, stop, schön ...) und lassen Sie daneben die Begriffe in der Fremdsprache einsetzen, sobald Sie jemanden finden, der beide Sprachen spricht. Solche Übersetzungshilfen (phrase-papers) sind in verschiedenen Reiseführern schon fertig abgedruckt. (S. Anhang.)

Wenn Ihr Gesprächspartner völlig unverständlicherweise Ihren gepflegten Oxford-Akzent nicht versteht, zeigen Sie auf die Worte. Wenn Sie Glück haben, kann er lesen. Denken Sie in jedem Fall an die Kiss-Regel (keep it simple, stupid = mach es einfach, Dummchen). Weitere Möglichkeiten zur Verständigung sind die Mitnahme eines Liliput-Lexikons oder einiger leerer Blätter mit Stift. Gedankenaustausch durch Zeichnen läßt sich lernen. Ich werde nie den charmanten Nachmittag in einem chinesischen Teehaus in Xinin vergessen. Eine Gruppe junger Männer und bemerkenswert hübscher Damen lud mich an ihren Tisch ein. Freundliches Lächeln auf allen Seiten. Ich zückte meinen vorbereiteten Zettel mit chinesischer Schrift: „Ich spreche leider kein Chinesisch. Sprechen Sie Englisch?“ Kopfschütteln. „Ich freue mich sehr, zum dritten Mal Ihr schönes Land zu besuchen. Ich heiße Klaus, bin aus Deutschland, 58 Jahre alt, arbeite für eine Bank. Freundschaft!“ Beifälliges Stimmengewirr. Dann nahm eine bezaubernde Madame Butterfly Zettel und Stift, malte ein Fernsehgerät der Nullserie mit Knöpfen, öffnete und schloß die Lippen in großen Knautschbewegungen vor einem imaginären in der Hand gehaltenen Mikrofon und zeigte auf sich selbst. Aha, sie war Fernsehsprecherin. Fingerzeig auf ihren Nachbarn, ausholende Gesten. So, er war Schauspieler beim Fernsehen. Nach langen „Gesprächen“, vielen Tees und süßem Gebäck brachte mich die ganze Mannschaft zum Hotel. Tiefe Verbeugungen und ein Zettel mit Zeigen auf mich, „Klaus“. „☼☼☼ ... 365, 365, 365 ...“, „Xining“, viele unleserliche Schriftzeichen und Zeigen auf sich selbst. Oh ja, Sonne bedeutet auch Tag, 365 Tage sind ein Jahr. Die Botschaft lautete: Wenn ich nach ein paar Jahren wieder nach Xining komme, soll ich sie unter dieser Adresse besuchen. So einfach kann es sein! – Wenn Sie Zeit und Lust haben, ein paar Worte oder Sätze der Landessprache zu lernen, wird Ihnen das viele Herzen öffnen. Am einfachsten ist das, wenn Sie sich von einem Einheimischen oder einem Ausländer mit verständlichem Akzent alles auf ein Tonband sprechen lassen und die Kassette oft abhören. Es gibt auch ganze Tonbandsprachkurse im Buchhandel.

Welche Verkehrsmittel auch immer Sie benutzen, die Platzreservierung kann den ganzen Unterschied machen. Versuchen Sie, im Schlaf- oder Liegewagen nicht auf der ratternden Achse im ersten Waggon hinter einer ständig Signale pfeifenden Lokomotive zu liegen, sondern reservieren Sie Ihr Himmelbett im 5. oder 6. Abteil eines der hinteren Wagen (wenn der Zug nicht unterwegs in einem Sackbahnhof umgestellt wird), nicht im letzten, falls Zugunglücke Ihr Trauma sind. Jede Familie hat die Geschichte eines Ahnen, der als einziger einen Zusammenstoß überlebte, weil er in der Mitte des Zuges saß.

Wenn Sie auf den Nervenkitzel verzichten können, in erster Reihe neben einem Kamikaze-Busfahrer durch Brasilien oder Indien zu fahren und – wichtiger! – Augen und Ohren vor einem Kung-Fu-Film im Video-Thermos-King-Bus Kolumbiens oder Indonesiens schützen wollen, reservieren Sie einen schönen Fensterplatz in der Busmitte (nicht hinten auf den Schleudersitzen über oder hinter der Achse), in heißen Ländern oder wenn Sie fotografieren wollen, auf der Schattenseite. Bei vielen organisierten Reisen mit mehrtägigen Busfahrten wird häufig ein halbtägiger Sitzplatzwechsel vorgeschlagen. Eine faire Sache, die Sie auch anregen können (besonders, wenn Sie einen schlechten Platz erwischt haben). Diese Ratschläge sowie die Empfehlung, ein aufblasbares Kissen, eine Decke (besonders bei Nachtfahrten), eine mit Heißem oder Kühlem gefüllte Flasche, Lesematerial und die notwendigen Toilettenartikel im Bus dabei zu haben, sind besonders wichtig für längere Strecken, auch wenn es nicht gleich der „Magic-Bus" London-Ffm-Delhi ist.

Im Flugzeug haben verschiedene Leute verschiedene Prioritäten. Ein militanter Nichtraucher, der aus Versehen oder Platzmangel in den Raucherbereich plaziert wurde, kann dort weltverbessernd wirken oder die Aggressionen vieler Büromonate abreagieren. Wer seinen Lieblingsfilm sehen will, erbitte einen günstig zur Leinwand gelegenen Platz. Der Fotograf braucht einen Fensterplatz auf der Schattenseite, nicht gerade über den Tragflächen. Wer von jeder vorübergehenden Stewardeß einen neuen Cognac erfleht, sitzt am Gang strategisch günstig. Daß ihm dort jeder zur Toilette oder zu einer Besichtigung des Cockpits strebende Passagier den Ellenbogen, und die Mahlzeiten und zollfreie Waren verteilenden Stewardessen ihre Vehikel in die Rippen stoßen, wird für ihn zweitrangig sein. Durst ist schlimmer als Heimweh. Wer nach einem langen Flug im Jumbo voraussichtlich „nichts wie raus“ will, ist vorne links am Ausgang am besten aufgehoben. (Natürlich haben auch hier die Gäste der 1. Klasse Vortritt.) Wenn Sie Ihre langen Beine ausstrecken wollen, sind die Reihen neben den Notausgängen besonders geeignet. Ich schreibe oder telefoniere vor Langstrekkenflügen und bitte die Fluggesellschaft, mir einen Nichtraucher-Fensterplatz neben einem Notausgang zu reservieren. Die Notausgänge haben meist Ausbuchtungen, auf denen man die Beine hochlegen kann. Noch bequemer wird es, wenn man sein Handgepäck hochkant als Fußstütze benutzt. Das geht allerdings nur in der Reiseflughöhe. Bei Start und Landung muß der Raum neben den Emergency exits frei bleiben. Diese Plätze neben den Notausgängen dürfen Ihnen bei den meisten Gesellschaften allerdings nicht angewiesen werden, wenn Sie mit Kleinkindern reisen. Vielmehr weisen interne Anordnungen einiger Fluglinien das Bordpersonal an, die genannten Sitze, falls sie nicht reserviert sind, bevorzugt mit kräftig und intelligent aussehenden Personen zu besetzen, die den Eindruck machen, daß sie sich im Evakuierungsfall als umsichtige Helfer nützlich machen können.

Wenn Sie zu den Glücklichen gehören, die Gelegenheit, Zeit und Geld für eine Schiffsreise haben, können Sonnen- und Schattenseite (Süd/Nord) und vorherrschende (Wüsten-)Windrichtung von Bedeutung für die Kabinenwahl sein. Als die Engländer noch ihr koloniales Kronjuwel Indien besaßen, wußten die reiseerfahrenen Vizekönige, Gouverneure und Distriktoffiziere nach ihrer ersten Passage Southampton–Bombay, daß sie ihre Kabinen auf dem Promenadendeck für die Ausreise backbord, für die Heimreise steuerbord buchen sollten, also „port out, starboard home“. Die Reiseagenten kürzten das bald ab zu „posh“, das heute noch im Englischen chic, mondän, elegant bedeutet. Heute sind die großen Musikdampfer eine vom Aussterben bedrohte Gattung. Und es gibt auch nur noch wenige Passagierplätze auf Frachtschiffen, da Fracht nicht verpflegt werden muß und sich nicht beklagt. Aber es gibt noch interessante und preiswerte Reisemöglichkeiten in einigen Ländern, z.B. die Schiffe durch die chilenischen Fjorde und in die Antarktis oder die komfortablen Fähren der staatlichen PELNI-Linie zwischen vielen der 13677 Inseln des Indonesischen Archipels, in Deutschland gebaut, mit 1., 2., 3., 4. Klasse und Schlafsaal, inklusive einer Moschee an Bord. Buchen sie „posh" oder umgekehrt. Und wenn Sie es falsch gemacht haben, weist Sie evtl. ein netter Zahlmeister (der wichtige Mann wird an Bord mit „Purser" angeredet) in eine freie Kabine auf der richtigen Seite ein, vielleicht sogar in einer höheren Klasse.

Das liebe Geld

„Geld hat man, aber man spricht nicht darüber. Reden wir also vom Geld!" (heißt es bei Spoerl). Zunächst vom Budget. „6000 DM Flugkosten, 300 DM Hotel pro Nacht usw.", erzählt der Geschäftsmann bei seiner Rückkehr. Lassen Sie sich dadurch nicht abschrecken! Sie können billiger reisen. Der Firmenvertreter muß seinen kurzfristig gebuchten und vielleicht mehrfach umgebuchten Flug voll bezahlen. Dabei fliegt er vermutlich 1. Klasse oder Business-Class, da er vielleicht an Bord eine wichtige Besprechung hat. Bei der Ankunft muß er in einem erstklassigen Hotel wohnen, denn seine Kunden werden möglicherweise anrufen, ihn abholen oder zumindest einen Wagen schicken. Da wird er nicht als Adresse die Pension Maria Helena beim Hafen angeben, die auch kein Telex und Fax hat, um die Verbindung zum Büro zu Hause zu halten. Die Pension mag uns aber interessieren, wenn sie sauber, sicher, einigermaßen zentral gelegen und freundlich ist. (Auf diese vier Anforderungen sollte man trotz Preisgünstigkeit nicht verzichten.) Dort sitzt vielleicht eine fröhliche Runde von jungen Travelern zwischen 18 und 80 und spinnt das große Reisegarn: „Wie sicher ist jetzt der Inka-Pfad zum Machu Picchu? Wieviel Kilo kann ein Kamel in der Thar-Wüste tragen? Wieviel kostet ein trecking-permit in Nepal neuerdings? Wo findet man per Boot-stop eine Segelyacht von Bali nach Sri Lanka?" Die jungen und nicht mehr ganz so jungen Leute fliegen mit verbilligten Tickets, zahlen – je nach Land – 3–20 DM pro Nacht für ein sauberes Zimmer in einem Viertel mit Lokalkolorit oder am Strand und essen leckere örtliche Spezialitäten für 4–20 DM pro Tag. Diese Preise gelten für die meisten Sonnenziele in Asien, Afrika und Südamerika. Etwas mehr ausgeben macht natürlich Spaß. Aber wenn Sie viel mehr ausgeben, bauen Sie möglicherweise eine Mauer zwischen sich und dem auf, was Sie eigentlich auf der Reise sehen und erleben wollten. Im Extremfall finden Sie sich im Hilton-Hotel in einer Runde geschäftsreisender Landsleute und diskutieren über die Politik der Bundesregierung. Dagegen veranlaßt, nein, zwingt Sie ein kleines Budget dazu, sich erdverbunden, nach Landesart, in örtlichen Pensionen, japanischen Ryokans, australischen Backpacker-inns, indonesischen Losmen, südamerikanischen Hostales und typischen Lokalen des Gastlandes – vielleicht neben Einheimischen vom Bananenblatt oder mit Stäbchen essend – zu bewegen. Und das wollten Sie doch eigentlich, oder? Um Steak mit Pommes frites und Bordeaux-Wein zu verzehren, anschließend beim Bier vor dem Fernseher einzuschlafen und schließlich in sein Prinzessin-auf-der-Erbse-Himmelbett zu fallen, braucht man ja nicht zu verreisen. Insofern haben meine weltläufigen Pariser Freunde recht, die wirklich das Geld für internationale Luxushotels hätten: „Wer im Intercontinental oder Hilton absteigt, hat seine Reise schon verfehlt. Wer arm ist, reist meist richtiger."

Immerhin: „Geld ist Leben", heißt es in China, und etwas brauchen Sie zur Finanzierung Ihrer Reise. Wenn Sie kein Sparschwein schlachten, Auto verkaufen, keinen Musik- oder Nachhilfe-Unterricht geben, sich als Opern- oder Popstar, Billard- oder Pokerkönig durchtingeln können, sollten Sie sich über Förderprogramme, Reise- und Aufenthaltsstipendien (Gesellschaft für Internationalen Jugendaustausch, Deutsch-Französisches Jugendbüro, beide in Bonn, weitere Adressen im rororo-Band „Reiseinfos griffbereit") informieren. Wenn Sie nicht nur einen Kugelschreiber unfallfrei in der Hand halten können, sondern Interessantes in lesbarem Stil vermitteln können, dann versuchen Sie, von unterwegs Zeitungsartikel an Lokalzeitungen, Reisemagazine und den Reiseteil überregionaler Zeitungen zu schreiben oder ihnen bzw. Fotoagenturen gute Fotos (am besten Dias) zu schicken. Eine Fotoagentur nimmt sie bis zum Abruf in Kommission und zahlt Ihnen bei Verkauf um die 50%. Hersteller von Kameras und Filmen kaufen gelegentlich gute Fotos, die mit ihrem Material geschossen wurden. In der Universität von Hongkong sah ich vor ein paar Jahren eine von Fuji-Color gesponsorte Ausstellung von zwei Dutzend Tibet-Postern, Katalog, Postkarten und Ausstellungsplakat – natürlich auf Fuji-Film fotografiert. Fotoklubs, -magazine und -gesellschaften mögen an gutem Material interessiert sein. Besonders die Photographic Society of America (2005 Walnut Street, Philadelphia, Penn., USA) ist bekannt für ihre großzügige Finanzierung von Ausstellungen. Leider fließt das Geld für solche sehr erfreulichen Möglichkeiten ebenso wie für Diavorträge erst nach Abschluß der Reise.

Der Edeluhrenhersteller Rolex in Genf finanziert Jahr für Jahr ein halbes Dutzend neuartiger Entdeckungs- oder Forschungsprojekte größeren Zuschnitts und versendet dafür englische Bewerbungsformulare. Für eine interessante Fahrradtour oder einen erstmaligen Motorrad- oder Autoraid mögen Hersteller und Lieferanten Hilfestellung leisten, allerdings eher mit Materialgeschenken als mit Geld – wenden Sie sich jeweils an die Werbeabteilungen. Die Großen der Branche haben es meist nicht mehr nötig, aber die Neuankömmlinge auf dem Markt, die mittleren und kleinen Firmen könnten sich etwas von der Werbung versprechen. Wenn das Projekt mit Erfolg durchgezogen ist, können Artikel in der Fachpresse, Werbespots in Radio und Fernsehen, eine Ausstellung Ihres Fahrzeugs bei Messen, in Schaufenstern, vielleicht sogar in der Autoausstellung sich auszahlen. Hüten Sie sich aber bei allen derartigen Vereinbarungen vor der verbreiteten Spezies von Verlegern, Herausgebern, Redakteuren, Werbemenschen, Sponsoren, die Sie nach dem Motto „Verloben-Festhalten-Weitersuchen" in Ihren Bemühungen bei anderen blockieren, aber später selbst nichts geschehen lassen. Möglicherweise können Sie Ersatzteile mit der Vereinbarung erhalten, daß Sie nur die benutzten nach Rückkehr bezahlen und die unbenutzten zurückgeben können. Die Zigarettenmarke Camel veranstaltet jährlich eine spektakuläre Jeep-Rallye in exotischen Teilen der Welt, Teilnahme für die Auserwählten kostenlos. Eine wilde Sache! Daher stammen viele der guten Werbefotos. Möglichkeiten für längere Auslandsjobs finden Sie weiter unten am Ende des Kapitels „Im Ausland leben".

Falls Sie in Flughafennähe wohnen, lange auf den ersehnten Anruf warten können und dann, wenn er endlich kommt, schnell mit kleinem Handgepäck und als eleganter Herr verkleidet zur Verfügung stehen, können Sie als Kurier für wichtige und eilige Dokumente, Computerunterlagen und dgl. nach Hongkong oder LA losdüsen. Dafür müssen Sie meist die Hälfte des Flugpreises zuschießen (in der Regel Linienticket, da keine Zeit zum Aufspüren günstiger Graumarktangebote bleibt). Die großen Kurierdienste arbeiten mit festangestelltem Personal, bei kleineren mag sich schon mal eine Chance für Außenseiter bieten. Die dgz Deutsche Globetrotter Zentrale in Berlin veröffentlicht gelegentlich Einzelheiten für ihre Mitglieder.

Wenn Sie das liebe Geld zusammengebracht haben, sollten Sie nicht Diebe, Betrüger und Gewalttäter damit finanzieren. Nehmen Sie keinen zu großen Betrag in bar mit (höchstens ein Viertel), und den in Europa in DM, in anderen Erdteilen in US-Dollar, für den der Wechselkurs dort meist günstiger ist. In vielen europäischen Ländern gibt es Geldausgabe-Automaten für EC- (= Eurocheque)Karten. Besonders günstig sind die der Citibank Privatkunden AG, die bei der Abrechnung nicht die ungünstigen Sortenkurse in Rechnung stellt, sondern den Devisenbriefkurs des Vortages plus ein Prozent Gebühren. Nehmen Sie Ihre Karte mit und vergessen Sie Ihre Geheimnummer nicht; falls Sie sie irgendwo notiert haben, bewahren Sie den Zettel aber auch nicht in erreichbarer Nähe der Karte auf (es wäre ein unerhörtes Geschenk für einen Dieb). Berechnen Sie, ob Ihr Kontoguthaben und die Höchstbeträge der möglichen Abhebungen für Ihre Bedürfnisse, evtl. Kauf zusätzlicher Flugtickets, unvorhergesehene Notfälle wie Arztkosten und dgl. ausreichen. In den meisten europäischen Ländern, aber auch in nichteuropäischen Mittelmeerländern werden Euroschecks akzeptiert, allerdings gegen z. T. hohe Einlösungsspesen.

Zur Ergänzung und für Fernreisen bieten sich Reiseschecks an. Die einer kleinen Sparkasse wird man in Kashgar oder Timbuktu nicht kennen. Wählen Sie bekannte Marken wie American Express (Ax), Visa, Cook, Citibank. Und nehmen Sie mindestens zwei verschiedene Arten mit. Vor einigen Jahren tauchten in Indien gefälschte Ax-Schecks auf. Daraufhin wurden Schecks dieser Firma nur noch in wenigen Banken eingelöst, deren Experten die echten von den Fälschungen unterscheiden konnten. Dorthin mußte man oft stundenlang fahren. Glücklich, wer (auch) Schecks anderer Gesellschaften hatte, die unverändert überall eingelöst wurden! Auch geht die Erstattung im Verlust- oder Diebstahlsfall bei großen Beträgen eines Schecktyps langsamer als bei kleinen Beträgen mehrerer. Denn das ist das Schöne bei Reiseschecks: Bei Verlust bekommt man neue, wenn telefonisch oder telegrafisch unverzüglich die ausgebende Gesellschaft verständigt wird, damit sie die Nummern sperren kann, und die Bestätigung einer Diebstahlsanzeige bei der Polizei sowie die Kaufquittung eingereicht wird. Diese Sicherheit ist die Kaufprovision von meist einem Prozent wert, um so mehr, als vielfach der Wechselkurs für Reiseschecks (wegen des gefahrlosen Transports und der daher gesparten Sicherheitstransporte und Versicherungsprämien) meist ein bis drei Prozent günstiger ist als der für Bargeld. Allerdings gibt es auch Plätze, wo – z. T. erheblich – mehr für Bargeld als für Reiseschecks gezahlt wird. Erfragen Sie das vorab, ebenso, wie hoch die sehr unterschiedlich gehandhabte Spesenbelastung beim Geld- oder Reisescheck-Wechseln ist. Manche Banken behandeln das spesenfrei, manche – z. B. in Isfahan/Iran – halten in bestimmten Fällen bis zu 50% des Reisescheckbetrages zurück. Merken Sie sich bei jedem Eintausch, wieviel Schecks Sie inzwischen eingelöst haben oder – besser – streichen Sie in Ihrer Liste die Nummern durch. Zählen Sie auch von Zeit zu Zeit Ihre gesamten Reiseschecks durch. Geschickte Diebe stehlen gelegentlich Schecks aus der Mitte des Vorrats in der berechtigten Annahme, daß dann der Diebstahl meist erst später bemerkt wird.

Der Mißbrauch von Kreditkarten (Ax, Diners, Visa, Master) nimmt zu. Die als Zahlungsmittel der Zukunft angepriesene „Verführung aus Plastik“ hat – besonders aufgrund organisierter Machenschaften durch weltweit operierende Banden – einige Probleme und Fallen. So haben Kreditkartenhaie mit dem Kartendrucker zusätzliche Blankobelege abgezogen, sie z. T. von China-Restaurants in Europa nach Fernost weitergeleitet, falsche Rechnungsbeträge eingesetzt, beleglos (angeblich schriftlich oder telefonisch ermächtigt) eingezogen oder sogar gestohlene Karten mit den gewonnenen Daten umfrisiert oder neue – falsche – Karten hergestellt und in großem Umfang benutzt. Bei Kenntnis von Name und Kreditkartennummer ist Mißbrauch schon beim Tele-shopping und im Versandhandel mit Zusendung der Ware an eine Deckadresse und Verhökerung an Hehler möglich. Es wird heute empfohlen, die Karte nur noch vor den eigenen Augen abziehen zu lassen und das Kohleblatt an sich zu nehmen, damit keine weiteren – falschen – Belege angefertigt werden, und in jedem Fall die Quittung sorgfältig aufzuheben, um sie später mit der zugesandten Rechnung vergleichen und somit alle Abbuchungen kontrollieren zu können. Das gilt weniger für Fluglinien, Banken, Hotels und seriöse Geschäfte (aber wer ist seriös?). Bei Langzeitreisen ist folgende Kombination praktisch: Man kauft von Zeit zu Zeit mit der Kreditkarte seine Reiseschecks (z.B. bei Ax mittels eines persönlichen oder Counter-Schecks) und ist immer liquide. Erwähnenswert ist in diesem Zusammenhang eine Unfall-, Krankenhaustagegeld- oder Reisegepäckversicherung für bestimmte Kreditkarten, die das Bundesaufsichtsamt für das Kreditwesen allerdings nur als einen Werbegag ansieht, bei dem sich zudem noch ein schwer vorhersehbares Problem ergeben mag: Der Kreditkarteninhaber kann sich unwissentlich um einen bereits bestehenden, besseren Versicherungsschutz bringen. Bei vielen Versicherungen verpflichtet sich der Kunde, den Abschluß weiterer gleichartiger Versicherungen dem Erstversicherer zu melden; andernfalls kann dieser im Ernstfall die Leistung verweigern.

Bei Vorlage einiger Karten brauchen Sie bei Autovermietern keine Kaution zu hinterlegen. Es wird dann ein Blanko-Abzug von der Karte gemacht, in den natürlich hinterher die Mietwagenfirma jeden beliebigen Betrag einsetzen kann. Daraus sind schon eine Reihe von Mißhelligkeiten entstanden, wenn z.B. Unternehmen in Übersee – mit denen wegen Entfernung, anderer Rechtssysteme und sprachlicher Probleme Auseinandersetzungen schwierig waren – im Falle eines Unfalls Phantasieforderungen einsetzten. In solchen Fällen weist das Kreditkartenunternehmen auf seine Bedingungen hin, nach denen Reklamationen aller Art an das Unternehmen zu richten sind, das die Belastung veranlaßt hat. Erwägen Sie daher ggf., ob Sie nicht lieber das Risiko durch Hinterlegung einer Barkaution von 500–800 DM auf diese beschränken. Natürlich hat es auch schon Streit gegeben, wenn Hotels nachträglich zum Zimmerpreis Nachbelastungen addierten, die bei der Abreise vergessen wurden, wie Telefonate oder Minibar-Verzehr. In den ganz seltenen Fällen, in denen Hotelpersonal vom Zimmer aus teure Ferngespräche führt oder die Minibar ausräumt, und das dem Karteninhaber nachbelastet wird, kann das Kreditkartenunternehmen mit der – entsprechend obigem Ratschlag aufgehobenen – unterzeichneten Quittung zur Stornierung der Abbuchung veranlaßt werden. Gleiches gilt für Abbuchungen durch Irrläufer, falsche Rechnungen, Kartenfälschungen und ähnliche Fehlbuchungen, allerdings mit Zeitverlust und Schreiberei, schlimmstenfalls einem vorübergehend geplünderten Abbuchungskonto. Bis zur Entwicklung einer neuen Karte der Zukunft, die wahrscheinlich durch besondere Drucktechniken und Sicherheitsmerkmale wie aufgedrucktes Foto fälschungssicherer sein wird, und möglicherweise nur mit gleichzeitiger Eingabe einer persönlichen Geheimnummer und einer On-line-Autorisierung, vielleicht sogar einem Chip, der sofort abbucht und sich bei Überschreiten einer Kreditlinie selbst sperrt, arbeitet, ist große Vorsicht beim Umgang mit Kreditkarten geboten. Besonders dann, wenn Sie längere Zeit unterwegs sind und niemand zu Hause die eingehenden Kreditkartenbelege regelmäßig prüft, empfiehlt es sich, die Karte und die darauf enthaltenen Daten als Geheimdokument zu behandeln. Das gilt übrigens auch für Ihre persönlichen Schecks, Ihre Unterschrift und Ihre Kontonummern. Herrn Bankier Abs wird nachgesagt, er habe nie ein Autogramm gegeben, damit niemand darüber schreiben konnte: „An die Deutsche Bank. Zahlen Sie an den Überbringer dieses Schreibens eine Million aus." Nach einem neuen Urteil des Landgerichts Frankfurt/M. muß eine Bank nicht haften, wenn auf einem gefälschten Scheck die nachgemachte Unterschrift dem Original einigermaßen ähnlich ist. Die Bank habe ihre Prüfpflicht bereits erfüllt, wenn sie sich davon überzeugt hat, daß der Scheck dem äußeren Gesamtbild nach den Eindruck der Echtheit erweckt. Ich trage schon seit Jahren auf langen Reisen keine Schecks mit mir herum, verstecke Kontonummern verschlüsselt in der Adressenliste und benutze für Bankenverkehr eine andere Unterschrift als diejenige, die jeder Dieb oder Räuber in meinem Gepäck auf Pässen, Ausweisen etc. finden und kopieren kann und empfehle Ihnen ein Gleiches.

Geldnachsendungen von zu Hause sind – besonders in einigen Drittweltländern – umständlich, ungewiß und langsam. Dennoch können Sie sich zur Vorsicht für einen Notfall vor der Abreise von Ihrer Hausbank deren Korrespondenzbank im Zielland mitteilen lassen. Sie können dann notfalls von dieser per Telex oder Fax von zu Hause Geld anfordern, zweckmäßigerweise in DM, die im Reiseland meist günstiger zu wechseln sind als in Deutschland. Vereinbaren Sie mit Ihrer Heimatbank, daß sie Ihnen bei Absendung des angeforderten Betrages telegrafisch oder per Eilbrief Details der Übermittlung, Datum, Referenz, Bearbeitungsnummer und dgl. durchgibt. Sie können damit bei der Empfängerbank Dampf machen, wenn diese sich immer wieder hinter der Behauptung zurückzieht: „Es ist leider noch nichts eingetroffen" und munter auf den Zinsen sitzen bleibt oder auf ein Bakschisch wartet, während Sie vielleicht den Kalk von den Wänden nagen müssen. Bei voraussichtlich längerem Aufenthalt in einem Land oder einer Stadt können Sie sich von Ihrer häuslichen Bank vorab rechtzeitig einen Betrag bei der Korrespondenzbank im Ausland anweisen lassen (Akkreditiv, meist als CPD-Konto) und dann nach Abwicklung der Formalitäten auch Schecks der Auslandsbank benutzen. Vielleicht wollen Sie zur Vorsicht vorab mit Ihrer Bank ein Sperrwort vereinbaren und die Auszahlung bei der Auslandsbank von der Vorlage Ihres Passes mit der Nr. 4711 abhängig machen. Statt Telex- oder telegrafischer Geldüberweisung mag bei kurzen Postlaufzeiten zwischen Ihrer Heimat und dem Zielland auch die Übersendung eines Verrechnungsschecks von Ihrer Bank direkt an Sie interessant sein, wenn die Verbindung zwischen beiden Banken eng genug ist, daß bei der Vorlage zur Einlösung Unterschriftsverzeichnisse befragt werden können.

In einigen Ländern Südamerikas kommt es immer mal wieder

vor, daß Touristen völlig ausgeraubt werden und sich – wenn sie Glück haben – in Unterhosen finden. In solchen Situationen und anderen Katastrophen wie Unfällen, schweren Krankheiten, Verhaftungen (berechtigt oder unberechtigt) oder sonstigen erheblichen Problemen mit den Behörden suchen Sie – notfalls per R-Gespräch – Hilfe bei der Deutschen Botschaft in der Hauptstadt des Reiselandes oder ggf. bei einem nähergelegenen Konsulat. Diese Vertretungen helfen allerdings mit Geld nur aus, nachdem der Betrag von Ihrer Familie oder sonstigen vom Auswärtigen Amt (AA) in Bonn angesprochenen Personen bezahlt worden ist. Nur wenn das nicht geschieht, mag Sie die Vertretung auf ihre eigenen Kosten (die später ans AA zu erstatten sind) in die Heimat abschieben. Und wie das Leben so spielt, war bei einem meiner Rückflüge Delhi–Ffm der einzige Fluggast, der sich in der Business-Class räkelte und verwöhnen ließ, ein gestrandeter Jüngling, den die Vertretung der BRD nach Hause expedierte, während die Reisenden, die ihr Leben selbst organisierten, sich in der überfüllten Eco drängten.

Über Situationen, wie die geschilderten und einige im folgenden erwähnten, die sich erst am Ziel ergeben, sollte man schon mal zu Hause in Ruhe nachdenken. Wenn man damit unvorbereitet im fremden Land, vielleicht unausgeschlafen mitten in der Nacht, vielleicht bei 45° C, konfrontiert wird, ist es schwieriger, die richtigen Lösungen zu finden.

Es ist vernünftig, sich vor Abfahrt oder bald nach Ankunft im Reiseland zu erkundigen, wie hoch dort der durchschnittliche Monatsverdienst ist. Es erlaubt Ihnen, angemessene Preise abzuschätzen. Das ist nicht nur für Waren, sondern auch für Dienstleistungen nützlich, da an vielen Touristenplätzen – keineswegs nur in Drittweltländern – Taxipreise, Entlohnungen von Führern und Trägern, sogar Arzthonorare verhandlungsbedürftig sind. Wenn in einem Drittweltland ein Postbeamter 25 DM im Monat verdient, sind 20–50 Pfg. ein angemessenes Trinkgeld für eine Handreichung, für die Sie zu Hause ja auch nicht 500 DM bezahlen würden. In Restaurants wird sich ein Kellner über 10% des Rechnungsbetrages für besonders netten Service freuen. Geben Sie Kindern bitte kein Geld. Sie werden dadurch zum Betteln angehalten, gehen nicht mehr in die Schule und verdienen an Touristenorten bald mehr als ihre Eltern bei der Feldarbeit oder in der Werkstatt. Das zerstört das ganze familiäre und soziale Gefüge. Es ist nett, für Kinder Bonbons oder Kugelschreiber dabei zu haben, obwohl dann später das „hello mista", für jeden männlichen und weiblichen Touristen, „give pen?" auch auf starke Nerven gehen kann. Am schönsten, vernünftigsten und nützlichsten ist es, Ihre eigene Mahlzeit mit wirklich hungrigen Kindern zu teilen, sie zum Essen einzuladen oder ihnen etwas Nahrhaftes und Gesundes zu kaufen. Ein Bakschisch ist im Orient auch ein Trinkgeld, kann aber mehr sein. Man gibt es oft nicht zur Abgeltung für guten Service, sondern damit Dinge geschehen, ein Sitz sich in einem überfüllten Zug findet, ein Visum sofort statt in 24 Stunden – auch über die höchstzulässige Aufenthaltsdauer hinaus – verlängert wird, eine Bescheinigung „in großzügiger Auslegung der Bestimmungen" erteilt wird. In einer indischen Großstadt hat sich ein Bekannter für seinen flotten Oldtimer eine Zulassungsnummer mit seinen Initialen und der 1 „selbst gestrickt". Wenn er den Wagen irgendwo parkt, ruft er den nächsten Polizisten heran, fordert ihn auf, darauf aufzupassen, und gibt ihm – wenn er nach einer halben oder ganzen Stunde zurückkommt – mit Grandezza 10 Rupies bakscheesch = 40 Pfg., viel Geld für schlecht bezahlte Polizisten. Wer wird ihn je nach seinen Papieren fragen? Das richtige Bakschisch im richtigen Moment auf die richtige Weise in die richtige Hand zu praktizieren, ist mancherorts eine hohe Kunst, und Irrtümer können erstaunliche Folgen haben.

Diebe – Betrüger – Räuber

Es gibt Touristen, die aus Unkenntnis, Geltungsbedürfnis oder welchen erstaunlichen Gründen auch immer in den „kostbarsten Wochen des Jahres" ihr Geld verschwenden, die Preise für die Nachkommenden dadurch in die Höhe treiben und einige Einheimische zum Nachdenken bringen, wie sie sich von solchen offenbar unermeßlich reichen Machern ohne Gegenleistung etwas „fördern" lassen können. Diese Diebe, Betrüger, Räuber, die ein Dutzend Stunden oder mehr täglich über das Problem nachdenken können, arbeiten oft sehr professionell. Da Sie nicht täglich zwölf Stunden darüber nachdenken wollen, wie Sie Ihre Schätze verteidigen können, sollten Sie die meistbenutzten Methoden und besten Verhütungsmaßnahmen kennen, um nicht auf sie hereinzufallen.

Häufig dringen Diebe nachts in Hotelzimmer ein und entwenden Geld und Schmuck. Schließen Sie Ihre Zimmertür nachts ab. Wenn die Tür kein Sicherheitsschloß hat, kann ein gewiefter Experte von außen den Schlüssel nach innen durchstoßen und die Tür mit einem Nachschlüssel öffnen. Dagegen kann man sich schützen, indem man einen starren Draht, zu einem umgekehrten U gebogen, mit der Rundung nahe dem Türholz über die Klinke legt und die beiden Enden innen durch die Öffnung des Schlüsselgriffs steckt. Er dreht sich dann nicht mehr im Schloß. Lassen Sie aber auch einen Sicherheitsschlüssel immer im Schloß stecken, damit Sie in einem Notfall wie Feuer oder Wassereinbruch das Zimmer ohne langes Suchen im Halbschlaf rasch verlassen können. Legen Sie immer einen Türriegel vor. Falls keiner vorhanden ist, stellen Sie einen Stuhl oder Ast unter die Türklinke, stecken Sie einen – evtl. von zu Hause mitgenommenen – Holz- oder Gummikeil unter die Tür oder finden Sie eine Lösung, bei der jede Türöffnung Lärm auslöst (Flasche über die Klinke stülpen, anderen Gegenstand daranhängen usw.). Sie können auch zwei kleine Fleischerhaken mit einer kurzen Kette verbinden und einen in die Tür, den anderen in den Türrahmen drücken. Jeder Öffnungsversuch treibt die Haken tiefer und unlöslicher ins Holz. – Führen Sie das Zimmerpersonal nicht dadurch in Versuchung, daß Sie Geldbeträge und Wertobjekte offen im Zimmer herumliegen lassen. Schließen Sie sie ein, notfalls in Ihrem Gepäck. (Zur Sicherung einer Tür von außen s. u. den Tip zum Vorhängeschloß.)

Es ist eine beliebte Methode, bei Abwesenheit oder auch Anwesenheit des Gastes durch offene Fenster von Erdgeschoßzimmern Gegenstände von Fensterbank, Tisch, Nachttisch abzuräumen, oft regelrecht mit Stock und Haken herauszuangeln. Wenn Sie es bemerken, so halten Sie den Stock nicht fest. Er wird gelegentlich mit Nadeln oder Rasierklingen gespickt sein. Schließen Sie die Fenster oder verwahren Sie Wertsachen in (möglichst abgeschlossenen) Schubladen, Schränken oder Ihrem Gepäckstück, das bei fehlenden Behältnissen am besten unter das Bett geschoben wird. Oft können Sie für Geld, Reiseschecks, Paß, Schmuck oder die wertvolle Fotoausrüstung Hotelschließfächer benutzen. Wo sie fehlen, können Sie alles dem Hotelier oder Rezeptionisten anvertrauen. Dabei müssen Sie entweder Vertrauen haben oder sich jeweils eine Quittung geben lassen. Das kann bei verschiedenen Beträgen diverser Währungen in kleinen Stückelungen und bei häufigen Entnahmen viel Zählerei, Schreiberei und Warterei mit sich bringen. Ein zweckmäßiges, sicheres und zeitsparendes System praktiziert der African Safari Club in Kenia: Geld und Papiere kommen in einen Umschlag. Der wird zugeklebt und über die Klappe vom Gast unterschrieben. Dann wird über die Unterschrift ein Klebestreifen geklebt, der auch die Klappe mitverschließt. Ein Abreißen des Tesa-Streifens zur Öffnung des Umschlages ist nur unter Beschädigung der Unterschrift möglich. Bei Aushändigung des Umschlages gegen die (immer wieder verwendbare) Quittung sieht man sofort, ob sich zwischenzeitlich ein Unbefugter daran zu schaffen gemacht hat. Das können Sie überall genauso handhaben. Natürlich ist es auch schon mehrfach vorgekommen – und zwar ausgerechnet in der so perfekten und sicheren Schweiz –, daß

Gangster den Nachtportier zur Herausgabe der Safeschlüssel zwangen und mit den deponierten Schätzen der Gäste verschwanden. Ich persönlich bin am liebsten selbst für meine Sachen verantwortlich, lasse mir auch jeweils baldmöglichst nach der Registrierung meinen Paß zurückgeben (schon, um ihn nicht bei der Abreise zu vergessen, was mir – ich gestehe es beschämt – in einem Hotel und einem Nil-Kreuzfahrtschiff auch schon passiert ist). Vertrauen ist gut, na ja, Sie wissen schon...

Wenn Sie ein Gepäckstück für eine Weile im Hotel-Gepäckraum abstellen, während Sie einen Treck oder eine Rundreise machen, sollten Sie einen Zettel daran befestigen: „Dieser Koffer darf nur an Herrn (Frau) X bei Vorlage des Passes Nr. 4711 ausgehändigt werden", damit nicht ein Dieb behauptet, er gehöre ihm, und damit verschwindet.

In größeren Städten besonders Südamerikas und neuerdings auch Asiens und Afrikas arbeiten die Rasierklingen-Schlitzer. Sie schneiden Rucksäcke, Schultertaschen, Mantel- und Jackentaschen sehr geschickt auf und räumen sie aus. Sie trennen auch Schulterriemen von Kameras sowie der so vielversprechenden Kamera- und Videotaschen durch und verschwinden mit dem guten Stück. Tragen Sie wertvolle Dinge möglichst weit vorn und körpernah, Geld nie in der Gesäßtasche, sondern besser in einer Hosentasche (die bei meinen Hosen mit Reißverschluß versehen ist), Taschen und Kameras vor der Brust mit dem Gurt um den Hals. Unterlegen Sie – wenigstens für Südamerika-Reisen – den Gurt durch einen angenähten oder mit Band angeklebten feinen Draht oder eine dünne Kette (Toilettenzugkette oder dünner genügt). Viele Traveler in Südamerika legen Ihre Rucksäcke von innen mit Drahtgittern aus, wie man sie für die Türen von Kaninchenställen benutzt. Die kann kein Schlitzer durchschneiden. In feuchtem Klima müssen sie gegen Rost verzinkt sein. Falls Sie zu mehreren reisen und durch Gedränge hindurch müssen, gehen Sie hintereinander im „Gänsemarsch". Dadurch ist nur der letzte in der Reihe unbeaufsichtigt und angreifbar.

Die Taschenräuber, die immer ungenierter in italienischen Großstädten arbeiten, indem sie per Motorrad, Motorroller oder Auto langsam am Gehsteig entlangfahren und den Damen

Handtaschen, den Herren die modischen Handgelenktäschchen und beiden die Schultertaschen entreißen und davonbrausen, sind nicht nur unerfreulich, sondern auch gefährlich, da sie durch den Ruck die Bestohlenen (die manchmal ihr Gut instinktiv festhalten) zu Fall bringen. Tragen Sie Taschen auf der Seite, die der Fahrbahn abgewandt ist.

In Rio begann folgender kesse Trick. Ein Autofahrer mit wegen der Hitze natürlich offenem Fenster hält vor einer roten Ampel. Neben ihm ein Motorrad mit zwei jungen Männern. Als die Ampel auf Grün springt, reißt der Motorradbeifahrer ihm die schöne Rolex-Armbanduhr mit einer drehenden Bewegung ab, und das Motorrad verschwindet im Verkehr. Das kommt so oft vor, daß viele Cariocas ihre Uhr nun am rechten Handgelenk tragen. Neue Inszenierung: Stop vor der Ampel. Der Motorista drückt eine brennende Zigarette auf den linken Arm des Autofahrers. Reflexbewegung mit der rechten Hand auf die schmerzende Wunde. Dadurch kommt die Uhr in die Reichweite des Bösewichts. Weg! Viele Autofahrer in Brasilien tragen keine auffällig wertvollen Armbanduhren mehr. Tun Sie es unterwegs auch nicht! Das gilt nicht nur für Brasilien. Gute Methoden der Unterwelt reisen schnell, und so werden sich dieser und auch andere in diesem Buch geschilderte Tricks rasch in anderen Touristenländern verbreiten.

Ein erfolgreicher Trick wurde in Frankreich erfunden. Während der Kunde mit seiner EC-Karte einem Automaten Geld entnimmt, kommt ein liebenswürdiger Zeitgenosse von links mit einem Hundertmarkschein: „Hier, Sie haben hundert Mark fallen lassen.“ Während Sie noch gegen ihre Rührung über soviel Ehrlichkeit ankämpfen, und dadurch nach links abgelenkt sind, entnimmt ein Komplize von rechts dem Automaten Ihre Karte und läßt sie verschwinden. Sie stecken Ihr Geld ein und wollen die Karte entnehmen. Weg! Aber auch hier weiß Ihr neuer Freund Rat und Hilfe: „Dieser Apparat gibt gelegentlich die Karte nicht heraus. Das ist mir auch schon passiert. Man braucht nur noch mal die persönliche Geheimzahl einzutippen.“ Wenn Sie das tun, kommt zwar Ihre Karte nicht heraus, aber die Ganoven haben dann außer Ihrer Karte auch Ihre Geheimzahl zur gefälligen Selbstbedienung. Ihre Bank wird sich über die ungewöhnlich hohen Umsätze auf Ihrem Konto freuen.

Man muß es gesehen haben, um es zu glauben, mit welcher Geschicklichkeit, Geschwindigkeit und Unverfrorenheit in Südamerika fremde Gepäckstücke einfach durch das Fenster eines Zuges hinausgeworfen werden. In Bahnhöfen fangen Komplizen sie auf, auf freier Strecke werden sie an vereinbarter Stelle abgeholt. Das geschieht entweder mit so geschickter Ablenkung, daß der Reisende erst nach Minuten das Fehlen seines Gepäcks bemerkt, oder ganz offen. Was wollen Sie machen, wenn ein freundlich lächelnder älterer Herr „Perdon, Señor" sagt und völlig selbstverständlich Ihren Koffer mit allen Ihren Reisehabseligkeiten aus dem Gepäcknetz nimmt und ihn blitzschnell aus dem Fenster wirft? Die Polizei wird ihn verprügeln, oder er wird sich mit einer „Gewinnbeteiligung" freikaufen. Jedenfalls ist Ihr Koffer längst verschwunden, falls es Ihnen überhaupt gelingt, die richtige Stelle im Maisfeld zu finden. Da hilft nur anketten. Oft kriechen Diebe oder dazu abgerichtete Kinder auch unter den Sitzbänken von Zügen und Bussen durch, um die auf der anderen Seite abgestellten Gepäckstücke aufzuschlitzen und auszuräumen.

Sollte Ihnen einmal Ihr ganzes Gepäck abhanden kommen, ist das ärgerlich, aber reparabel. Je nach Reiseland kostet die Neuanschaffung Ihrer wichtigsten Siebensachen nur wenige hundert Mark. Billiger wäre es natürlich, Ihr eigenes Gepäck gegen „Finderlohn" zurückzubekommen. Ein Zettel, am Ort des Diebstahls angeheftet, eine Zeitungsanzeige oder Radionachricht, eine Verbreitung in nahestehenden Kreisen: „Blauer Rucksack verloren. Finder erhält hohe Belohnung. Telefonnummer 123, Zimmer 456."

Problematisch wird es erst, wenn Ihr Geld gestohlen wird. Wie läßt sich das verhindern? Viele Globetrotter verwahren Bargeld und auch Reiseschecks an verschiedenen Stellen, in der Hoffnung, daß bei einem Diebstahl nicht alles verlorengeht. Die Verstecke sind oft das Ergebnis von viel Phantasie. Der gute deutsche Brustbeutel ist inzwischen in der internationalen Diebesszene allgemein bekannt. Ein häufiges Spielchen ist folgendes: Im Bus zwischen einem internationalen Flughafen und der Stadt oder einer anderen von Touristen häufig benutzten Verbindung findet sich ein Reisender plötzlich von einer Horde junger Männer so eingekeilt, daß er die Arme nicht mehr bewegen kann. Schnell stibitzt einer den dicken und daher von außen gut sichtbaren Brustbeutel, nimmt den Paß heraus und wirft ihn aus dem Fenster. Der schreiende Tourist bringt den Bus zum Halten und läuft seinem Paß nach (unbedacht, denn dieser ist ersetzlich). In der Zwischenzeit verschwindet die Bande mit dem wohlgefüllten Brustbeutel.

Noch leichter ist es, an das Portemonnaie in der Hosentasche zu kommen. Der nichtsahnende Reisende wird lange beobachtet. Sind beim Bezahlen eines Getränks, eines Busfahrscheins oder eines Markteinkaufs in der Geldbörse große Scheine sichtbar? Vielleicht sogar eine ganze Reisekasse? In welche Tasche wird sie gesteckt? Wo wird ein wertvoller Fotoapparat nach einer Aufnahme untergebracht? Sind in dem Behältnis andere Wertobjekte sichtbar? Dann entsteht an einer geeigneten Stelle – vielleicht erst eine Stunde später – plötzlich ein Gedränge von einem Dutzend Kindern, Halbwüchsigen und Erwachsenen. Schubsen, Stubsen, Lachen – alles sehr lustig, jeder strahlt. Unmerklich eskamotiert dabei eine kleine Hand die Börse, die rasch von Hand zu Hand aus dem Kreis herauswandert. Der erste Dieb ist sofort „sauber“. Das läuft sogar neuerdings schon als Zwei-Mann-Schau. Ein Partner geht kurz vor dem reichen Ausländer auf der Häuserseite des Gehsteiges. Plötzlich bleibt er stehen und bückt sich, um einen Schnürsenkel festzubinden. Der Tourist kann nicht überholen, da auf der Straßenseite gerade eine Frau entgegenkommt, und fällt fast über seinen Vorgänger. Während er mühsam sein Gleichgewicht wiedergewinnt und an alles auf der Welt außer sein Portemonnaie denkt, läßt die Frau, die ihn vielleicht mit einer Hand noch freundlicherweise am Fallen hindert und dadurch ablenkt, es mit geschicktem Griff verschwinden. Gute professionelle Teamarbeit, die man nur bewundern kann.

Machen Sie es den Dieben schwer. Stecken Sie Groschenbeträge in eine Tasche, aus der Sie Straßenbahnen, Busse und sonstige Kleinbeträge bezahlen. Verwahren Sie in Ihrer Börse nur den finanziellen Tagesbedarf, nicht mehr. Heben Sie diese nicht in der leicht zugänglichen Gesäßtasche auf, sondern in einer Seitentasche mit Reißverschluß. Schneller und nur mit Geräusch zu öffnen wäre ein Klettbandverschluß. Ich habe das ausprobiert, aber die Ösenseite hat das vielfache tägliche Öffnen und Schließen nicht lange unbeschadet überstanden.

Sehr verbreitet ist neuerdings ein Trick, an die umgehängte Foto- bzw. Videotasche (und gleichzeitig an andere oft ebenfalls darin verwahrte hübsche Sachen) zu kommen: Ein frecher Bengel spritzt heimlich oder erkennbar dem Ausländer aus einer Tube Zahnpasta, Senf oder Sahne auf die Jacke. Die hilfsbereiten Umstehenden beschimpfen und verjagen den Lümmel. Mit vereinten Kräften reiben, reinigen und reißen sie an der Jacke herum, leeren sie dabei unauffällig und lassen bei dem Getümmel außer der Geldbörse auch die Umhängetasche mit Inhalt verschwinden. Misdirection is the name of the game – Ablenkung ist alles! Mit den gleichen Methoden werden die halbmondförmigen, auftragenden, außen um den Leib getragenen Känguruh-Taschen geplündert. Reißverschluß auf, alles raus. Oder ein schneller Schnitt durch den Gürtel und die ganze Tasche verschwindet nebst Geld, Reiseschecks und Paß. Einige Globetrotter haben ein Geldfach in der Unterhose, einer als solche benutzten Turnhose, im Absatz, in der Schuhlasche oder stecken eine Notreserve in die Strümpfe, unter den Strümpfen in die Schuhe oder binden Geld und Paß mit einer elastischen Binde um die Waden. Es gibt auch fertige Taschen, die man um die Waden schnallt. Alles schon recht bekannt in einschlägigen Kreisen der Diebeszunft, die dann zugreift, wenn man beim Schuhwechsel mal das Umräumen vergißt, duscht oder schwimmt – meist ohne Schuhe und Strümpfe. Hier sind einige bessere Methoden: Benutzen Sie einen Brustbeutel, befestigen Sie die Schnur am Gürtel oder inneren Hosenbund, so daß der Beutel in Knie oder Schenkelhöhe innerhalb des Hosenbeins baumelt. Kaufen Sie einen Geldgürtel, der innen einen Reißverschluß hat, in den man kleingefaltete Banknoten steckt. (Reiseschecks und Paß sind ja, wie oben dargelegt, nicht unersetzlich.) Obwohl diese Gürtel in

Europa und Thailand in mittleren Stückzahlen verkauft werden, sind sie in anderen Ländern relativ wenig bekannt. Sie sehen „unschuldig“ aus, tragen nicht auf, sind schwer zugänglich, und man denkt beim Hosenwechsel auch meist automatisch an das Wiederanlegen. Und welcher Dieb wird das Risiko auf sich nehmen, hundert Touristengürtel aufzuschlitzen oder an sich zu bringen, um vielleicht einen „geladenen“ zu finden? Gleich gut, aber bekannter, sind die Geldtaschen, die man unter Hemd und Hose bzw. Bluse und Rock um den Leib bindet und die getrennte Fächer für Paß, Geld und Schecks bieten. Nehmen Sie für heiße Länder solche aus Baumwolle. Unter den synthetischen schwitzt man unangenehm. Eine reiseerfahrene Bekannte hat eine Einfachversion dieser Taschen erfunden: Ein breites Gummiband wird an einen Waschhandschuh genäht, der offen bleibt. Schlicht und doch so ergreifend, aber bei 45° C in Karachi wird einem sogar das Gummiband um die Taille zu beengend und lästig. Mein Vorschlag: Nähen Sie bzw. lassen Sie von Ihrem Liebsten oder Ihrer Liebsten einen einfachen vierseitigen Beutel in Paßgröße, oben offen, nähen, oder investieren Sie in einen der oben genannten Waschhandschuhe (ich ziehe einen dünneren, festeren Baumwollstoff vor) und befestigen Sie ihn mit zwei oder drei Sicherheitsnadeln innen am Hosenbund bzw. Rock. Geld, Reiseschecks, Kreditkarte, evtl. auch der Paß (alles in eine Plastiktüte eingeschlagen gegen Schweiß, verschütteten Champagner, unfreiwillige Bäder) haben dort ihren Platz bis auf einen Extrabetrag, für den ich weiter unten Ihre geneigte Aufmerksamkeit erbitten werde. Diskret mit einem Griff von außen zu erreichen, ohne Hemdknöpfe, Reißverschlüsse, Gürtel, Hosenteile öffnen zu müssen, (noch) wenig bekannt, unauffällig, da nicht auftragend, kaum fühlbar, da ohne einengende Bänder, Gummis und dgl., leicht beim Hosenwechsel mit Portemonnaie und Taschentuch zu transferieren. Stecken Sie in unsicherer Umgebung die ganze Hose nachts gefaltet unter Ihr Kopfkissen oder in das Geldfach im Schlafsack, nehmen Sie sie ins Badezimmer mit und schließen Sie sie beim Schwimmengehen in Ihr Gepäckstück ein.

Der South American Explorer's Club, der in besonders diebstahl- und überfallgefährdeten Ländern arbeitet, weist mit Recht darauf hin, daß es wichtiger als das Verstecken von Geld und Wertobjekten ist, als Tourist überhaupt erst gar nicht aufzufallen. Vermeiden Sie es, bunt gekleidet, laut in Ihrer (hier fremden) Sprache redend, wild gestikulierend, in großer Reisegruppe herumstehend, die zurückgebliebenen Maxe und Amalie mit großem Winken heranzurufen und ihnen mit hochgerecktem Arm die Kathedrale zu zeigen. Bleiben Sie in Bewegung, marschieren Sie weiter. Sie sind dann weniger ansprechbar und angreifbar. Lassen Sie sich nicht von einem – möglicherweise im Hinblick auf Sie inszenierten – Straßenzweikampf ablenken oder von einem (falschen?) Kellner im Straßencafé, einer Dame, die vor Ihren Füßen scheinbar in Ohnmacht fällt, etwas „verliert", dem Mann, der Sie in ein Gespräch verwickelt, Ihnen anbietet, Sie mit Ihrem Apparat zu fotografieren, auf Ihr Gepäck aufzupassen, einem freundlichen Zeitgenossen, der versucht, Ihnen Ihre Brille von der Nase zu nehmen und Sie damit zum Hochnehmen der Arme veranlaßt. Ein Komplize mag gleichzeitig rasch mit Ihren Wertsachen verschwinden. Der Club weiß, wovon er spricht – in Lima und Quito! Erinnernswert ist auch der Trick mit dem verlorenen Geld: Sie mögen auf einer Parkbank, in einem Bahnhof oder einem Restaurant sitzen, in Fuß- und Blickkontakt mit Ihrem Gepäck. Ein oder zwei Meter entfernt hält jemand einen Geldschein hoch und fragt, ob er ihnen gehört. Der Schein mag auch auf den Boden fallen, in die Nähe Ihrer Füße, aber immer in der Ihrem Gepäck entgegengesetzten Richtung. Jedenfalls wird Ihre Aufmerksamkeit abgelenkt. In dem Augenblick, in dem Sie sich bücken, um das Geld aufzuheben, oder auf die Person mit dem Schein in der Hand zugehen, ist Ihr Gepäck weg. Denken Sie daran: In armen Drittweltländern verlieren die Menschen selten Geldscheine, und wenn sie welche finden, bieten sie sie Ihnen nicht an. Helfen Sie aus dem gleichen Grund auch nicht dem alten Mütterchen, seine Münzen zusammenzusuchen, die es vor ihre Füße fallen ließ, wenn nicht ein zuverlässiger Reisegefährte dabei Körperkontakt mit dem Gepäck hält.

Ich hatte vor ein paar Jahren ein lehrreiches Erlebnis in Cuzco, der heiligen Stadt der Inkas in Peru. Unter einer Arkade entstand plötzlich Gedränge um mich herum. Ein paar Jugendliche keilten mich ein, jemand hielt mich von hinten fest, eine kleine Frau drückte sich seitlich an mich. Nach sechs bis acht Sekunden löste sich der ganze Spuk in Wohlgefallen auf. Mir war klar, daß ich bestohlen worden war. Geld? – noch da. Paß? – noch da. Tagesportemonnaie? – noch da. Der Fotoapparat – vor zwanzig Minuten zuletzt benutzt, in der Anoraktasche mit Reißverschluß unter einem Peru-Führer verwahrt – fehlte. Ich setzte 20 Schritte zurück in der Hoffnung, jemanden mit meiner Kamera davonlaufen zu sehen. Aber dafür war die Gruppe offensichtlich viel zu professionell. Ich lief 30 Schritte vor und sah den Mann, der bei der Auflösung des Getümmels an mir vorbeigegangen war, hinter einem Bus verschwinden. Ich holte ihn ein, streifte seine langen Pulloverärmel zurück, um ihn fester am Handgelenk packen zu können. Er protestierte: „Was ist los? Ich habe nichts getan!“ Ich zog ihn über Straße und Hauptplatz in Richtung Polizeirevier. Plötzlich kam uns die kleine Frau von vorher entgegen, offenbar um Weisungen einzuholen. Ich hatte wohl den Boß erwischt. Drei Minuten später liefen von hinten ein paar Jugendliche auf uns zu. Ich packte das Handgelenk fester. Schließlich kam die kleine Frau von seitwärts, schwenkte meinen Fotoapparat: „Gehört das Ihnen? Die Kinder haben damit gespielt.“ Ich nahm ihn gegen Freigabe des Handgelenks. Einen Tag lang dachte ich, daß ich das alles sehr fein gemacht hätte, bis mir ein anderer Traveler sagte, daß ich mehr Glück als Verstand hatte, weil der Mann mir kein Messer in den Leib gestoßen hat. Er hatte wohl recht. Überlegen Sie schon vor Eintritt einer solchen Situation, ob Sie ggf. den Helden spielen wollen oder ob Ihnen Ihr Leben lieber ist.

Ein weiterer wichtiger Rat ist, nichts zum Essen und Trinken von Fremden anzunehmen (natürlich ohne sie damit zu beleidigen: „Magen verdorben; habe gerade gegessen“), besonders wenn man allein reist. Immer wieder schlafen Leute nach dem Genuß von angebotenen Getränken, die mit starken Schlafmitteln gemischt sind, ein und werden ausgeraubt. Eine besonders verwegene Geschichte passierte einem baumlangen Schweizer bei einem Flug um die Welt in Peru. „Ich aß meinen Joghurt, und die Polizei fand mich in Unterhosen und Strümpfen in einem Feld." Die Zuhörerrunde rückte näher. „Auf dem Weg zum Museum mit der erotischen Keramik kam ich mit einem anderen Weltenbummler ins Gespräch. Wir beschlossen, das Museum zusammen zu besuchen, uns aber vorher jeder einen Joghurt zur Erfrischung in der Mittagspause zu kaufen. Der andere Globetrotter trug einen Tagesrucksack und verwahrte die beiden Becher darin. Nach einer Stunde Besichtigung aßen wir im Park die Joghurts. Vorhang!" Wir konnten den Vorgang nur rekonstruieren. Der falsche Globetrotter muß im Museum in einem anderen Raum zurückgeblieben sein und mit einer Injektionsspritze etwas von dem berüchtigten Betäubungsmittel für Rinder durch den Verschlußdeckel in den Joghurt gespritzt haben. Die Geschichte hat noch eine Pointe: Der Gute hatte in seinen Strümpfen 80 $ Notreserve versteckt. Davon waren noch 20 $ da. Die Diebe hatten das Versteck offenbar übersehen, sonst hätten sie das Geld vermutlich mit den Kleidern und allen anderen Wertobjekten entführt. Aber die Polizei muß es wohl gefunden und ihre „Kommission" entnommen haben.

Seltener, aber um so erschreckender sind die Fälle offener Bedrohung oder Gewalt. Zwei Deutsche hatten sich in São Paulo verirrt, wurden mit Messern bedroht und mußten sich ausziehen. Die Gangster verloren keine Zeit mit Durchsuchen der Kleidung, sondern schleppten alles weg. Wenn Sie bedroht werden, überreichen Sie ohne Zögern lächelnd den Gangstern das Portemonnaie mit Ihrem Tagesbedarf und Ihre wenig wertvolle Reisearmbanduhr und suchen Sie anschließend möglichst sofort das Weite.

Eine – übrigens bezaubernde – deutsche Studentin erzählte mir in La Paz ihre Geschichte. Als sie kurz vorher bei der Ankunft im Busbahnhof ihren Rucksack schulterte, spricht sie ein anderer Reisender an. „Touristin? Ich auch. Woher? Ich bin aus Argentinien." Da steht plötzlich ein gutgekleideter Herr vor ihnen und zeigt einen Polizeiausweis. „Ich ermittle wegen Falschgelds. Was ist Ihre Nationalität?" „Argentinier." „Deutsche." „Kann ich bitte Ihre Pässe sehen?" Der Argentinier überreicht respektvoll seinen Paß. Die Deutsche folgt. Die Pässe werden zunächst einmal eingesteckt. „Haben Sie US-Dollars bei sich?" „Ja, ich habe 600 $", antwortet der Argentinier. „Kann ich sie sehen?" „Ja, natürlich." Der Polizist blättert sie durch und betrachtet sie einzeln. „Die sind möglicherweise gefälscht. Bringen Sie sie bitte morgen früh um zehn Uhr zur chemischen Untersuchung ins Polizeipräsidium, Zimmer 38. Ich werde dort sein. Inzwischen stecke ich sie zur Vermeidung eines Austausches in diesen Briefumschlag, klebe ihn zu und unterschreibe ihn über der Verschlußklappe." Er tut das alles und übergibt dem Argentinier den Geldumschlag. „Öffnen Sie den Umschlag nicht vor der Untersuchung. Ihren Paß bekommen sie morgen zurück." „Vielen Dank. Ich bin morgen um zehn Uhr im Präsidium." Der Polizist zur Deutschen: „Wieviel Dollar haben Sie bei sich?" „320 $." „Kann ich sie sehen?" „Ja." Gleicher Dialog und Ablauf mit einem anderen Briefumschlag. Auf ihren Protest mit Tränen in den Augen erhält sie entgegenkommenderweise wenigstens ihren Paß zurück, den sie für die Hotelübernachtung braucht. – Wir überlegten, wir diskutierten, wir öffneten den Briefumschlag. Es war ein „Paquete Chileno", wie man das in Südamerika nennt, gefüllt mit Zeitungspapier. Die psychologische Beeinflussung durch den anderen, angeblichen Touristen war gut überlegt. Wie man den Umschlagaustausch bewerkstelligt, kann ihnen jeder Zauberkünstler zeigen, es sei denn, er ist Mitglied im Magischen Zirkel und darf seine Geheimnisse nicht an Uneingeweihte preisgeben. – Ein paar Wochen später fragte mich in Copacabana ein junger Mann nach dem Fremdenverkehrsamt. „Auch Ausländer? Woher? Ich bin aus Venezuela." Dann baute sich plötzlich ein großer Mann mit Schnurrbart vor uns auf und zeigte uns einen Ausweis: „Policia Federal, ich ermittle wegen Drogenmißbrauchs. Kann ich Ihre Pässe sehen?" Ich klopfte ihm auf die Schulter, sagte: „Ich kenne den Trick, mein Freund", und ging weiter. Die beiden sahen mir etwas erstaunt nach. Leider sah ich keinen echten Polizisten in der Nähe. Moral: Reden Sie mit anderen Travelern! Man kann aus dem Erfahrungsaustausch viel lernen.

Nicht immer sind die Einheimischen die Übeltäter. Einige

junge Europäer finanzieren ihre Reise mit Diebstählen. Das holländische Ärzteehepaar, das vor ein paar Jahren auf dem Inka-Trail nach Machu Picchu verschwand, wurde – wie sich erst nach vielen langen Verhören herausstellte – von seinen drogensüchtigen australischen Mit-Trekkern ermordet, die zunächst versucht hatten, den Verdacht auf Einheimische zu lenken.

Es gibt neuerdings eine Problemsituation, für die die Globetrotterrunde und befragte Diplomaten und Konsulatsbeamte noch keine befriedigende Lösung gefunden haben. Der erste mir bekannte Fall dieser Art ereignete sich in Manila. Ein Reisender schläft in einem kleinen Hotel den Schlaf des Gerechten. Plötzlich klopft es um zwei Uhr morgens an die Tür. „Aufmachen! Polizei!“ Er schreckt hoch, öffnet verschlafen und sieht zwei uniformierte Polizisten. „Bitte Ihren Paß!“ Er zeigt ihn. „Ist das Ihr Gepäck?“ „Ja.“ „Wir müssen es untersuchen.“ In dem Gepäck findet der eine Beamte ein Päckchen Rauschgift, das offenbar vorher geschickt hineinpraktiziert wurde. „Das wird Ihnen eine hohe Gefängnisstrafe einbringen. Wir müssen Sie zur Einlieferung verhaften.“ Verzweifelte Unschuldsbeteuerung, Hinweis auf die herzkranke Mutter. „O.k. Wir wollen Gnade vor Recht ergehen lassen. Wenn Sie sofort eine Strafe von 1000 $ ohne Quittung zahlen, sind Sie frei.“ Der Junge kratzt seine gesamte Barschaft von 780 $ zusammen, mit denen sich die Ordnungshüter großzügig zufriedengeben. Was hätten Sie getan? Meine erste Reaktion war: Ich würde nichts zahlen, denn mit Bezahlen würde ich allen ehrlichen Menschen, oft Armen, oft Behinderten, unrecht tun, die mir zu korrekten, oft minimalen Preisen Eßwaren, Zeitungen, Arzneien usw. verkauft haben, ohne mich zu betrügen. Ich würde es durchfechten, einen Botschaftsangehörigen hinzuziehen (worauf ich in jedem zivilisierten Land Anspruch habe), darauf hinweisen, daß mich nie jemand im Drogenmilieu gesehen hat, daß ich keine Vorstrafen habe, den Polizisten klarmachen, daß ich mich an ihren höchsten Vorgesetzten wenden würde, daß es ihrem Ansehen schaden würde, wenn meine Unschuld bewiesen würde, und was es sonst an heroischen Dingen mehr gibt. Ich habe nach vielen langen Gesprächen mit anderen Travelern und einigen Botschaftsjuristen meine Ansicht geändert. In vielen Drittweltländern herrscht das „Mandarin-System": Polizisten und andere Beamte sind so schlecht bezahlt, daß sie auf Bestechungen und Erpressungen fast angewiesen sind. Ein Teil der Gelder wird an Vorgesetzte weitergegeben, die im Zweifelsfall ihre Untergebenen decken – eine lange Kette. In Ländern, in denen Autofahrer bei jeder Polizeikontrolle ein paar Geldscheine in den Führerschein legen und Kinder den Lehrern Geld mitbringen müssen, um in die Schule gehen zu dürfen, kann man offenbar dieses System als Außenstehender nicht unbeschadet bekämpfen. In Bombay saß kürzlich ein junger Österreicher noch acht Monate nach seiner Verhaftung wegen einer sehr unklaren Drogensache im Gefängnis. Hier war die Mutter mit der „Strafe" oder „Kaution" zu spät eingeflogen, als die Polizei die Sache schon weitergegeben hatte.

In der geschilderten Situation im Hotel würde ich heute zunächst mal die Tür nicht öffnen. „Tut mir leid. Ich kenne Sie nicht und habe Angst, jetzt aufzumachen. Kommen Sie bitte am Tag wieder, bitte mit einem richterlichen Durchsuchungsbefehl (search warrant)." Ich glaube nicht, daß man die Tür aufbrechen würde. Entweder würden die Polizisten den Rest der Nacht draußen warten oder abziehen. Morgens könnte ich ausgeruht und im Tageslicht, möglicherweise in Anwesenheit eines telefonisch herbeigebetenen Konsularbeamten, weitersehen. Ich würde zunächst nach dem Durchsuchungsbefehl fragen und dann, nach der „Entdeckung" der Drogen, den diensthöheren Beamten beiseite nehmen und ihm sagen: „Sie und ich wissen, daß sich dieses Rauschgift nicht in meinem Gepäck befand. Ich habe nie mit Rauschgift zu tun gehabt und kann das beweisen. Ich werde Himmel und Hölle in Bewegung setzen und ich habe die Möglichkeit dazu. Sie wissen nicht, wer ich bin!" (Das verbreitet immer Unsicherheit!) „Ich bin mit dem Bruder Ihres Präsidenten befreundet. Was wollen Sie überhaupt mit dieser ganzen Veranstaltung erreichen?" Wenn er dann als erster von Geld spricht, ist das fein. Wenn nicht, müßte ich nachhelfen: „Sie würden mir einen Gefallen tun, wenn Sie mir helfen würden, keine Zeit zu verlieren. Ich wollte heute morgen eigentlich weiterfahren. Ich habe nicht viel Geld bei mir, aber das wenige würde ich Ihnen gern für eine gute Sache zur Verfügung stellen, vielleicht als Spende für Witwen von im Dienst getöteten ehrenwerten Polizisten.“ Dann würde ich aus meinem Gepäck eine vorbereitete Tasche mit ein paar Dutzend Dollars, einem Reisescheck und dem Paß nehmen und ihm die Dollars anbieten. Der Reisescheck und der Paß würden den Eindruck erwecken, daß diese Tasche meinen ganzen Devisenvorrat enthält. Haben Sie eine bessere Idee zur Lösung solch einer unerfreulichen und schwierigen Situation, in der ein kürzerer oder längerer Aufenthalt in sehr primitiven Gefängnissen oder – in Ländern wie Malaysia – die Todesstrafe am Horizont steht? In eine ähnliche Situation können Sie geraten, wenn irgendwo unterwegs ein Päckchen Kokain in Ihr Gepäck gesteckt oder Ihnen zusammen mit Wechselgeld in die Hand gedrückt wird. Sie mögen auch von neuen Bekannten zu einer Party eingeladen werden. Unterwegs in deren, Ihrem Wagen oder einem Taxi ist eine Polizeikontrolle. Dabei wird zu Ihren Füßen Rauschgift gefunden. Es ist auch schon vorgekommen, daß ein Tourist auf der Straße angesprochen wurde: „Cocaine, Mister?“ und sich im gleichen Augenblick eine feste Polizistenhand schwer auf seine Schulter legte.

Wenn man schon zahlt, ist der erste Verlust der kleinste. Auf Bali mieteten kürzlich zwei deutsche Damen und ein Engländer einen Minibus. Der Engländer saß am Steuer, als ein einheimischer Radfahrer durch eigenes Verschulden gegen den Bus fuhr. Minimaler Sachschaden am Fahrrad. Der Balinese verlangte ein neues Fahrrad, dann 50, 40, 30, 20, schließlich 15 DM für die Reparatur. Der Engländer und die beiden deutschen Zeuginnen weigerten sich unter Hinweis auf ihre Unschuld. Die Polizei wurde gerufen, verlangte 200 DM (man muß schließlich auch leben), nahm die Pässe in Verwahrung, geleitete die Touristen in ein Hotel in Lovina Beach und verbat die Abreise bis zum Prozeß. In der ersten Verhandlung vor dem Gericht verlangte der Richter 1000 DM Kaution (man muß schließlich auch leben). Bei der dritten Verhandlung wurden schließlich 500 DM gezahlt, und die Touristen konnten endlich nach 18 Tagen das Land verlassen. 15 DM sofort wären billiger gewesen.

Geldwechseln vollzieht sich meist nach dem gleichen Schema:

Sie legen einem Bankschalter im Ankunftsflughafen (der oft ungünstige Wechselkurse bietet), einer Bank in der Stadt ("Change"-Schalter) oder einem meist günstigeren offiziellen Geldwechsler (money changer in Asien, casa de cambio in Südamerika) einen Reisescheck (den Sie beim Kauf schon mit der ersten Kontrollunterschrift versehen haben) und Ihren Paß vor. Wenn die Bank diesen Typ von Reisescheck akzeptiert, bittet Sie der Schalterbeamte um die zweite Kontrollunterschrift. Nach fünf Minuten bis drei Stunden Warten wird Ihnen das Geld ausgezahlt. Wechseln Sie dabei nicht zu viel, wenn Sie bald in ein anderes Land reisen. Jeder Wechselvorgang kostet Sie Geld wegen des Unterschieds zwischen Ankaufs- und Verkaufskurs und der Spesen. Wechseln Sie beim Verlassen der Heimat bzw. bei der Ankunft im Reiseland und bei jeder weiteren Grenzüberschreitung direkt in die Währung des neuen Landes, ohne über Dollar oder andere Währungen zu gehen, was unnötige Kosten verursachen würde. Diese Wechseloperationen vollziehen sich im allgemeinen zu den Kursen, die durch das internationale Spiel von Angebot und Nachfrage bestimmt werden. Aber es gibt einige Länder (oft sozialistische „Paradiese"), die den Kurs ihrer Währungen künstlich hochhalten. Dieser offizielle Wechselkurs ist höher als der Wert der betreffenden Währung im Export und Import und auf der Straße. Solche „Weichwährungen" verschlechtern sich häufig laufend durch astronomische Inflationsraten. Da man oft im Inland wenig dafür kaufen kann und Devisen bewirtschaftet sind, versuchen die Bewohner dieser Länder, „harte" Währungen wie DM, $, Yen, SFr. zu erwerben (wobei der US-$ meist am höchsten bewertet wird), um ihre Ersparnisse vor ständigem Wertverfall zu schützen oder im In- oder Ausland Waren zu kaufen, die sie für ihr Weichgeld nicht bekommen. Das ist der Schwarzmarkt, bei dem Preise für $ usw. bezahlt werden, die dem inneren Wert (oder Unwert) der Landeswährung entsprechen. Da viele Touristen es ärgerlich finden, für ihre guten Dollars beim offiziellen Wechseln minderwertiges Weichgeld annehmen und auf diese Weise auch noch unerfreuliche Regimes wie das in Burma zwangsweise unterstützen zu müssen, folgen sie oft der Stimme der Versuchung, die ihnen durch den

Mund von Einheimischen „Change? Change?“ zuflüstert. Ein Sonderfall ergab sich, als China in sozialistischem Wunschdenken versuchen wollte, die besuchenden ausländischen Langnasen vom einfachen Volk zu trennen und ein Touristengeld (FEC = Foreign Exchange Certificates) zur Bezahlung in Ausländerhotels, Ausländerrestaurants und Freundschaftsläden schuf. Das sollte wohl auch verhindern, daß sich die Chinesen beim Beobachten der Ausgabenfreudigkeit der besuchenden Kapitalisten Gedanken darüber machten, warum sie trotz fleißiger Arbeit mit ihrem „Volksgeld“ Renminbi so jämmerlich wenig kaufen konnten. Die Theorie war schön. Aber in der Praxis fanden die geschäftstüchtigen Chinesen schnell heraus, daß man mit dem Touristengeld in Freundschaftsläden Fahrräder ohne zweijährige Wartezeit, sonst in Geschäften nicht erhältliche amerikanische Zigaretten, schottischen Whisky, Parfum und viele andere feine Sachen kaufen oder kaufen lassen konnte. In den 80er Jahren wurden die FEC mit bis zu 90% Aufpreis gehandelt.

In Burma war der Preis des $ zeitweise über fünfmal höher als der offizielle Kurs. Und wenn ein Traveler – völlig legal – eine Stange amerikanische Zigaretten und eine Flasche Whisky aus dem Duty-free-Shop von Bangkok mitbrachte und in Rangoon verkaufte, wo ihn die Zollbeamten auf dem Flughafen schon darum baten, konnte er fast seinen ganzen Urlaub im Land finanzieren.

Natürlich versucht man in Burma und zahlreichen anderen Ländern mit weichen Währungen, den Schwarzmarkt zu unterbinden. Ausländer müssen bei der Einreise einen Währungsfragebogen (Currency Declaration Form) ausfüllen mit Angabe der eingeführten Bar- und Reisescheckbeträge verschiedener Währungen und anderer Wertobjekte (die schlechte Menschen ja im Land verkaufen oder tauschen könnten). Geldwechselbescheinigungen müssen bei jeder Hotel- und Transportbuchung vorgelegt werden, wenn nicht überhaupt gleich in $ zu bezahlen ist. Bei der Ausreise wird an Hand dieser Unterlagen kontrolliert, ob ein vernünftiger Betrag für die Lebenshaltung ausgegeben wurde. Oft ist schon von vornherein ein Zwangsumtausch bei der Einreise vorgeschrieben. Ein- und Ausfuhr solcher Währungen ist in einigen Fällen verboten, damit Besucher sich nicht im Ausland zu realistischen Wechselkursen damit eindecken können.

Wer marode Regierungen, die ihre Währungen nicht in Ordnung halten, nicht unterstützen will und/oder einem Geschäft mit zuweilen 30–40% Gewinn nicht widerstehen kann und sich auf Schwarzmarktgeschäfte einläßt, sollte einige Gefahren kennen. Oft läuft der Geldwechsler mit dem Ruf „Vorsicht Polizei“ mit den Dollars davon, ohne den lokalen Gegenwert (voll) zu bezahlen. Man muß sich also das Geld zuerst geben lassen und zählen. Dabei darf man sich keine falschen oder außer Kurs gesetzten Scheine andrehen lassen. Das vermeidet man, indem man nicht auf der Straße, sondern bei seinem Hotelportier oder Kellner oder in einem Geschäft wechselt, wo man später reklamieren kann. Man muß aufpassen, daß das gezählte Geld nicht gegen ein Päckchen Zeitungspapier zwischen dem obersten und untersten Schein oder in einem Briefumschlag ausgetauscht wird. Man soll – selbst Schein für Schein abhebend – zählen, damit man nicht auf den alten Trick des Vorzählens mit v-förmig eingelegten Scheinen hereinfällt. Oft werden getrickste Rechenmaschinen eingesetzt, die falsche Endsummen anzeigen. Taschendiebe werden „gebrieft“, wo Sie das Geld herholten und in welcher Tasche Sie das Wechselgeld unterbrachten.

Eine ganz großartige Darbietung haben die Festlands-Chinesen erfunden. Sie läuft wie folgt ab: „Change?“ „Ja, wieviel?“ „160.“ „Nein, 170.“ „O.k., bitte zählen Sie!“ Übergabe des Geldpakets. Der Ausländer zählt nach: „Es sind nur 150, 20 fehlen.“ „Kann ich nachzählen? Oh, pardon!“ entschuldigt sich der Chinese und gibt nach seinem Nachzählen die 150 nochmals dem Westler. Dabei behält er heimlich 50–60–70 in der Hand zurück, während er die Aufmerksamkeit ablenkt (z.B. indem er einen Partner hinter dem Touristen bittet, die fehlenden 20 auszuhändigen). Ich habe das als One-man-Show ohne Partner gesehen, wußte genau, wann es „passieren“ mußte, schaute hin wie ein Luchs und sah trotzdem nichts. Ein Künstler! Leider hat meine geldwechselnde Bekannte auf meinen Rat hin dann – was in der Regie nicht vorgesehen war – zum Pech des Manipulators nach Erhalt der zunächst fehlenden 20 Yuan das ganze Päckchen nochmals, also zum zweiten Mal durchgezählt. Der Experte riß es ihr aus der Hand, flüsterte „police, police“ und ward nicht mehr gesehen. Auch dieser gute Trick ist offenbar schnell gereist und soll mittlerweile ebenfalls in Afrika und Südamerika versucht werden.

Die Zeitschrift Newsweek veröffentlicht häufig die auf freien Devisenmärkten üblichen Kurse verschiedener Währungen, die in etwa dem Schwarzmarktwert im betreffenden Land für En-gros-Abschlüsse entsprechen. Durch eine Kette von Zwischenhändlern mit immer kleineren Beträgen und jeweiligen Provisionen zahlt dann natürlich das Endglied in der Kette, nämlich der kleine Händler, der 20–100 $ wechselt, ein paar Prozent weniger. Sie können auch einen ungefähren Annäherungswert an den gültigen Schwarzmarktkurs finden, wenn Sie zuerst ein paar Händler fragen, zu welchem Kurs sie Dollar abgeben würden, und dann erst Ihre Dollars anbieten. Die besten Kurse erzielen auf dem schwarzen Markt größere Banknoten, da sie von den Endabnehmern leichter zu horten, zu verstecken und gefahrloser zu transportieren sind als kleine Scheine. Schwarzhandel lohnt bei wenigen Prozent über dem offiziellen Kurs kaum den Umstand, die Betrugsgefahr und die immer möglichen Scherereien mit der Polizei. Hinzu kommt eine andere Gefahr: Wenn man Ihnen Falschgeld andreht, machen Sie sich möglicherweise schon durch den unwissentlichen Besitz strafbar. Das Amtsgericht Frankfurt/a. M. hat 1991 entschieden, daß Touristen, die auf dem Schwarzmarkt Devisen tauschen, auf Falschgeld gefaßt sein müssen, und eine eingereiste Touristin wegen Besitzes von Blüten im Nennwert von 1600 $ verurteilt, obwohl sie glaubhaft versicherte, daß sie das Geld für echt gehalten hatte.

Eine Möglichkeit, ohne das Risiko der verbotenen Einfuhr von Geldscheinen an den Segnungen des Schwarzmarktes teilzuhaben, bietet sich, indem man Gold einführt, z. B. ganz offiziell in Form einer Halskette oder eines schweren Armbandes, die man zollfrei bei einer Zwischenlandung auf einem Flughafen der Golfstaaten günstig gekauft hat, so günstig, daß hier inzwischen über 14% des Welt-Goldhandels abgewickelt werden. Gold, besonders hochkarätiges, wird in Weichwährungsländern von Juwelieren mit bis zu 30% Aufschlag gekauft. Das Schlimmste, was einem an der Grenze passieren kann, ist, daß es – wie z. B. Videokameras – bei der Einfuhr von einem aufmerksamen Zollbeamten in den Paß eingetragen wird. Dann muß der Rechtsbrecher es (wenn sein Paß nicht gerade zufällig gestohlen wird) natürlich wieder ausführen und evtl. im nächsten Land verkaufen.

Schwarzmarktgeschäfte sind ungesetzlich. Ich verurteile sie daher auf das heftigste und habe sie hier nur aus Chronisten-Pflichtgefühl abgehandelt, um das Allgemeinwissen des Lesers zu bereichern und – natürlich –, um sie entschieden anzuprangern.

Lange, genüßliche Preisverhandlungen gehören in vielen Ländern der Welt, so fast im gesamten Nahen und Fernen Osten, zum Lebensstil und zum täglichen Vergnügen. Der eilige Westler, der auf eine Ware zeigt, fragt, was sie kostet, und unerwarteterweise den geforderten Preis bezahlt, ist für die Bewohner orientalischer Länder ein erstaunlicher, törichter Exote ohne Lebensart, der sein Geld ja wohl nur gestohlen haben kann und daher nicht weiß, was es wert ist. Dagegen findet der Lebenskünstler hohe Bewunderung, der – anscheinend völlig desinteressiert – beiläufig nach Preisen einiger schöner Dinge fragt, die Antworten, Preisschilder, Festpreis- und „No bargaining"-Tafeln nur als Einladung zum Handeln ansieht, zum Finden eines Kompromisses zwischen dem Wunschdenken des Verkäufers und seinem eigenen, entspannt und lustig verhandelt, erzählt, daß er bei so hohen Preisen das Abendessen für sich und seine zwanzig Kinder nicht bezahlen kann, der die Preise kennt, bei größeren Objekten nicht beim ersten Mal kauft, sondern wiederkommt und viele Tees mit dem Verkäufer trinkt, bei Unnachgiebigkeit des Verkäufers langsam den Laden verläßt und sich zögernd zurückrufen läßt, kurz, der die ganze Palette dieses Spiels und Sports beherrscht. – Viele Hunderte von Touristen fallen jedes Jahr zwischen Kolumbien, Australien und Sri Lanka, Indien oder Thailand der alten „Edelstein-Masche" zum Opfer. Ein liebenswürdiger Zeitgenosse seriösen Berufsstandes wie Professor, Arzt, Bankier, Lehrer, offensichtlich ein Gentleman, gut gekleidet und fremdsprachengewandt, kommt mit Ihnen ins Gespräch, zeigt Ihnen zeitaufwendig Sehenswürdigkeiten der Stadt, gibt Ihnen Informationen, lädt Sie gar zum Essen ein. Endlich haben Sie mal wieder einen wahren Freund gefunden! Beiläufig erzählt er Ihnen, daß gerade der alljährliche Sonderverkauf von Edelsteinen wegen des Königs, Buddhas, Shivas Geburtstag, des Hochzeitstags des Präsidenten, des Jubiläums des Firmengründers usw. mit märchenhaften Rabatten stattfindet, und zudem noch alle Waren von der Steuer befreit sind. Er will selbst schnell hin, um sich einzudecken. Eile ist geboten, heute ist der letzte Tag. Als weiteren Freundschaftsdienst will er den fremden Besucher im Geschäft einführen. Dort erfährt der freudig überraschte Touri – vielleicht nach einer Tour durch die Schleiferwerkstatt, vielleicht nach einer Einführung darüber, worauf man bei edlen Steinen achten muß – an Hand von glaubhaften Versicherungen, Dankesbriefen aus der fernen Heimat, Empfehlungsschreiben, Beteuerungen offenbar völlig unbeteiligter Passanten, daß jeder Juwelier zu Hause gerne das Doppelte bis Dreifache des Einkaufspreises zahlt. Einige besonders kluge Landsleute fliegen offenbar ständig hin und her, um auf solcherlei problemlose Weise schnell reich und immer reicher zu werden. Bedenken? Kein Grund. Handelt es sich doch um eine Regierungsfirma. Die Botschaft des Landes, in dem der Kauf stattfindet, zahlt daher jederzeit den Kaufpreis zurück, wenn der versprochene Gewinn beim Wiederverkauf nicht zu erzielen ist. Um dem Käufer Gefahren beim Transport der Ware oder Ärger mit dem Zoll zu ersparen, übernimmt das Geschäft den Versand in die Heimat. Damit nimmt sie dem vertrauensseligen Kunden die Möglichkeit, die Stücke woanders schätzen zu lassen und ihren Wunderwert zu reklamieren. Aber selbst wenn er sich die Steine aushändigen läßt, wird er wenig ausrichten können. Die mündlich gemachten Zusagen sind nicht zu beweisen, die Papiere sind in Ordnung. Und auf der Quittung steht: No refund – keine Rücknahme. Die Polizei, Dein Freund und Helfer? Oh ja, Sie wird mitgehen, vielleicht sogar eine Erstattung von günstigenfalls 70 % des Kaufpreises erreichen und sich 30 % mit dem Geschäftsinhaber teilen. Man mag Ihnen auch zum Trost weitere Steine schenken, „um der Firma einen so geschätzten Kunden über die Jahre zu erhalten“. Natürlich sind das die schwarzen Schafe einer im Grunde ehrenwerten Zunft. Wenn Sie denn kaufen wollen, machen Sie sich mit den Grundlagen der Gemmenkunde vertraut, vergleichen Sie Stücke und Preise in mehreren Geschäften (bei Diamanten zählen die 4 Cs: colour, clarity, cut, carat), kaufen Sie in seriösen Geschäften, die Ihnen die Innungskammer, Handelskammer, Touristenbüros usw. nennen können. Dort werden Sie allerdings meist nicht zu Stadtbesichtigungen und Abendessen eingeladen.

Denken Sie immer daran, daß man in den Basaren dieser Welt die erstaunlichsten Dinge findet, z. B. Edelsteine, die keine sind, und Antiquitäten, die gestern angefertigt wurden (wie das noch ofenwarme „Ming-Porzellan“).

Auf dem Londoner Portobello-Markt stieß ich einmal eine große Kupferschüssel um, die mit Riesengepolter zu Boden fiel. Als ich erschreckt und verlegen eine Entschuldigung vorbrachte, stellte der Verkäufer nur gelassen fest: „Das macht das Ding älter!“ Auf solche Nonchalance dürfen Sie in manchen Touristen-Neppläden nicht rechnen. Dort stellt man bisweilen Porzellangegenstände in so labilem Gleichgewicht auf, daß sie bei der geringsten Berührung zu Boden donnern und zerbrechen. Der Verkäufer verlangt dann Bezahlung für die zerstörte Ming-Kostbarkeit. Vorsicht, Nepper, Schlepper, Bauernfänger!

Sicherheit

Wichtiger als die Sorge um Ihr Hab und Gut ist Ihre persönliche Sicherheit. Flugzeugabstürze machen Schlagzeilen und nehmen leider zu. Dennoch können Sie im statistischen Durchschnitt 1 Milliarde Kilometer fliegen, ehe Ihnen etwas passiert. Wenn Sie sich trotzdem Sorgen machen, fliegen Sie so wenig wie möglich und erwägen Sie Über-Land- bzw. Über-Wasser-Routen. Eine Schiffsreise kann herrlich sein und eine Fahrt mit dem Transsibirien-Expreß von Moskau nach China (oder besser zurück, da nur ein Viertel bis ein Fünftel so teuer) ist ein unvergeßliches Erlebnis. Bei Bürgerkriegen sind selten Touristen die Zielscheibe (in ein Land wie den Libanon wird sich derzeit kaum ein Ausländer verirren). Terroristen greifen Flugzeuge, Flughäfen, Botschaften, Luxushotels und -restaurants an, die man ohnehin möglichst meidet. Sie werfen keine Bomben auf die kleine Traveler-Pension oder Kneipe im Landesstil. Dort schlafen und essen sie ja selbst.

Wer eine Zeitlang in New York oder einer unserer europäischen Großstädte gelebt hat, beachtet automatisch gewisse Überlebenstechniken: Nicht zu nah der Häuserseite mit dunklen Hauseingängen gehen, sich in düsteren Vierteln nicht ansprechen lassen, sondern rasch seines Wegs gehen, Menschenansammlungen meiden, Drogenjunkies ausweichen, Streitszenen umgehen usw. Es wird fast eine Art Instinkt. Der ist auch unterwegs nützlich. Darüber hinaus hat mein – eher schmächtiger – koreanischer Freund Yu-San ein interessantes Verhaltensmuster, wenn ihm auf einer Straße gefährlich aussehende Typen begegnen, denen er nicht ausweichen kann oder will. Er nimmt eine Art Bodybuilder-Haltung ein, rollt die Schultern, deutet federnden Schrittes einige Karatebewegungen an und schlägt mit verzerrtem Gesicht die geballte rechte Faust in die linke Handfläche. Das Bild des trainierten Kämpfers, der nur einen Vorwand zum Zuschlagen sucht, um seine aufgestauten Aggressionen auszutoben. Die Typen machen meist einen respektvollen Bogen um ihn. Dabei wissen sie nicht, daß er eine Trillerpfeife bereit hält, mit der er im Notfall auf seine Bedrängnis aufmerksam machen kann.

Seien Sie vorsichtig im Straßenverkehr! In den meisten Ländern dieser Welt wird weniger verkehrsgerecht und rücksichtsvoll gefahren als bei uns. Oft hat der Stärkere und Schnellere recht. In Brasilien und einigen anderen Ländern gibt es nur schnelle Fußgänger und tote Fußgänger. Achtung beim Überqueren von Straßen! Schauen Sie ständig nach beiden Seiten, besonders bei uns ungewohntem Linksverkehr. Beachten Sie die alte Regel, gegen den Verkehr zu gehen (linke Straßenseite bei Rechtsverkehr und umgekehrt), um Fahrzeugen auszuweichen und nicht von hinten angefahren zu werden. Bei Dunkelheit ist besondere Aufmerksamkeit geboten, wenn Straßen und Gehsteige schlecht beleuchtet sind. Oft sind in Drittweltländern Kanaldeckel „vergessen" worden oder zerbrochen, Wassergräben ungesichert, Hindernisse nicht fortgeräumt, wahre Fußangeln. In Goa sind in einer Woche zwei Touristen in einen 8 m tiefen Brunnen gefallen und haben nur überlebt, weil sie nicht allein waren und ihre Begleiter jeweils rasche Rettungsaktionen und schnellen Transport ins Krankenhaus organisierten. Der Brunnen ist heute noch nicht gesichert.

Die letzten Seiten hören sich vielleicht etwas grauslich an. Kein Grund, deshalb auf das wundervolle Abenteuer des Reisens zu verzichten und sich für den Rest des Lebens im Lehnstuhl mit Fernsehreiseserien zu begnügen. Lesen Sie die beschriebenen Tips, speichern Sie sie in Ihrem Unterbewußtsein, damit sie ein Teil Ihres Instinkts werden, und dann freuen Sie sich auf die Reise und haben Sie Spaß daran. Machen Sie sich keine Sorgen, seien Sie nur angemessen vorsichtig. Die meisten Länder – besonders in Asien – sind nicht gefährlicher als Hamburg oder Frankfurt, wo Sie auch jemand mit dem Messer bedrohen oder ein Betrunkener Ihnen gegen das Schienbein fahren kann. Aber das passiert selten. Wenn Sie, wohlinformiert und voller Optimismus auf Ihre Reise gehen, werden Sie viel Freude und Bereicherung finden und sie allen geben, die Ihnen begegnen.

Gesundheit

Die in Drittweltländern häufig auftretende Cholera wurde schon unter Impfungen erwähnt. Der Impferfolg beträgt nur ca. 50%. Cholera entzieht dem Körper Flüssigkeit durch heftigen Durchfall, auch Erbrechen. Sie tritt epidemieartig auf. Falls Sie das Pech haben, sich zu infizieren und kein Arzt in erreichbarer Nähe ist, sollten Sie häufiger ein Glas Wasser mit darin aufgelösten zwei Teelöffeln Zucker und einem Teelöffel Salz trinken (Empfehlung der Welt-Gesundheits-Organisation). Es schmeckt scheußlich, vielleicht finden Sie es erträglicher mit drei Teelöffeln Zucker oder machen Gebrauch von den weiter unten bei Durchfall empfohlenen Möglichkeiten. Bei Cholera besteht im allgemeinen keine Lebensgefahr, wenn sie richtig behandelt wird.

Eine Serie von Impfungen ist zum Schutz vor Tollwut nötig. Die meisten Reisenden vermeiden diese Umstände. Falls Sie unterwegs von einem Tier gebissen werden, ist höchste Alarmstufe angesagt: Tollwut ist tödlich! Waschen Sie sofort – möglichst mit Seife, Alkohol oder was Sie gerade in die Hand bekommen – den Speichel des Tieres aus der Wunde. Versuchen Sie, das Tier zu fangen oder fangen zu lassen, damit bei einer tierärztlichen Untersuchung festgestellt werden kann, ob es mit Tollwut infiziert ist. Falls das nicht gelingt, finden Sie bei einem Gesundheitsamt, einem Sanitätsbeamten, einer diplomatischen oder konsularischen Vertretung oder bei einem zuverlässigen Tierarzt heraus, ob in der Gegend Tollwut vorkommt. Ggf. muß dann bald mit einem Dutzend Impfungen begonnen werden. Dieser Umstand und die Gefährlichkeit der Krankheit sollten Sie veranlassen, mit Ihren Zärtlichkeitsbezeigungen gegenüber fremden Hunden, Katzen und besonders Affen, die sehr aggressiv sein können, etwas vorsichtig zu sein. Dorfhunde sind – besonders im Rudel – manchmal lästig und angriffslustig. Meist genügt schon die Geste des Steinaufhebens und -werfens, um sie in die Flucht zu schlagen. Wenn sie trotzdem zähnefletschend näher rücken, werfen Sie wirklich einen Stein. Wenn auch das nicht hilft, bleiben Sie ruhig stehen, strecken Sie evtl. eine Hand mit dem Handrücken nach oben aus, und warten Sie, bis die Tiere das Interesse an Ihnen verlieren oder der Besitzer Sie aus Ihrer mißlichen Lage befreit.

Wenn Sie eine anstrengende Expedition in extreme Klimazonen machen, mag eine vorherige ärztliche Untersuchung angebracht sein. Achten Sie auch – besonders vor einer längeren Reise – darauf, daß Ihre Zähne in Ordnung sind. Die Aussicht, auf dem Markt von Lhasa von einem tibetischen Zahnheiler – günstigstenfalls mit einem fußgetriebenen Bohrgerät, ungünstigstenfalls mit Hammer und Schraubenzieher – ein kompliziertes Zahnproblem behandeln lassen zu müssen, hat etwas Apokalyptisches. – Brillenträger sollten eine Reservebrille in stabilem Etui und zusätzlich einen Zettel mit ihren Dioptrien mitnehmen.

Irgendwo wird es Sie wahrscheinlich erwischen, wie auch immer Sie es nennen: Durchfall, Montezumas Rache, Shiva-Tanz, Ramses' Quickstep, the Runs, Delhi Belly. In der harmlosesten Form, hervorgerufen durch Klimaveränderung, ungewohnte Speisen wie Olivenöl, exotische Gewürze, kalte Getränke bei Hitze, wird es in ein bis drei Tagen vorbeigehen. Als Ergebnis bakterieller Infektionen kann es länger dauern. Ein empfehlenswerter Stuhltest eines medizinischen Labors bringt innerhalb von ein bis zwei Stunden Klarheit. Wenn Sie nicht gleich mit schwerem Geschütz starker Medikamente loslegen wollen, versuchen Sie es mit einem Tag nur Mineralwasser ohne jegliche Speisen, abends und am nächsten Morgen je vier Kohletabletten (die – obgleich harmlos – in dem entleerten Verdauungssystem recht gut wirken), sechs Stunden nur Mineralwasser, dann mit – zuerst trockenem – Reis, bis Sie die Hungerei nicht mehr aushalten. Medikamente wie Immodium, Lomotil, Codein verlangsamen die Verdauung und mildern die Krämpfe (und sind daher besonders geeignet, eine Bus- oder Zugfahrt erträglich zu machen), richten aber meist nichts gegen die im Verdauungstrakt bleibenden Erreger aus. Letzter Ausweg für ganz hartnäckige

Fälle sind Antibiotika. Vermeiden Sie es, mit so starken Kanonen auf Spatzen zu schießen, denn die meisten Gruppen von Antibiotika rufen eine Immunität im Körper hervor, so daß sie dann später im Fall einer ernsteren Erkrankung wirkungslos bleiben. Einnahme von Antibiotika bei einem Durchfall, der nicht durch Bakterien hervorgerufen ist, schadet überdies dem Verdauungssystem, da die nützliche Darmflora zerstört wird. Es ist daher klug, bei Durchfall ein paar Tage nichts zu tun und abzuwarten, ob der Körper selbst damit fertig wird. Wenn er das schafft, baut er Gegenstoffe auf, die eine Wiederholung des Problems unwahrscheinlicher werden lassen.

Führen Sie dem Körper in jedem Fall (auch im Fall starken Schwitzens) die verlorenen Flüssigkeit, Salze und sonstigen Mineralien wieder zu. Das kann durch Mineralwasser, Salztabletten, das in Ländern wie Indien in Apotheken erhältliche Elektral und durch starkes Salzen der Speisen erfolgen. In sehr schlimmen Fällen können Sie auch auf die oben unter Cholera beschriebene Mischung von Wasser, Zucker und Salz zurückgreifen. Wenn Ihnen das Einnehmen von Salz schwerfällt, lassen Sie sich von Ihrem Apotheker Kapseln geben, die er zur Zubereitung von Medikamenten benutzt und die im Magen aufgelöst werden. Füllen Sie sie mit Salz und nehmen Sie sie mit einem Schluck Wasser ein. Konzentrierter, einfacher und billiger als Salztabletten, die man in vielen Ländern ohnedies nicht findet.

Bei Dysenterie (Ruhr) tritt Durchfall mit Blut oder Schleim im Stuhl und meist Fieber auf. Sie muß mit Antibiotika bekämpft werden. Um all diese Ärgernisse und andere Infektionen von vornherein zu vermeiden, seien Sie vorsichtig mit Essen und Trinken. Ungekochte Speisen oder gekochte, die einige Zeit abgekühlt sind, können Bakterien enthalten. Essen Sie auch möglichst nur frisch geschälte Früchte. Besonders gefährlich sind rohes Gemüse und Salate. Derlei wird oft mit Fäkalien gedüngt, deren Krankheitserreger nicht abgebaut werden. „Schäl' es, koch' es oder vergiß es", belehrten die englischen Memsahibs ihre eingeborenen Köche am Ende des Raj, der Kolonialherrschaft in Indien. Der Hauptverursacher der Magenprobleme ist bakterienverseuchtes Wasser (oder Eis!). Sie vermeiden es, indem Sie sich an Soft Drinks wie Mineralwasser, Limonaden, Cola und die Spezialitäten des Landes wie Kokosnuß und vor allem den allgegenwärtigen Tee oder Mate halten. Bei Mineralwasser bin ich etwas skeptisch, seit ich in einem südindischen Laden Flaschenverschlüsse sah und viele Kinder, die eifrig leere Flaschen sammelten. Seither desinfiziere ich auch zweifelhaftes Mineralwasser, das originalabgefüllt aussieht. Sie können auch Wasser drei Minuten abkochen (lassen). Das ist im Flachland bei 100°C wirksam. In Höhenlagen, wo Wasser schon bei 80–90° kocht, werden viele Krankheitserreger nicht abgetötet. Es gibt Filter (die leichten arbeiten langsam, die schnellen sind schwer – sie schützen meist nicht vor Hepatitiserregern), Reinigungspastillen wie z. B. Micropur (sie sind oft gegen gefährliche Amöben wirkungslos), Chlor und Jod. Drei Tropfen siebenprozentiges Jod reinigen einen Liter Wasser in 40 Minuten zuverlässig. Nachteile sind der „Schwimmbadgeschmack" des gereinigten Wassers, die etwas schwierige Dosierung und die Gefahr, daß die Jodflasche undicht ist oder zerbricht und die auslaufende Flüssigkeit häßliche Schäden in Ihrem Gepäck anrichtet. Den Geschmack kann man durch Zusatz von Zitronensaft, der dem Körper zudem noch Vitamine zuführt, Limonadenpulver und -tabletten oder dgl. verbessern. Das Problem der Dosierung und möglichen Verunreinigung löst ein kluger Vorschlag des South American Explorer's Club: In eine kleine Flasche, die eine Unze = ca. zehn ccm faßt, gibt man ein paar Gramm resublimierte Jodkristalle. Bei Bedarf füllt man das Fläschchen mit Wasser und schüttelt es zwanzig Sekunden lang. Die dabei entstehende gesättigte Jodlösung wird sehr vorsichtig (damit kein Jodkristall mit ausfließt) in einen Liter Wasser geschüttet, das nach 40 Minuten wirksam desinfiziert ist. Das gilt für klares Wasser mit ca. 20°. Trübes oder wärmeres Wasser (40°) wird mit der doppelten Menge, also 20 ccm, desinfiziert. Benutzen Sie ein Mehrfaches der Jodlösung, wenn Sie trotz aller guten Ratschläge der Versuchung in Form ungeschälten Obstes wie Trauben, Tomaten oder Aprikosen nicht widerstehen können, und waschen Sie die Früchte gründlich.

Ich habe dieses praktische System noch etwas ergänzt. Die

Clubflasche ist recht zerbrechlich. Benutzen Sie ein Probier- oder Portionsfläschchen für Wermut, Whisky oder Magenbitter. Es muß aus Glas sein. Kunststoff wird von Jod zerfressen. Daher muß das Behältnis einen Metallverschluß mit Gummidichtung haben, kein Plastik! Die Fläschchen fassen mehr als zehn ccm. Markieren Sie daher mit Nagellackstrichen jeweils die 10-, 20-, 30-ccm-Füllmenge. Gegen Bruch beim Fallen können Sie das Ganze an möglichen Aufprallstellen mit Tesafilm umwickeln. Vergessen Sie nicht, daß beim Ausgießen kein Kristall in Ihr Trinkwasser geraten darf.

Malaria ist eine regelmäßig wiederkehrende Infektionskrankheit, die weltweit jährlich mehr als eine Million Menschenleben kostet. Sie wird durch die Anopheles-Stechmücke übertragen, und zwar durch das trächtige Weibchen, das nur nachts sticht (hoffentlich weiß es das auch!). Schutz gewährt im Malaria-Gürtel der Erde, über den Sie Ihr Gesundheitsamt oder Reisebüro aufklärt, die vorbeugende Einnahme von Tabletten. Diese werden, je nach Typ, täglich oder ein- bis zweimal pro Woche (mit Flüssigkeit nach einer Mahlzeit) geschluckt. Wenn Sie vergeßlich sind oder nicht ständig an die wöchentlichen Einnahmetage denken wollen, wählen Sie die tägliche Einnahme. Dabei wird der Schutz im allgemeinen auch aufrechterhalten, wenn man gelegentlich eine Einnahme ausfallen läßt. Leider neigen die Erreger dazu, gegen den Wirkstoff Resistenz zu entwickeln, wenn die Mücke beim Stich winzige Mengen davon aufnimmt. Dadurch sind die meistgebrauchten Mittel wie Resochin und Chloroquine in immer mehr Gegenden der Welt wie Indien, Borneo, Nias, Philippinen, Bangladesch nicht mehr völlig sicher. Es wurden daher neue Medikamente wie Fansidar, Lariam, Halfan entwickelt. Sie sind manchmal stärker, sollen aber z.T. unerfreuliche Nebenwirkungen haben wie Sehschwäche, Haarausfall, ganz zu schweigen von anderen schrecklichen Dingen und werden im Lauf der Zeit möglicherweise wiederum immunisierend auf die Bakterien wirken. Was tun? Wohl die meisten Reisenden nehmen weiterhin Resochin. Andere, besonders Langzeittraveler, nehmen nichts und verlassen sich auf ärztliche Hilfe sofort bei Ausbruch einer Krankheit, die sich durch Fieberschübe, meist verbunden mit Kopfschmerzen, Schüttelfrost, Gelenk- und Muskelschmerzen und/oder Appetitlosigkeit, ankündigt. Wer sich in den betroffenen Gebieten von ärztlichen Versorgungsmöglichkeiten entfernt, längere Expeditionen oder ausgedehnte Trecks unternimmt, muß – idealerweise verschiedene – Mittel zur Bekämpfung mitnehmen wie drei Tabletten Fansidar, sechs Tabletten Halfan. Sollten Malariasymptome bei Ihnen auftreten, so fliegen Sie nicht in der ersten Panik zurück in die Heimat, sondern erwägen Sie eine – meist ebenso erfolgreiche – Behandlung vor Ort, wo man die größte Erfahrung mit der Krankheit hat.

Moskitostiche sind unangenehm (Schwellung, Juckreiz) und gefährlich (Malaria, Dengue-Fieber, Filariosis – Fadenwürmer, Gelbfieber – alles kann zum Tod führen). Die Preisfrage ist: Wie kann man sie vermeiden oder wenigstens ihre Zahl einschränken? Häufig werden Cremes oder Tinkturen (Moskito Repellents) benutzt, deren giftige Substanzen die Mücken (mehr oder weniger) fernhalten. Ihr Nachteil ist, daß sie Gift in unsere – ohnedies belastete – Umwelt abgeben und daß sie bei kleinen Hautverletzungen wie versehentlich aufgekratzten Stichen gelegentlich häßliche Entzündungen hervorrufen. Harmloser sind wohl ätherische Substanzen, die an Öl gebunden sind, damit ihre Wirkung nicht durch rasches Verdunsten allzu schnell nachläßt. Sie haben den Vorzug, daß man sich nicht ganz damit einreiben muß. Ein paar Tropfen auf dem Körper, an einem halben Dutzend Stellen des Bettrandes oder auch auf eine Dauerkerze (Teelicht) geträufelt, genügen meist. Dazu gehört das schwedische Dschungel-Öl, Zedernöl und Citronella, ein nicht unangenehm riechendes Öl aus Zitronenschale und Gräsern, das in manchen Drittweltländern für Groschenbeträge zu haben ist. Diese Öle haben den Nachteil, daß ihre Wirkung durch starkes Schwitzen, Verdunstung und Abwischen an Kleidung und Bettzeug nicht lange anhält. Gut für einen Restaurantbesuch, aber nicht für eine lange Tropennacht. – Wenn Sie mit knappem Budget reisen, können Sie sich mit Zitronensaft einreiben oder eine diabolische Mischung aus Kokosöl und Zitronensaft herstellen. Moskitos flüchten meist davor, möglicherweise auch Ihre Reisegefährten.

Recht effektiv und angenehm ist das in Thailand verkaufte und leider kaum exportierte Skeetoleene.

Einige der oben genannten Mittel werden auch als Sprays verkauft. Sehr wirkungsvoll für hermetisch geschlossene Innenräume, aber giftig und daher tödlich nicht nur für Moskitos, sondern auch für allerlei nützliches Getier. Wenn Sie das nicht stört, benutzen Sie bitte wenigstens – der Ozonschicht zuliebe – statt Sprays die kleinen Pumpen, z. B. Baygon von Bayer. Letzteres und andere, meist lokale Produkte gibt es auch in Form von Spiralen (moskito-coils), die wie Räucherstäbchen glimmen, Rauch abgeben und eine ganze Nacht vorhalten. Der Geruch ist in Räumen nicht sehr angenehm, aber sie sind praktisch, um sie im Freien unter dem Tisch in Nähe der besonders gefährdeten unbekleideten Beine und Knöchel aufzustellen. Einheimische versuchen es in ihren Restaurants gelegentlich mit Abbrennen von Weihrauch – mit wenig überzeugendem Erfolg.

Es gibt einige Versuche, dem Problem mit elektrischen Apparaten zu Leibe zu rücken. Erfolgreich erscheinen die Ultraviolett-Lampen, die außen mit glühenden Heizdrähten umlegt sind. Sie sind aber so umfangreich und schwer, daß sie nur für stationären Gebrauch in der Heimat in Frage kommen. Außerdem werden sie auch Schmetterlingen, Faltern, den nützlichen und possierlichen Geckos und anderem Getier gefährlich. Ein kleines Gerät, das in eine Steckdose gedrückt wird (besser wäre die Benutzung einer Verlängerungsschnur, um es in Bettnähe aufstellen zu können), verbrennt Giftplättchen. Einige Globetrotter schwören darauf ... bis zu einem der in Drittweltländern so häufigen stundenlangen Stromausfälle, die sie dann ohne Schutz lassen und den lieben Tierchen ein Festmahl bescheren. Für Auto, Wohnwagen und Boot geeignet ist die Zwölf-V-Version Kfz-Insektenfrei von Isotronic, Rottenburg; bei Akkus gibt es ja – hoffentlich – keine Stromausfälle. Das Stromausfallproblem gilt auch für die regulierbaren Ultraschallgeber, die allerdings in der netzunabhängigen Ausführung eine interessante Entwicklung darstellen. Sie heißen Moskito Repeller, haben Streichholzschachtelgrösse und -gewicht, werden von Knopfbatterien gespeist und geben einen hohen Pfeifton ab. Dieser Ton ähnelt dem Sirren des männlichen Moskitos. Da es die bereits befruchteten Moskitoweibchen sind, die uns peinigen, und diese an Herrenbekanntschaften nicht mehr interessiert sind, flüchten sie ... in der schönen Theorie. Ich habe in einer Anwandlung von Masochismus zu Testzwecken Probestiche bis zu einer Entfernung von fünf cm von dem Gerät über mich ergehen lassen. Die Moskitos fanden es wunderbar. Vielleicht gibt der Einbau eines kleinen Potentiometers aus dem Elektronikgeschäft zwischen Batterie und Summer die Möglichkeit, den richtigen Ton zu finden und das Gerät wirksam zu machen. Die Idee verdient es, weiterentwickelt zu werden. Wenn Sie ein besonders guter Elektroniker sind oder einen kennen, läßt sich möglicherweise statt des Potentiometers ein elektronischer Frequenzversteller einbauen, der in kurzer Phase (ca. ein bis zwei Sekunden) automatisch ein Ultraschallspektrum von etwa 18 bis 22 Kilohertz bestreicht. Vielleicht werden dadurch mehrere Moskitorassen vertrieben, jedenfalls entfällt das langwierige Einstellen mit dem Poti. Eine Batterie soll für ein Jahr Dauerbetrieb gut sein. Ein hübscher Gedanke, Moskitos elektronisch zu überlisten, statt sie chemisch zu bekämpfen. Übrigens halten Ihnen diese Geräte Hunde vom Hals, die diesen hohen Ton gar nicht mögen. Also zusätzlich ein Schutz vor Flöhen und Tollwutbissen. Für Hundefreunde, die unsere besten Freunde gern streicheln möchten, eine schwierige Güterabwägung. – Manchmal genügt es schon, in geschlossenen Räumen eine Kerze eine Zeitlang brennen zu lassen. Sie zieht manche Mücke an, „wie die Motte das Licht".

Wenn die Moskitos sehr hungrig sind und Sie süßes Blut oder – wohl richtiger – viel Buttersäure, Östrogen und Aminosäuren im Schweiß haben, ist die Wirkung der meisten der oben beschriebenen Mittel ebenso wie die von Vitamin-B-Tabletten unzureichend. Damit man wenigstens im Bett Ruhe vor den lästigen und gefährlichen Plagegeistern hat, hilft am besten ein Moskitonetz. Für den Gebrauch an einem festen Ort können Sie Gardinenstoff vor alle Raumöffnungen oder übers Bett spannen. Für unterwegs kaufen Sie am besten ein gut genähtes Netz. Der Pyramiden-Typ braucht nur einen, möglichst hohen Befestigungspunkt. Sein Nachteil ist, daß wegen der nach innen geneigten Seiten oft Körperteile daran anliegen und Mücken dann durch das Netz hindurch stechen können. Die Ausführung in Kastenform wird an vier Punkten befestigt. Zumindest für die vierte Ecke braucht man oft ein längeres Band, das quer durchs Zimmer läuft. Ein Hindernis, das aber gut zum Aufhängen von Handtüchern, gewaschenen Kleidungsstücken, Landkarten und Liebesbriefen dienen kann. Wenn Sie Ihr Netz durch Einstecken unter die Matratze stabilisieren, können Sie die Kopf- und Fußecken je an einer dünnen Holzstange oder einem Ästchen befestigen und brauchen dann nur noch zwei Befestigungspunkte.

Falls Sie (z.B. bei Betonwänden) Befestigungspunkte nur an der Decke finden, hängt das Netz durch. Um eine horizontale Spannung zu erreichen (die den Innenraum vergrößert), kann man mit Tesafilm Steine am Band aufhängen. Es ist praktisch, zur Befestigung des Netzes ein paar Nägel, Stifte, Sicherheitsnadeln oder Holzschrauben mit Ösen bzw. Saugern (für Fensterglas, Spiegel, Marmor und Kacheln) mitzunehmen. Wählen Sie statt eines Baumwollnetzes eins aus Kunststoff. Baumwolle nimmt in feuchtem Klima Modergeruch an und ist nicht so reißfest. Risse und Löcher kann man übrigens mit Heftpflaster reparieren. Nehmen Sie es so hell wie möglich, am besten weiß. Es absorbiert dann weniger Leselicht. Und wenn sich ein Moskito unter das Netz geschlichen hat, können Sie ihn auf Weiß besser sehen und erschlagen (pardon: vorsichtig in einem Glas fangen und unversehrt ins Freie entlassen, falls Sie Buddhist, Hindu oder Jaina sind und keine Lebewesen töten). Damit Ihre Stiche nicht zu sehr jucken, tragen Sie eine Antihistamincreme oder Nelkenöl auf.

Bilharziose wird durch einen mikroskopisch kleinen, flachen Wurm hervorgerufen, der in stehenden oder langsam (unter 1 m/Sek.) fließenden Gewässern vorkommt, eine Schneckenart als Wirtstier benutzt und durch die Haut eindringt. Bei Erkrankung bringen Tabletten Heilung.

Vorsicht bei Hautinfektionen, die besonders in den Tropen sehr unangenehme Formen annehmen können. Desinfizieren Sie auch kleinste Kratzer. Meist genügt ein Tropfen Kölnisch Wasser aus einem Minifläschchen. Benutzen Sie sonst Merfen, kein

Jod, da dessen rote Farbe die Entzündungsrötung überdeckt, die man zur Kontrolle beobachten sollte. Decken Sie anschließend mit Wundgel oder dem hautfreundlichen, luftdurchlässigen Pflaster Micropore ab, damit Bakterien abgehalten werden. Kleben Sie Pflaster stets in der Richtung des Schnittes oder Kratzers auf, damit Sie die Wunde nicht jedesmal beim Abziehen des Pflasters in Querrichtung neu aufreißen (es sei denn, Sie können eine tiefere Wunde mit dem Pflaster zusammenziehen und so besser schließen).

Hüten Sie sich – besonders am Anfang Ihrer Reise und besonders in tropischen Ländern – vor Sonnenbrand oder gar Hitzschlag. Setzen Sie sich jeweils nur kurz der intensiven Mittagssonne aus. Tragen Sie einen breitkrempigen Hut oder eine Mütze mit großem Schirm. Bei langem Schwimmen und Schnorcheln sind der Rücken und die Beine ungewohnter Sonneneinwirkung ausgesetzt. Tragen Sie dabei also mindestens ein T-Shirt, evtl. auch eine lange Hose. Oft bekommt die Nase einen Sonnenbrand nach dem anderen und schält sich ständig. Schützen Sie sie mit einer der praktischen Plastiknasen, die in die Sonnenbrille eingehängt werden, oder bauen Sie sich aus Papier, Pappe oder einem Baumblatt selbst so etwas. Wenn Ihnen Fett auf der Haut nicht lästig ist, benutzen Sie Sonnenschutzöl oder Hautmilch mit Schutzfaktor 15.

Ich kenne nur ein gutes fertiges Präparat, das einen noch so intensiven Sonnenbrand zuverlässig wegnimmt: Tschamba-Fie, das wäßrige österreichische Alpinistenmittel. Wenn Sie es vor Ihrer Abfahrt nicht finden oder es vergessen, kann eine Pflanze helfen: Aloe Vera, eine Kakteenart, die beim Aufschneiden einen gallertartigen Saft absondert, der – mehrfach aufgetragen – einen Sonnenbrand heilt. Diese auch für Kosmetika verwendete Wunderpflanze wurde schon in einem ägyptischen Papyrus aus dem 16. vorchristlichen Jahrhundert erwähnt. Auf Wunden aufgelegte Scheiben lassen – wie man seit der Anwendung bei Hiroshima-Opfern weiß – Wunden schneller heilen. In den USA angestellte Versuche sollen darauf hindeuten, daß Aloe Vera bei Brandwunden eine um 40% schnellere Heilungsrate hat als die üblicherweise in Spezialkliniken verwendeten Silbernitrate und

Silbersulphadiazine. Ich habe den Eindruck, daß sie auch juckreizmildernd bei Insektenstichen wirkt.

Sie wissen, daß man in heißen Klimazonen viel Flüssigkeit zu sich nehmen muß, fünf bis zehn Liter täglich in der Wüste. Wenn man des Guten zuviel tut, kommt man allerdings aus dem Kreislauf Schwitzen-Trinken-Schwitzen nicht heraus, und dann genügt die erste Klimaanlage, ein Ventilator-Hurrikan, eine frische Seebrise, um die verbreiteten Erkältungen auszulösen, gegen die man dann wieder mit Schal-um-den-Hals, Füße-warm-Halten, Rhinopront-Tabletten oder sehr wirksamen lokalen Produkten wie Decolgen in Indonesien (fragen Sie in der Apotheke nach anderen Mitteln) angehen muß. Ein guter Hinweis darauf, ob Sie genug Flüssigkeit aufnehmen, ist die Häufigkeit des Wasserlassens und die Farbe des Urins. Wenn ersteres selten und letzterer dunkelgelb oder orange wird, müssen Sie mehr trinken. Erfahrene Tropenreisende kontrollieren das ständig automatisch.

Die Gefahr von Schlangenbissen wird häufig übertrieben dargestellt. Schlangen beißen im allgemeinen nur, wenn sie sich angegriffen fühlen, z.B. wenn man auf sie tritt. In Gefahrengebieten tragen Sie zur Vorsicht knöchelhohe Schuhe. Noch wichtiger ist es, beim Gehen durch höheres Gras und Unterholz, die Füße etwas über den Boden zu schleifen, fest aufzutreten, evtl. sogar mit einem Stock auf den Boden zu schlagen, um durch die Erschütterung Schlangen zu warnen und zur Flucht zu veranlassen. Schreien ist unnütz, Schlangen können nicht hören. – Sollten Sie doch einmal gebissen werden, versuchen Sie, die Schlange zu töten, damit ihre Art bestimmt und das richtige Serum gespritzt werden kann. Falls das nicht möglich ist, merken Sie sich Farbe, Zeichnung und Größe. Bisse von Giftschlangen haben zwei charakteristische Zahnmale. Saugen Sie die Bißwunde aus oder lassen Sie sie – falls Sie sie selbst nicht erreichen können – von jemand aussaugen. Vorsicht! Das ist für Sie oder den Helfer nur ungefährlich, wenn am oder im Mund keine offenen Wunden sind, in die Gift eindringen kann. Das Gift muß sofort ausgespuckt und der Mund möglichst ausgespült werden. Zusätzlich muß die Vene an einer geeigneten weichen Stelle zwischen Wunde und Herz abgebunden werden, damit das Gift nicht über die Blutbahn zum Herzen gelangt. Dieser Blutstau muß jede Viertelstunde kurz gelöst werden, damit die im abgebundenen Körperteil befindlichen Zellen und Gefäße wenigstens notdürftig mit Blut versorgt bleiben und nicht absterben (genau wie bei einer Schlagaderverletzung). Dann sollte (oder sollte nicht – nach Meinung jüngerer Mediziner) die Wunde oberflächlich ein wenig in Kreuzform aufgeschnitten und anschließend nochmals ausgesaugt werden. Schneiden Sie mit einem Messer oder einer Rasierklinge, die möglichst über eine Flamme gehalten oder sonstwie desinfiziert wurde. Nach alldem werden Sie dann vermutlich erfahren, daß die Schlange gar nicht giftig war. Das Gefährlichste an den meisten Schlangenbissen ist der Schock des Gebissenen und die Todesfurcht. Denken Sie daran, daß es selbst in Australien, das weltweit die wohl größte Zahl giftiger Reptilien hat, kaum ein halbes Dutzend Todesfälle pro Jahr gibt.

Skorpionstiche sind grundsätzlich nicht lebensgefährlich, doch sind tödliche Komplikationen – z.B. bei Menschen mit schwachem Kreislauf möglich; in jedem Fall aber sind die Stiche überaus schmerzhaft. Schlafen Sie in gefährdeten Wüstengebieten nicht im Sand, und schütteln Sie abgelegte Kleidung, besonders Schuhe, vor dem Anziehen aus. Übrigens gibt beim Schlafen in Wüsten ein Kreis von kleingeschnittenen Zwiebeln einigen Schutz vor Ungeziefer, das sonst durch die Wärme und den Kamelgeruch der Decken angelockt wird.

Mit der Höhenkrankheit werden Sie Bekanntschaft machen, wenn Sie zu Fuß, per Bus oder mit dem Flugzeug Höhen um 4000 m (Hochgebirge und Städte wie La Paz, Lhasa, Leh) erklimmen, ohne daß Ihr Körper genug Zeit zur Anpassung durch Bildung zusätzlicher roter Blutkörperchen hatte. Die Symptome sind Kopfschmerzen, Übelkeit, Erbrechen. Es helfen Entspannung, Ruhe, Vermeidung von Anstrengungen, evtl. eine Aspirintablette. Noch besser ist, es gar nicht erst so weit kommen zu lassen, sondern sich in „Basiscamps“, wie die Mount Everest-Bezwinger, langsam auf den Gipfelsturm vorzubereiten.

Im Gebirge und an der See werden die Lippen leicht spröde und reißen auf. Statt täglich Fettcremes oder -stifte zu benutzen und die Haut so daran zu gewöhnen, daß sie die erste Nichtanwendung besonders übelnimmt, sollten Sie ein- oder zweimal die Lippensalbe Labiosan auftragen.

Es ist erschreckend, wie viele Touristen in vielen Urlaubsorten Jahr für Jahr ertrinken. Da gibt es die Unvorsichtigen, die ihr eigenes Können überschätzen und zu weit ins Meer hinausschwimmen. Das macht gegen die Wellen Spaß, da man unter ihnen her taucht und dadurch schnell vorwärtskommt. Auf dem Rückweg zum Ufer kommen die Wellen nun plötzlich von hinten und erwischen manchen gerade dann, wenn er schon ausgeatmet hat. Dann überrollen ihn Wasser und Gischt einer großen brechenden Welle im Augenblick des verkrampften Einatmens. Mund, Kehle und Lungen sind plötzlich voll Wasser, Panik, vielleicht Schock, schlimmstenfalls einer mehr in der Todesstatistik. Das habe ich als Rettungsschwimmer aus den Befragungen einiger Leute, die wir aus der Brandung geholt haben, als einen der Hauptproblemfälle herausgefunden. Beobachten Sie stets die Wellen, beim Zurückschwimmen zum Land am besten aus der Rückenlage. Wenn Ihnen Rückenschwimmen nicht liegt, schauen Sie sich ständig um, regulieren Sie die Atmung entsprechend den Wellen (einatmen, bevor die Welle kommt!), und halten Sie sich jeweils möglichst lange vor der Welle, da Sie so in Richtung Ufer getragen werden. Wenn Sie es können, benutzen Sie die Wellen zum Bodysurfen. Es ist eine der schönsten Sportarten. Australier sind Meister darin. Kurz bevor die Welle Sie erreicht, kraulen Sie wild los in Richtung Ufer, halten Sie die Beine hoch, den Kopf etwas nach unten, und strecken Sie beide Hände vor, nach oben angewinkelt, um zusätzlich Auftrieb zu schaffen und den Kopf zu schützen, falls die Welle Sie kopfunter auf den Grund drückt. In dieser „Bananenhaltung" nimmt Sie die Welle mit, und Sie schießen im Idealfall in ein paar Sekunden einige Dutzend Meter weit übers Wasser.

Wenn Sie kein sehr sicherer Schwimmer sind, erwägen Sie, in unbekannten Gewässern eine Trillerpfeife um den Hals zu binden. Sie trägt weit und wird Ihnen im Fall von Problemen (Krampf, Abtreiben, Ermüdung, Panik) meist Aufmerksamkeit und Hilfe bringen. Da das Hin- und Herschwenken eines hochgestreckten Arms von einem fröhlichen Winken nicht zu unterscheiden ist, haben Taucher das seitliche Aufschlagen der flachen Hand auf die Wasseroberfläche zum Zeichen für Hilferuf erklärt. Während Sie auf Hilfe warten oder ganz allgemein, wenn Sie eine Weile keine Kräfte unnütz vergeuden wollen, halten Sie sich mit der Kreuzhaltung an der Oberfläche: Rückenlage, Kopf nicht krampfhaft aus dem Wasser gestreckt, sondern halb eingetaucht von selbst auf dem Wasser schwimmend, Arme seitwärts, besser etwas nach oben, kopfwärts, ausgestreckt, damit die Füße nicht versinken, Luft möglichst in der Lunge halten, nur kurz ausatmen und sofort wieder einatmen, um möglichst viel Auftrieb zu erreichen. Sie können so stundenlang ohne Kräfteverbrauch auf dem Wasser liegen. Probieren Sie es aus, damit Sie im Bedarfsfall die Ruhe und das Sicherheitsgefühl finden, die dieses Schweben auf dem Wasser vermittelt.

Denken Sie daran, nicht während des Verdauungsprozesses (etwa ½ bis drei Std. nach Mahlzeiten) zu schwimmen, und kühlen Sie sich ab (Stirn, Nacken, Herzgegend), ehe Sie erhitzt ins Wasser gehen. Springen Sie nicht in Wasser, dessen Tiefe Sie nicht kennen, vor allem nicht im Kopfsprung. Wenn es ohne Springen nicht geht, tun Sie es im „Paketsprung" (Beine angezogen, Fußsohlen und offene Handflächen parallel zur Wasseroberfläche aufschlagend, um die Fallgeschwindigkeit zu mindern), damit Sie nicht auf Felsen, senkrechte Stangen und dergleichen aufprallen. Informieren Sie sich bei der einheimischen Rettungswache über eventuelle Strömungen. Wenn Sie in eine geraten, die Sie ins offene Meer hinausträgt, kämpfen Sie nicht dagegen an, sondern schwimmen Sie quer dazu. Irgendwann werden Sie dann aus dem Strömungsbereich herauskommen.

Wadenkrämpfe sind eine Folge von ungewohnter Anstrengung und Salzmangel. Versuchen Sie, das betroffene Bein möglichst mit flacher Sohle auf den Grund aufzudrücken, im tiefen Wasser das Knie durchzudrücken und dabei mit der Hand die Zehen hochzuziehen. Vielleicht hilft Ihnen ein Schwimmnachbar. Schwimmen Sie ohne Benutzung des Beins an Land.

Sollten Sie wirklich einmal einem Hai begegnen, vermeiden

Sie hysterische Angst und Panik. Von über 250 Haiarten sind nur wenige für Menschen gefährlich, und auch die werden Sie kaum angreifen außer in Australien, wo die Haie an Menschenfleisch gewöhnt sind, da Aborigines jahrhundertelang ihre Toten zur Bestattung ins Meer geworfen haben, und außer in Fällen, in denen Sie harpunierte Fische durchs Wasser ziehen. Dabei weiß man bis heute nicht so recht, ob Haie wirklich Blut „riechen", also über gewisse Entfernungen wahrnehmen können, oder nur durch das Zappeln des Todeskampfes von Fischen, das sich durchs Wasser über weite Entfernungen mitteilt, angelockt werden. Man weiß jedenfalls aus langen Beobachtungen von Tauchern, daß Haie ebenso furchtsam wie neugierig sind. Sie umschwimmen das fremde Menschenwesen zunächst in großen Kreisen. Diese werden immer kleiner. Schließlich berührt irgendwann einmal die Haut des Haies, die rauh wie Schmirgelpapier ist, den Menschen. Das austretende Blut oder aber das erschreckte Zusammenzucken veranlassen den Hai dann zum Zubeißen. Wir Taucher haben in Gefahrengebieten einen ca. einen Meter langen Haistock dabei, mit dem wir den Hai anstoßen, worauf er im allgemeinen schnellstens flüchtet. Bleiben Sie im Fall einer Begegnung ruhig, vermeiden Sie aufgeregtes Plantschen, versuchen Sie sich an der funktionellen Schönheit dieser perfekten Kraftmaschine zu erfreuen, und schwimmen Sie in ruhigen Zügen in Sicherheit.

Auch Piranhas sind offenbar nicht so schlimm wie ihr Ruf. Mutige Amazonas-Forscher haben ihre Hände eine Weile inmitten von Schwärmen ins Wasser gehalten, ohne daß sie „innerhalb von Sekunden bis aufs Skelett abgenagt" wurden. Dabei darf man allerdings keine blutende Wunde haben. Gefährlicher sind Steinfische – sie sehen wie Steine aus, und ihr hochgiftiger Rükkenstachel wirkt innerhalb von drei Stunden tödlich, Rotfeuerfische mit gleichfalls giftigem Stachel, Stachelrochen, die bei Berührung den Schwanz hochschnellen und mit dem Hieb durch einen am Ende befindlichen Stachel häßliche Wunden schlagen.

Unangenehm ist die Berührung von Quallen, den Fesselballons der Meere. Wenn sie Ihnen zustößt, fassen Sie nicht mit der Hand an die brennende Stelle und somit in die Tentakeln und erst recht nicht noch anschließend ins Gesicht, gar in Augennähe. Schwimmen Sie an Land, reiben Sie die brennende Stelle am besten mit Sand, sonst mit Stoff oder rauhem Papier ab, ohne das Zeug an die Hände zu bekommen, und behandeln Sie die heimgesuchte Hautpartie mit Alkohol, Essig, Benzin, Antihistamincreme, einer reifen Papaya oder Aloe-Vera-Saft, was immer Sie als nächstes zur Hand haben. Eine andere Behandlungsmöglichkeit ist das Abspülen mit Meerwasser, Trocknenlassen des Restes auf der Haut und späteres Abschaben mit einem Messer.

Lassen Sie mich ein wenig appetitliches medizinisches Thema berühren, weil es besonders häufig Reisende quält und weil ich einen guten Rat dazu weitergeben kann: Hämorrhoiden, eine typische Zivilisationskrankheit, die heute fast jeden, besonders in höherem Alter heimsucht. Die den Krampfadern ähnlichen Knoten können lange Wanderungen und auch langes Sitzen in Transportmitteln zur Qual machen. Versuchen Sie statt Operation oder Verödung einmal den Tip eines Proktologen: Ziehen Sie den After nach innen, sechs bis acht Sekunden lang, entspannen Sie dann ebenso lange, und machen Sie das ein paar Minuten täglich. Wenn Sie es mehrere Wochen konsequent durchhalten, können Sie Ihr Leiden wahrscheinlich für ein paar Jahre vergessen.

Da die Touristen in den Sonnenzielen die Tintenfische aufessen und vom Riff die schönen Seesterne wegschleppen (die dann, falsch behandelt, am nächsten Tag als stinkende Masse weggeworfen werden), statt sie zur Freude aller Taucher und Schnorchler dort zu lassen, wo sie hingehören, nehmen die Seeigel überhand. Wenn man auf einen tritt, kann es das Ende eines unbeschwerten Urlaubs bedeuten. Die Stacheln brechen in der Wunde ab. Herausziehen mit einer Pinzette ist unmöglich, da sie innen wieder abbrechen. Hinausdrücken mit einer Nadel ist möglich, aber umständlich, schmerzhaft und entzündungsfördernd. Nichtstun führt zu Schmerzen bei jedem Schritt. Den Eingeborenen von Tanzania verdanke ich folgendes Rezept: Binden Sie über Nacht die Hälfte einer unreifen Papaya auf die zerstochene Hautzone. Die darin enthaltene Säure löst die im wesentlichen aus Kalk bestehenden Stacheln auf. Wenn Sie keine

Papaya finden, mag es auch ein essiggetränktes (oder besser essigsäuregetränktes) Stück Stoff tun – unter einem Plastikbeutel als Verdunstungsschutz. Die Papaya habe ich ausprobiert – bei mir hat es geholfen – den Essiglappen noch nicht. Schnorchler und Taucher treten selten in Seeigel. Schnorcheln Sie auch! Es ist kinderleicht und eröffnet Ihnen eine neue Dimension: die Unterwasserwelt. Außerdem vermeiden Sie Ärger, weil Sie Seeigel, Haie, Muränen, Steinfische (die allerdings fabelhaft getarnt sind) und ähnliche Gefahren rechtzeitig erkennen. Kaufen oder mieten sie dazu vernünftiges Gerät: Der Schnorchel soll von der Maske getrennt sein, keinen Firlefanz wie Ballverschluß und dgl. haben, dafür einen großen Durchmesser für viel Atemluft und die nötige Länge, um auch bei unruhigem Wasser über die Oberfläche hinauszuragen. Testen Sie den hermetischen Abschluß der Maske. Drücken Sie die Maske ohne Halteband ans Gesicht, ziehen Sie die Luft ein und halten Sie sie an. Die Maske darf – auch ohne Festhalten – bei kräftigem Kopfschütteln nicht herunterfallen. Sonst stimmt der Sitz nicht und später dringt Wasser ein. Einen Schutz gegen ständiges Beschlagen unter Wasser erreichen Sie auf sehr prosaische Weise: hineinspucken und verreiben. Achten Sie nach jedem Schwimmen darauf, sich die Ohren gründlich zu trocknen. Seewind und nasse Ohren ergeben oft eine schmerzhafte Otitis (Ohrenentzündung), die drei bis vier Tage andauert. –

Benutzen Sie Badesandalen oder Plastikslipper in Bädern, Toiletten und Schwimmhallen, damit Sie keine Pilzinfektion (auch bei uns ein immer häufigeres Übel), Hakenwürmer, Elefantiasis (Elefantenfuß) aufschnappen. Etwa 30% aller Urlauber bringen als Reiseandenken eine Pilzerkrankung mit nach Hause. Die Ansteckung erfolgt besonders leicht in warmen und sonnigen Gegenden, vor allem in den Tropen, die einen idealen Nährboden für Pilze verschiedenster Art schaffen, z. B. den Fußpilz, die wohl häufigste und ansteckendste Pilzerkrankung. Bei trokkener Haut kann der Pilz nicht angreifen. Wenn die Haut aber durch Wasser und Schweiß aufgeweicht ist und dann – etwa auf feuchten Lattenrosten in Schwimmbädern oder Saunen – mit dem Erreger in Berührung kommt, ist Ansteckung programmiert. Zuerst spürt man ein leichtes Jucken und Brennen, später entstehen Bläschen oder kleine Risse. Die Haut wird weiß, schwammig und löst sich ab. Zurück bleiben wunde und nässende Stellen, die dann abtrocknen und schuppen. Wenn der Fußpilz nicht sofort behandelt wird, kann er den ganzen Fuß befallen und sich tief in den Hornschichten einnisten. Zur langwierigen Behandlung gehören strikte Sauberkeit, Tinkturen, Salben, Puder, häufiger Wechsel und Desinfektion von Schuhen und Strümpfen, Vermeidung von Kratzen. Außer dem Fußpilz gibt es zahlreiche andere Pilzarten, die sich nahezu überall beim Menschen festsetzen können. Die Schlimmsten können in fortgeschrittenem Stadium Haare, Finger- und Zehennägel zerstören und sich in Lunge und Darm festsetzen.

An manchen Plätzen der Welt werden Sie mit Ungeziefer leben müssen. Kakerlaken, der Schrecken von New York und vielen Plätzen in allen anderen Erdteilen, sind unappetitlich, aber ungefährlich. Sie können – um Ihre Abneigung zu überwinden – ein wissenschaftliches Interesse an dieser erstaunlichen Tierart entwickeln, die seit 15 Millionen Jahren die Erde bevölkert, tagelanges Einfrieren in Eiswürfeln überlebt, Reizreflexe ohne Umweg über das Gehirn sofort in die Beinmuskeln gibt. Ein sicheres Vernichtungsmittel ist eine diabolische Mischung von Hefe oder Backpulver mit Honig oder Marmelade. Aber solche „chemische Kriegsführung" ist eigentlich schon unmenschlich. Unerfreulich sind Wanzen, Läuse, Flöhe, die Sie mit Vertilgungsmitteln bekämpfen können. Breiten Sie im Zweifel eine Überlebensdecke (space blanket) oder einen Fahrrad-Poncho über nicht vertrauenerweckende Betten, wenn Sie keine Ausweichmöglichkeit haben. Flöhe mögen es nicht, wenn man von ihnen bewohnte Decken und Kleidungsstücke ein paar Tage oder wenigstens Stunden intensiver Sonnenbestrahlung aussetzt. Sie suchen dann meist das Weite.

Wenn Sie unterwegs ungewohnte, zentral wirkende Medikamente wie Mittel gegen Reisekrankheit, Beruhigungs-, Schlaf- oder Schmerzmittel einnehmen, müssen Sie mit möglicherweise gefährlichen Nebenwirkungen rechnen. Dazu gehören herabgesetztes Reaktionsvermögen (Vorsicht beim Autofahren!) und unabsehbare Multiplikatoreffekte bei Alkoholgenuß und Einnahme anderer Medikamente.

Der „Gib-Aids-keine-Chance-Werbung", die uns bis ins Wohnzimmer verfolgt, ist nichts hinzuzufügen. Vergessen Sie nach Ihrer Rückkehr von der Reise nicht, ggf. Ihre Malaria-Prophylaxe noch sechs Wochen fortzuführen. Und sollten nicht klar zu definierende Beschwerden auftreten, die Einzelsymptome von Grippe, Schüttelfrost, Gelbsucht, Durchfall zeigen, zögern Sie nicht, bald das nächste Tropeninstitut um Rat zu fragen und zweckmäßigerweise einen Bluttest machen zu lassen. Es mag eine Krankheit sein, die Sie auf Ihrer Reise aufgeschnappt haben. Falls es Malaria sein sollte, ist keine Zeit zu verlieren.

Gepäck

Es gibt eine alte Regel: Nehmen Sie halb so viel Gepäck und doppelt so viel Geld mit, wie Sie zu brauchen glauben. Das mit dem Geld kann nicht jeder, aber Sie werden jedes zuviel eingepackte Kilogramm bedauern. Ganz alte Routiniers verreisen mit sechs bis sieben Kilo, Anfänger nehmen zuviel von zu Hause mit, bereuen es bitter und verschenken einen Teil unterwegs. Versuchen Sie, bei Ihrer ersten Reise mit zehn bis zwölf Kilogramm auszukommen. Überlegen Sie bei jedem Stück, nicht, ob Sie es unterwegs gebrauchen können, sondern ob Sie es unbedingt haben müssen. When in doubt, leave it out. Es ist leicht (und oft billiger) unterwegs mal ein Stück zu kaufen, das man braucht; bei Kleidung macht es außerdem Spaß. Eingelaufene Schuhe gehören zu einem Treck, aber Anoraks und schwere Rucksäcke kann man im Himalaya, in den Anden und genauso am Kilimandscharo leihen oder kaufen und dann wieder verkaufen, statt sie wochenlang durch das Flachland zu tragen. Schnorchelsachen, die man nur für ein paar Tage am Strand braucht, kann man dort besorgen, ohne sich während einer langen Reise durch's Landesinnere damit zu belasten. Es gibt eine gute Testmethode: Wenn Sie alles gepackt haben, machen Sie in Ihrer Heimatstadt mit voller Ausrüstung einen gemütlichen einstündigen Schaufensterbummel. Dann wissen Sie, wie Sie sich unterwegs fühlen werden und daß sie immer noch zuviel dabei haben.

Versuchen Sie unter allen Umständen, mit einem einzigen Gepäckstück auszukommen, das Sie gut tragen, im überfüllten Taxi auf den Knien halten, im Bus hochkant neben Ihre Knie stellen oder als Fußstütze benutzen und im Flugzeug als Handgepäck mitnehmen können. Theoretisch darf die Summe der drei Seitenlängen des einen zugelassenen Stückes Handgepäck im Flugzeug nur 100 cm betragen. Aber das wird selten gemessen, und nur in den no-nonsense Städten Singapur und Hongkong muß man seine Reisetasche in ein Gestell mit den Maximalmaßen stellen. Ein leichtes Gepäckstück macht den ganzen Unterschied: keine Sorge, ob Ihre Schrankkoffer in der Gepäckaufbewahrung gut aufgehoben sind, ob Sie in den Gepäckraum der Motorrikscha passen, ob der Gepäckträger damit verschwindet, ob sie beim Transport in das Flugzeug gestohlen oder beschädigt werden. Das Problem „Frühstück in Paris, Mittagessen in New York, Gepäck in Tokio" existiert für Sie nicht. Sie gehen durch die Zollkontrolle (niemand will Ihre Minitasche öffnen), fahren in die Stadt und stehen im Hotel Turista in Rio schon unter der Dusche, während Ihre Mitpassagiere noch im Flughafen vor dem Transportband 30 Min. auf ihr Gepäck warten. Noch mehr werden Sie sich über Minimalgepäck freuen, wenn Sie in ein Land wie den Iran kommen, wo Ihr Gepäck nicht nur einmal an jeder Grenze, sondern zusätzlich an Checkpoints mehrmals Zahnpastatube für Zahnpastatube und Pillendose für Pillendose auf Drogen gefilzt wird. Da braucht man mit viel Gepäck dann schon so geniale Ideen wie die des belgischen Globetrotters, der in seinen Rucksack zuoberst einen Koran steckte. Er blieb unbehelligt.

Wollen Sie einen Koffer, Rucksack oder eine Reisetasche mitnehmen? Ein Koffer ist stabil, schwer aufzuschlitzen, aufzuschneiden, aufzubrechen, wegen seiner glatten Oberfläche unempfindlich und leicht sauberzuhalten, sein Inhalt ist ohne langes Kramen gut zugänglich und wird nicht zerdrückt oder zerbrochen. Man kann sich darauf setzen. Er verleiht seinem Träger das Image einer gewissen Seriosität (falls er derlei nötig hat). Aber er ist auf langen Märschen schlecht zu tragen. Eingebaute Räder halten erfahrungsgemäß nicht lange, Rollgestelle mit größeren Rädern sind etwas besser und notfalls wegwerf- oder auswechselbar. Ein Jugendlicher, der per Autostop durch Australien fährt oder ein sportliches Mittelalter, das den 14tägigen „französischen Treck" von Ladakh in das alte Himalaya-Königreich Zanskar macht, tut das mit Rucksack; der Tramper, weil er als Rucksack-Typ leichter mitgenommen wird, beide, weil ein Rucksack (heute meist mit Innengestell, da weniger sperrig) sich auf langen Strecken besser trägt. Aber bei Busfahrten schleifen die Schultergurte des Rucksacks leicht im Schmutz, an Eisenbahntüren verhaken sie sich gelegentlich. Manche Fluggesellschaften weigern sich, Rucksäcke als Gepäck einzuchekken, da sie zu leicht zu öffnen, zu beschädigen, auszuräumen sind. Ein Rucksackmodell der neuen Generation verbindet das Beste beider Welten. Bei diesem Koffer-Rucksack kann man eine Stoffbahn aufrollen und damit per Rundum-Reißverschluß die Schultergurte und den Hüftgurt verschwinden lassen. Ein guter Kompromiß! Ich habe mir in Ägypten eine schwarze Reisetasche aus leichtem, aber relativ stabilem, wasserdichtem Nylongewebe machen lassen, 55×33×26 cm. Drei Seiten haben Taschen mit Reißverschluß für gar nicht so kleine Kleinigkeiten. Die ganze Oberseite kann dank eines U-förmigen Reißverschlusses aufgeklappt werden, was das Kramen durch einen Schlitz erspart. Die Reißverschlüsse haben je zwei Läufer, was das Durchstecken eines Schlosses ermöglicht, zudem das Öffnen an jeder beliebigen Stelle, Schließen auf die schnelle bei Verklemmen eines Läufers, bis irgendwann Zeit zur Reparatur gegeben ist. Die beiden Tragriemen können zusammengeknöpft werden, damit sie bei ungeschicktem Seitwärtsziehen durch andere nicht ausreißen. Geöffnet erlauben sie das Tragen als Rucksack, auch vor der Brust in unsicherer Umgebung. Ein Schulterriemen ist für kurze Wegstrecken angenehm. Die Tasche paßt unter Bussitze (falls sie nicht als bequeme Fußstütze bei ausgezogenen Schuhen dient) und in die Überkopf-Gepäckabteile der Flugzeuge. Ich bin damit sehr zufrieden. Aber ich werde möglicherweise bei zunehmender Rasierklingen-Schlitzerei in Zukunft – auch wegen seiner sonstigen Vorteile – einen Koffer ausprobieren, der vielleicht ein Mittelschloß, einklinkbare Schultergurte und auf einer Seite eine (aufblasbare? abnehmbare?) Polsterung für den Rücken (Luftkissen, Leinenschlafsack, Pullover etc. in einem anknöpfbaren Überzug?) und auf der anderen Seite ein durchsichtiges Kartenfach hat.

Ein letztes Requiem für den guten alten Seesack, das Gepäckstück meiner mittellosen frühen Autostop-Zeiten. Er hat eigentlich alle Nachteile aller Gepäckstücke: schlecht zu tragen, schlecht zugänglich, leicht aufzuschlitzen, ungeeignete Sitzgelegenheit, sein Inhalt zerknautscht und zerbricht leicht. Meiden Sie ihn ... trotz aller Seeromantik.

Noch ein Wort zum Material: Strapazierfähiger Baumwollstoff ist schwer, nicht wasserdicht und nimmt Geruch an. Leder ist schön, aber es wird in der Sonne rissig, schimmelt bei Feuchtigkeit und saugt sich voll Wasser. Moderne Kunststoffgewebe sind leicht, wasserdicht, leicht zu reinigen, kratz- und reißfest. Empfehlenswert.

Diese Erwägungen gelten im Wesentlichen für nicht-organisiert Reisende. Bei einer Gruppenreise müssen Sie in jedem Fall in der Ankunftshalle auf die anderen warten, Ihr Gepäck wird von Hotel zu Hotel transportiert, und ein oder zwei solide Hartschalen- oder Alukoffer mit insgesamt höchstens 20 kg Gesamtgewicht sind dann das Vernünftigste. Die genannte Gewichtsbegrenzung gilt für Linien- und Charterflüge in der Touristenklasse. In der First- und Business-Class werden meist 30 kg Freigepäck zugelassen, nach Nordamerika sogar zwei Stücke mit je 32 kg bei Linienflügen, mit je 23 kg bei Charterflügen. Wer damit nicht auskommt, zahlt Übergepäck-Zuschlag beim Einchecken (1% des 1. Klasse-Flugtickets, etwa um die 120 DM pro Kilo für Bangkok, 18 DM für die Kanarischen Inseln auf Linienflügen, weniger auf Charterflügen). Das ist gelegentlich nicht mit Kreditkarte, sondern nur in bar möglich. Bei Linienflügen wird Übergepäck nur für die einzelne Strecke berechnet, bei Charterflügen im allgemeinen für Hin- und Rückflug. Hier können Sie daher schwergewichtige Reiseandenken meist ohne Bezahlung mit zurücknehmen. Nur bei Flügen nach Nordamerika wird auch beim Charterflug in der Regel für jede Strecke bezahlt. Erkundigen Sie sich vorab bei der Flugbuchung, und fragen Sie als Gepäck-Schwergewicht evtl. beim Einchecken Nachbarn mit leichtem Gepäck in der Warteschlange, ob sie bereit sind, das Gepäck mit Ihrem zusammenzufassen. Sondergepäck wie Ihr Surfbrett, Ihre Ski- oder Golfausrüstung unterliegt verschiedenen Regelungen je nach Gesellschaft, Flugart und Entfernung. In jedem Fall muß es vorher bei der Fluggesellschaft angemeldet werden.

Übrigens gibt es neuerdings eine Möglichkeit, für kurze (und längere) Reisen Gepäck zu mieten und so vielleicht auszuprobieren, welches gute Stück Ihnen auf die Dauer für einen Kauf am besten zusagt. Die Idee kommt aus Japan und scheint dort wegen des chronischen Platzmangels in den winzigen Wohnungen recht erfolgreich zu sein. Die erste Case-rent Koffervermietung auf deutschem Boden ist in Stuttgart. Weitere werden vermutlich bald folgen.

Sollten Sie ein Gepäckstück kaufen, dessen Typ weit verbreitet ist, und sollten Sie meinem Rat nicht folgen, es als Handgepäck immer bei sich zu behalten, ist es praktisch, es mit einer ins Auge springenden Markierung zu versehen. Das kann etwa ein Klebeband in Kontrastfarbe rundherum sein. Warum nicht eine Licht reflektierende Folie? Sie schützt Sie vielleicht dann auch auf dunklen Straßen davor, überfahren zu werden. Ebenso geeignet ist ein (Leucht-)Farbspray-Fleck. Wenn Sie es weniger auffällig haben wollen, versehen Sie den Dutzendkoffer mit einem ungewöhnlichen Namensschild-Anhänger. All dies hat den Zweck, daß Sie (oder ein anderer) nicht das falsche Gepäck von einem Transportband im Flughafen oder aus einer im Hoteleingang aufgestellten Reihe mitnehmen oder sich bei einer Gepäckidentifizierung irren. Diese Identifizierungen werden jedesmal vorgenommen, wenn beim Betreten des Flugsteig-Warteraums eine Bordkarte nicht abgegeben wird, ein eingecheckter Passagier mit möglicherweise aufgegebenem Gepäck also plötzlich nicht zum Abflug erscheint. Dann besteht nämlich der Verdacht, daß sich in seinem Gepäck eine Bombe befindet, und es ist vielleicht lebenswichtig, daß Sie nicht versehentlich seinen Koffer statt Ihres eigenen zum Einladen ins Flugzeug freigeben.

Falls übrigens Ihr Gepäckstück bei Ihrer Ankunft im Zielflughafen gar nicht oder beschädigt (evtl. aufgebrochen) auf dem Transportband auftaucht, wenden Sie sich vor Verlassen des Raums an die Gepäckreklamation (Lost-&-found-Büro), und melden Sie den Schaden durch Ausfüllen eines Formulars mit Vorlage des Flugscheins, auf dessen Umschlag (hoffentlich!) eine Gepäckkarte mit Nummer angeheftet wurde (das Doppel dieses Bagage Identification Tags wurde beim Einchecken an Ihrem Gepäckstück befestigt). Im allgemeinen ist verlorenes Gepäck falsch verladen worden, kommt irgendwo in der Welt wieder zum Vorschein und wird Ihnen durch Kurier dahin zugestellt, wohin Sie sich inzwischen auch immer begeben haben. Sie haben dann Anspruch auf Erstattung von 50% Ihrer zwischenzeitlich getätigten Ausgaben für notwendige Kleidung und 100 % für Toilettenartikel, soweit diese Ausgaben Ihrem normalen Lebensstil entsprechen. Die Hälfte des Preises für einen schnell gekauften Zobelmantel wird man also wohl allenfalls Frau Trump aus New York zugestehen. Es steht Ihnen auch frei, die gekauften Gegenstände gegen volle Kostenerstattung bei Lost & found abzugeben.

Es ist klug, unauffällig-einfache Gepäckstücke zu wählen. Ein Dieb, der die Wahl zwischen verschiedenen Stücken hat, wird die teure Hermès-Tasche nehmen, weil er darin die „Musts de Cartier" vermutet. Eine gute Freundin – die beide Teile des vernünftigen Grundsatzes befolgt: Man muß nicht nur eine Million besitzen, man muß sie auch in der Schweiz haben – kam spätabends aus einem Vortrag. Wie immer sehr einfach angezogen, trug sie ein paar Kleinigkeiten – wie das manche Weltenbummler auch mit Kameras machen – in einem Plastikbeutel. Ihre kleinbürgerliche Begleiterin in auffällig elegantem Pelzmantel mit toller Kroko-Handtasche wollte damit wohl etwas Eindruck machen. Nun, den Eindruck machte sie bei dem falschen Mann. Raten Sie einmal, welcher von beiden Damen in einer dunklen Ecke von einem Bösewicht die Tasche aus der Hand gerissen und – da sie nicht sofort losließ – ein Schlag über den Kopf versetzt wurde, der sie ins Krankenhaus brachte.

Im Anhang finden Sie eine Checkliste der zu verschiedenen Reisearten mitzunehmenden Dinge. Vielleicht finden Sie es praktisch, sie zu fotokopieren, durch Zusätze und – besser – Streichungen Ihren Bedürfnissen und Vorstellungen anzupassen und sie mit Tesafilm innen auf Ihre Kleiderschranktür zu kleben oder bei Ihren Reiseunterlagen zu verwahren. Die folgenden Anmerkungen sollen diese Liste ergänzen. Beginnen Sie frühzeitig zu packen, schon um die Füllmenge Ihres Gepäckstücks zu verfolgen. Haken Sie dabei die Checkliste ab. Auf ein Last-minute-Blatt können Sie die Sachen notieren, die noch nicht verpackt sind und zuletzt kommen, wie Toilettensachen und Schlüssel.

Kleidung macht einen großen Teil Ihres Gepäcks aus. Und hier können Sie besonders viel Gewicht einsparen, wenn Sie sich darauf einstellen, alle zwei bis vier Tage ein paar Sachen rasch durchzuwaschen bzw. waschen zu lassen. Sie trocknen in der Sonne in kürzester Zeit oder im Bad auf ein Stück Plastikschnur aufgehängt über Nacht. Natürlich sollten sie für heißes Klima aus Baumwolle sein, möglichst ohne Beimischung von Kunststoffasern.

Eine Einladung beim Staatspräsidenten ist unwahrscheinlich, und wenn Sie nicht sehr chic ausgehen und im Fünf-Sterne-Hotel wohnen und zu Abend essen wollen, wird man Sie überall mit offenem Hemd ohne Krawatte akzeptieren. Irgendeinen Wollsweater werden Sie für das klimatisierte Flugzeug und gegen abendliche Kühle auch in warmen Ländern brauchen. Wenn es ein dunkler Pullover ist, macht er ihren Aufzug elegant, wenn es eine – mit dunklen oder Blazerknöpfen und vielleicht einem Klubabzeichen versehene dunkle Strickjacke ist, sehr elegant, notfalls sogar krawattenfähig. Vergessen Sie nicht, daß in sehr heißen Ländern wie Indonesien und den Philippinen auch bei hochoffiziellen Anlässen nur Hemden mit langen Ärmeln ohne Jacke oder Krawatte getragen werden, übrigens aus historischen Gründen über der Hose. Für weite Wege werden Sie Joggingschuhe oder Sandalen tragen; „fein“ sehen Stoffschuhe, evtl. die französischen Espadrilles (am besten mit Gummisohle unter dem Hanfgeflecht für längere Haltbarkeit) aus; sie sind kühl, leicht und platzsparend im Gepäck. Kühler, gesund für die Füße, schnell aus- und anziehbar und daher besonders angenehm für viele Moscheen-, Tempel- und Hausbesuche in Asien und Nordafrika sind Pantoletten, fast unverwüstlich die anatomischen von Birkenstock, besonders luftig die griechischen bzw. indischen mit einer großen Schlaufe für den Fußspann und einer kleinen für den dicken Zeh, die beste Erfindung seit dem Barfußgehen. Ich habe Elefantenfüße Größe 46 und finde in Asien und Südamerika kaum Schuhe. Leidensgenossen sei empfohlen, bei langen Reisen entsprechend vorzusorgen oder sich unterwegs Schuhe oder Sandalen anfertigen zu lassen. Jeans sind heiß und trocknen nach dem Waschen schlecht.

Der Pareo, Sarong, Lungi, ein Baumwoll-Stoffstück von ca. 1×2 m in Batik oder bedruckt ist so etwas wie das Schweizer Messer der Südasiaten und Polynesier: Hüfttuch, Rock, Rumpftuch (für Frauen), Strandlaken, Handtuch, Badeanzug, Umkleidekabine, Morgenrock, Paravant, Kindertrage, Obsttasche, Pyjama, Bettdecke, Leichentuch und alles, was ich vergessen habe. Nehmen Sie den offenen, nicht den rockartig zugenähten Typ. Er ist u. a. nützlich als Kopfkissen(-Bezug) und Decke für kühle Nächte und gegen Moskitos. Fahrradponchos haben sich auch für Fußgänger (auch mit Rucksack) bei tropischen Regengüssen bewährt und außerdem als Schlafunterlage auf feuchtem Grund bei Notübernachtungen oder als Zudecke. Taschentücher werden bei Hitze und Straßenstaub schnell durchgeschwitzt und unansehnlich. Besser sind Waschlappen, trocken oder – bei Wüstentouren – feucht, um Kühle zu geben. Vermeiden Sie in ehemaligen Kolonien, besonders in Afrika, Tropenhelm, Stöckchen und uniformartige Aufmachung in der ohnedies wenig praktischen Farbe Khaki, die unfreundliche Erinnerungen und aggressive Reaktionen bei den Einheimischen wachrufen, in Bürgerkriegs-Gegenden wie dem Tschad und Sudan sogar Kugeln einbringen können.

Für Winterreisen bleibt die Basisausrüstung unverändert. Sie wird lediglich nach dem Prinzip der Zwiebelschalen um möglichst leichte und platzsparende Dinge – wie einen auf der Haut zu tragenden, dünnen, aber sehr wärmenden Rollkragenpulli und Flanellhemden – ergänzt, auch um Unterwäsche und (wärmere) Strümpfe, da diese Sachen nach dem Waschen im Winter nicht so rasch trocknen. Zwei dünne Pullover sind zur graduellen Anpassung an Temperaturverhältnisse und Schaffung einer weiteren Luftschicht (immer die beste Isolierung) praktischer als ein dicker. Synthetiks wärmen schlechter als Wolle – das einzige Material, das auch noch warm hält, wenn es mal feucht oder naß wird. „Liebestöter“ sind lange Unterhosen, hübscher in Form einer Jogginghose, die dann auch als Pyjamahose herhalten mag. Ein Viertel bis ein Drittel der Wärmeabgabe des menschlichen Körpers geschieht über den Kopf. Eine Wollmütze – vielleicht über die Ohren oder, bei großer Kälte, bis zum Hals herunterzuziehen (und dann als Polarmütze mit Löchern für Augen, Mund und Nasenlöcher versehen) – hält sehr warm. Ergänzen Sie bitte die Liste noch um Ihre bevorzugten Sportgeräte wie Ski-, Langlauf-, Schlittschuhausrüstung. Das für Winterreisen Gesagte gilt natürlich auch für Sommerreisen in kalte Gegenden, zu denen – Sie werden es kaum glauben – Wüsten gehören. Wie sagt Omar Khayyam? „Die Wüste ist ein kaltes Land mit einer heißen Sonne." Viele Leute haben selten so gefroren wie in Wüstennächten.

Last, but not least ein paar Worte zur Kleidung für Geschäftsreisen. Ich habe während einer früheren Inkarnation als Büroameise sehr gute Erfahrungen mit Jerseyanzügen gemacht, die durch ihre Knitterfreiheit immer ordentlich aussehen. Ein gedeckter Anzug, durch unterschiedliche Hemden und besonders Krawatten oder Fliegen an die Tages- oder Abendgelegenheit angepaßt, übersteht problemlos und stets tadellos eine mehrtägige Reise. Dadurch kann man das Gepäck auf ein praktisches Boardcase sowie notfalls ein Attachécase für Akten und sonstige Besprechungsunterlagen beschränken und braucht kein Gepäck einzuchecken.

Für Ihre Toilettensachen ist ein Beutel aus abwaschbarem Material zweckmäßig, am besten durchsichtig, damit man kleine Sachen besser findet. Neben der Zahnbürste sind die Interdental-Bürstchen zur Reinigung der Zahnzwischenräume empfehlenswert. – Wenn Sie Ihre Seife nicht in einem schweren und unhandlichen Behälter, sondern in einer kleinen Plastiktüte verwahren, bleibt sie feucht und zerspringt beim Zubodenfallen nicht in viele Stücke. Sparen Sie das Gewicht, die Suche nach Steckdosen, die Diebstahlversuchung und den Zeitverlust durch die Benutzung eines Elektrorasierers. 40 Sekunden dauert die Rasur unter der Dusche mit einem Gillette oder Wilkinson-Rasierer mit Doppelklingen-Wegwerfaufsätzen, die eine Weile halten. Sie können Ihr Haarschampoo aus der üblichen großen und schweren Flasche in Filmdosen gießen, die auch für Waschpulver, zum Trockenhalten von Streichhölzern u.ä. geeignet sind. Die Nagelbürste kann bei kurzen Haaren auch als Kamm und Haarbürste dienen. Ihr Handtuch sollte mindestens

120×60 cm groß sein, damit Sie es als Bademantelersatz um den Körper schwingen können. Wenn es dünn ist, trocknet es schneller, ist leichter und platzsparender. Es kann auch bei einer langen Bus- oder Bahnfahrt das Sitzen auf Wachstuch- oder Plastikbänken angenehmer machen. Um es nach der letzten Nacht in einem Hotel, das keine Handtücher stellt, nicht naß im Gepäck verstauen zu müssen, trocknen sich manche Traveler vor der Abfahrt mit der Bettwäsche ab. Ein Taschenspiegel ist hilfreich zur Bewunderung Ihrer Schönheit, zum Rasieren (aber besser und schneller geht es, wie gesagt, „blind" unter der Dusche), zur Entfernung von Fremdkörpern aus dem Auge und zum Signalisieren in einer Notsituation. Das Morsesignal für SOS ist ... --- ... (kurz-kurz-kurz, lang-lang-lang, kurz-kurz-kurz).

Der Umfang Ihrer Reiseapotheke wird sich nach Ihrem Reiseprogramm und Ihrem persönlichen Bedarf an Medikamenten richten. Für eine Durchquerung Borneos, den 40-Tage-Kamelkarawanen-Ritt vom Sudan nach Ägypten oder eine Atlantiküberquerung im Segelboot brauchen Sie eine – zweckmäßigerweise in einem großen Plastikbehälter mit Schraubverschluß oder einigen Tupperwares aufbewahrte – komplette pharmazeutische Ausstattung, die Sie mit einem – möglichst reiseerfahrenen – Arzt oder Apotheker absprechen sollten. Wenn Sie in besiedelten Gegenden bleiben, werden Sie selbst in den meisten Drittweltländern das Wichtigste in der Apotheke um die Ecke oft zu einem Zehntel europäischer Preise finden. Das gilt nicht immer für Antibiotika, die Sie zur Bekämpfung schwerer Infektionen brauchen. Hier ist das Angebot vielfach unzureichend, und vor allem ist die Wirksamkeitsgrenze (siehe Verfallsdatum auf der Verpackung) oft überschritten. Auch die Mitnahme einiger steril verpackter Plastikspritzen mag zweckmäßig sein für Länder, in denen Einwegspritzen noch unüblich sind, damit Sie nicht – z.B. bei einer vorbeugenden Impfung in einem choleraverseuchten Gebiet oder einer anderen notwendigen Spritze – mit Aids oder Hepatitis infiziert werden. Als Wundsalbe hat sich bei mir Terracortril bewährt. Finden Sie durch einen Verträglichkeitstest heraus, welches Penicillin-Puder Sie vertragen. Stäuben Sie etwas Puder auf eine haarlose Stelle Ihres Armes, bedecken Sie es mit einem Heftpflaster und schauen Sie am nächsten Tag nach, ob sich die Stelle entzündet hat. Falls nicht, ist das Produkt körperverträglich. Zur Linderung des Juckreizes von Insektenstichen hilft außer Antihistaminsalbe und Nelkenöl auch Tigerbalsam, der ebenfalls bei Erkältungen Luft schafft. In Afrika benutzt man diese „Chinese cream“ gegen fast alle Gebrechen von Hühneraugen bis Haarausfall. Manchmal hilft halt nicht die Medizin, sondern der Glaube daran. Als Pflaster eignen sich die hautschonenden Produkte Hansaplast, Band-Aids in verschiedenen Größen ebenso wie das bereits erwähnte Micropore (s. u. Gesundheit). Mit einem stark haftenden Pflaster wie Leukoplast kann man übrigens auch Risse in Jacken, Hemden und Hosen für eine Weile reparieren. Ein Lärmschutz wie Ohropax kann Ihren Schlaf und Ihre Nerven in lauten Hotels, Zügen, Bussen retten. Drogenvorschriften ändern sich von Land zu Land. Nehmen Sie – nicht nur zum eventuellen Nachkaufen ein Rezept mit der Zusammensetzung von möglicherweise regelmäßig benötigten Medikamenten mit, damit Sie nicht unter ungünstigen Umständen wegen Verdachts auf Drogenbesitz in Schwierigkeiten kommen können.

Zum Schlafkomfort wird ein dicker Schlafsack nur bei Trecks in Himalaya oder Anden sowie ähnlichen Expeditionen in kalte Gebiete fern der Bettdecken-Zivilisation erforderlich sein. Erwägen Sie auch hier, ob Sie ihn die ganze Reise mitschleppen wollen oder nur für die begrenzte Zeit des Trecks vor Ort kaufen oder mieten wollen. Jedenfalls können Sie einen umfangreichen Schlafsack mit Zurrgurten verkleinern. Immer empfiehlt sich ein Baumwollschlafsack, den man in den großen Daunen- oder Kunstfaserschlafsack hineinsteckt. Ein solcher dünner Schlafsack ist in Jugendherbergen vorgeschrieben, wo man ihn unter den zur Verfügung gestellten Decken benutzt. Er ist auch praktisch für Hotelbetten von zweifelhafter Sauberkeit und für sehr heiße Gegenden, in denen keine Zudecken zur normalen Ausstattung gehören, es aber doch nachts unter dem Ventilator kühl werden kann. Der typische JH-Schlafsack läßt wenig Bewegungsfreiheit. Falls Sie sich darin beengt fühlen, probieren Sie einen der sackartigen Überzüge von 200×100 (–130) cm, wie man sie für Daunenoberbetten benutzt. Für Luxusliebhaber ist ein aus einer 400×120 cm-Bahn Seide zusammengenähter Schlafsack eine noble Sache. Man gönnt sich ja sonst nichts!

Wenn Sie einen Schlafanzug mitnehmen wollen, können Sie darin in vielen südlichen Ländern auf der Straße herumspazieren, ohne daß sich die Einheimischen nach Ihnen umsehen. Die tun nämlich das gleiche.

Es gehört zum Charme vieler Zug- und Busreisen in zahlreichen Ländern, daß bei den Haltestellen eine Horde junger und älterer Klein- und Kleinstunternehmer(innen) die bekanntesten und die rätselhaftesten Getränke und Eßwaren anbieten. Wer sich nicht darauf verlassen will oder wer in entlegenen Gegenden reist, tut gut daran, in Sachen Ernährung vorzusorgen. Wenn das nur für einen Teil der Reise gilt, mag es für die Flüssigkeit genügen, sich am letzten Versorgungspunkt eine der leichten Mineralwasserflaschen aus Plastik mitzunehmen. Dauerlösung ist eine mit Stoff umgebene Feldflasche (zum Warmhalten trocken lassen, zum Kühlen anfeuchten – Verdunstungskälte) oder eine richtige Thermosflasche, deren Innengefäß nicht aus zerbrechlichem Glas ist, sondern durch Kunststoff isoliert wird. Das Modell mit doppelten Metallwänden ist zu schwer. Leicht, auf kleinstes Volumen zusammenfaltbar und zudem auch noch als aufblasbares Kissen zu benutzen ist eine neuartige Feldflasche aus synthetischem Gewebe mit einem Schraubverschluß, aus dem man eine Trinköffnung herausklappen kann, um nicht jedes Mal beim Trinken den Verschluß aufschrauben zu müssen und u. U. den Inhalt zu verschütten – zu finden bei Expeditionsausrüstern und in guten Camperbedarf-Geschäften. Unterwegs mag gelegentlich eine Mahlzeit ausfallen. Damit das nicht zur kosmischen Katastrophe wird, sollte man etwas zum Knabbern dabeihaben. Als eiserne Ration ist Schokolade beliebt, aber nicht praktisch, da sie bei Hitze schmilzt, Ameisen anzieht und die Verdauung beeinträchtigt. Haselnüsse, Erdnüsse, Cashewnüsse sind nahrhaft, schmackhaft, platzsparend, leicht, gesund und billig – auch gemischt mit Rosinen als „Studentenfutter“ beliebt. Weniger nahrhaft, mäßig schmackhaft und gar nicht billig, dafür mit ca. 100 g leicht und nicht nur für lange Trecks interessant sind die vollständigen Gerichte, denen das Wasser entzogen wurde. Wasser zusetzen, erwärmen und ein nicht immer ganz definierbarer Brei aus Rindfleisch, Kartoffeln, Gemüse oder Erbsensuppe mit Würstchen ist fertig. – Wenn Sie in einem Zug in China oder mit der Transsib fahren, wird Ihnen jede Stunde heißes Wasser angeboten. Tassen mit Deckel stehen oft im Abteil. Dann ist es – wie in jeder Almhütte – angenehm, Kaffee, Tee, Zucker und Milchpulver dabeizuhaben. Auch die chinesischen „Instant noodles", gewissermaßen eine Art Nes-Nudeln, die es gelegentlich auch bei uns gibt, sind eine gute Erfindung. Weitere Klassiker sind Trockenfrüchte, neuerdings Müsliriegel. Bonbons sind angenehm, für den Blutzuckerspiegel bei anstrengenden Wanderungen nützlich und hilfreich bei der Eroberung von Kinderherzen. Zahnärzte bitte weghören! Ein Löffel hilft beim Leeren unterwegs gekaufter Yoghurt-, Quark-, Puddingbecher und bei Gelegenheiten, bei denen andere mit den Fingern essen, Sie aber keine Lust dazu haben. Und ein Reisender in Sumatra pries den Nutzen einer Frisbeescheibe, nicht nur als Sportgerät und Geschenk für Einheimische, sondern auch als Teller. Ich finde Bananenblätter lustiger.

Zu den wichtigen Kleinigkeiten gehört Nähzeug. Wenn man nicht gerade zwei linke Hände hat, geht es schneller, selbst einen Knopf anzusetzen oder eine aufgeplatzte Naht zuzunähen, als dafür einen dienstbaren Geist zu suchen, vorausgesetzt, es geht nicht nach dem Schema: Faden suchen, Nadel suchen, Einfädeln klappt nicht, fluchen, Hilfskraft mit guten Augen suchen ... Besser, Sie schneiden sich zu Hause vor der Abreise ein oder zwei Dutzend schwarze und weiße Fäden zu (langes Fädchen, faules Mädchen – verknoten leicht!), legen Nadeln bereit, benutzen einen dieser praktischen kleinen Einfädler und verknoten die beiden Fadenenden. Stecken Sie dann die Nadeln durch ein Stück dünnen Karton oder zwei Lagen Papierstreifen (breiter als die Nadeln lang sind), so daß Nadelspitze und -öhr herausragen. Wickeln Sie dann jeweils den Faden um die Nadel, und das Erste-Hilfe-Nähkästchen ist fertig.

Ein Taschenmesser braucht man unterwegs oft. Wenn Ihnen Gewicht und Preis des Schweizer Offiziersmessers nicht zu hoch sind, wählen Sie das Modell mit ausfahrbaren Hubschrauberrotoren = Unterwasserpropellern. Eine Taschenlampe, möglichst mit Halogenbirne wegen der besseren Lichtausbeute, brauchen Sie für dunkle Wege und bei nächtlichen Stromausfällen für die ungewohnte Geographie Ihres Hotelzimmers. Kaufen Sie unbedingt eine mit den überall erhältlichen runden 1,5 V-Batterien, die viereckigen sind in vielen Ländern nicht zu finden; allerdings gibt es Adapter für vier Mignon-Zellen. Bei einem Stromausfall ist auch eine Kerze nützlich, besser in Form eines Teelichtes. Besser als Streichhölzer, die abbrechen und feucht werden können, sind Einwegfeuerzeuge, die auch ein nettes kleines Geschenk sein können, wenn sie mit (für den Zielort) exotischer Inschrift versehen sind. Den vielen Kinderwünschen nach Kugelschreibern („pen, pen, mista") werden Sie unterwegs kaum nachkommen können, aber nehmen Sie ein bis zwei ordentliche, die im Flugzeug nicht auslaufen, für sich mit, damit Sie die Postkarten-Schlacht für die Lieben daheim und Ihre Memoiren auf jener einsamen Insel überstehen. Postkarten und Schreibpapier finden Sie schon im Flugzeug. Ein paar Ansichtskarten Ihrer Heimat und Familienfotos mögen Gespräche unterwegs bereichern.

Wenn Sie in New York, London oder Paris aus der Untergrundbahn auftauchen und die Sonne sich hinter Smog verbirgt, kann ein kleiner Taschenkompaß nützen. Er hilft auch bei der Navigation während Wanderungen nach Karte und bei Seereisen zur Beratung Ihres Kapitäns über den einzuschlagenden Kurs.

Ein Vorhängeschloß kann Ihr Gepäck und Ihre Zimmertür sichern. Mit einem kleinen Stück leichter Kette können Sie Ihr Gepäckstück – mindestens bei Nachtfahrten – an dem Gepäckträger im Bus oder Zug anschließen. Falls Ihr Türschloß im Hotel nicht vertrauenswürdig ist, können Sie in Tür und Türrahmen je eine Schraubenöse eindrehen und Ihr Schloß hindurchführen. Falls Ihr Schloß einen Schlüssel hat, knoten Sie ihn in ein 50 cm langes Stück dünner Schnur, die Sie um den Hals tragen können – praktisch beim Schwimmengehen. Seit mir bei Hotelrezeptionen mehrfach versehentlich ein falscher Schlüssel ausgehändigt wurde und in anderen Fällen, als es hieß: „Der

Hausdiener ist gerade nicht da, ich hab' ein Telefongespräch, nehmen Sie bitte den Schlüssel und schauen Sie, ob Ihnen das Zimmer gefällt", das Zimmer schon besetzt war und ein Dieb sich nur hätte bedienen brauchen, gebe ich Hotelschlüssel grundsätzlich nicht mehr beim Empfang ab, sondern trage sie nach vorübergehender Entfernung des Hotelanhängers an der gleichen Schnur um den Hals. Vielleicht benutzen Sie lieber ein Schloß mit Zahlenkombination. Es hat zwei Vorteile: Man kann den Schlüssel nicht verlieren, und im Dreibettzimmer kann jeder unabhängig von anderen ein- und ausgehen. Die Ziffernschlösser mit drei Drehrädern sind, wenn Sie für jede der möglichen 999 Kombinationen eine Sekunde ansetzen, von einem Dieb in einer guten Viertelstunde durchzuprobieren und zu öffnen. Besser ist der Geldschranktyp mit einem Rad, bei dem man hintereinander mehrere Ziffern durch Drehung in Uhrzeigersinn und Gegenrichtung einstellt.

Eine der wichtigsten Unwichtigkeiten unterwegs ist ein aufblasbares Kissen für Kopf, Kreuz oder Oberschenkel (bei zu kurzen Sitzen) für lange Zug- oder Busfahrten. Man vergißt es leicht beim Aussteigen. Machen Sie es an einem Faden fest oder erfinden Sie eine Gedächtnisstütze (Merkzettel ans Gepäck?).

Eine Leichtluftmatratze von 500–700 g werden Sie außer am Strand unterm Palmenbaum, wo sie nett ist, nur selten brauchen. Aber wenn Sie sie brauchen, dann brauchen Sie sie sehr. Für die eine Nacht auf dem Schiffsdeck des Frachtseglers im Gangesdelta, auf der ungepolsterten Holzpritsche des indischen Sleeper-Abteils, auf dem Steinboden des abgelegenen buddhistischen Klosters, dem Dach des ausgebuchten jordanischen Gasthauses mag sich die Mitnahme schon lohnen. Und auf einer Abenteuerreise kann es mehrere solcher Nächte geben. Wenn Sie keine mitnehmen wollen, besorgen Sie sich jeweils bei Bedarf Verpakkungskartons, reißen Sie sie auf und polstern Sie damit Ihr Lager. Eisschrank- und Fernseherkartons sind besonders geeignet (Elektrohandel). Für Südamerika wird es vielleicht nach Landessitte eine Hängematte sein, die auch Bodenkriechtiere fernhält. Man schläft besser diagonal in einem Doppelmodell, wenn man überhaupt darin schlafen kann.

Es kann zweckmäßig und in Ausnahmefällen routenbestimmend sein, ein Radio dabeizuhaben, um politische Entwicklungen in unruhe- oder gar bürgerkriegsträchtigen Gebieten zu verfolgen, die man durchreist, oder auch nur die Neuigkeiten aus der teuren Heimat zu erfahren. Viele Länder senden zu bestimmten Abendstunden über Kurzwelle oder UKW Nachrichten in Englisch, seltener Deutsch oder Französisch. Wo das nicht der Fall ist, kann man über Kurzwelle fast immer BBC und meist die Deutsche Welle empfangen. Dafür sollte man einen kleinen, leichten, möglichst unkomplizierten Apparat finden, der Kurzwelle auf mehreren gespreizten Bändern empfängt. Wenn es Ihnen Freude macht, bringt er Ihnen auch die einheimische Sirtaki-, Samba- oder Sitar-Musik ins Hotelzimmer oder Zelt. Die Deutsche Welle, Köln, schickt Ihnen ihr Monatsprogramm, Standard-Wochenprogramm und Verzeichnis der benutzten Wellenlängen auf Anforderung zu. Es liegt auch in vielen deutschen Konsulaten aus. Auch BBC, London, verschickt das Programm, wenn Sie es nicht in einer englischen Zeitung abgedruckt finden.

Irgendwo auf der Welt muß es Sammler von Waschbecken- und Badewannenstöpseln geben, sonst würden sie nicht in so vielen Unterkünften fehlen. Die meisten Reisehandbücher empfehlen die Mitnahme von Universalverschlüssen. Ich bin bisher immer mit einem zusammengedrückten, in den Abfluß gesteckten Plastikbeutel gut zurechtgekommen. Davon sollte man immer ein paar dabeihaben, in verschiedenen Größen für verschiedene Zwecke, z.B. zur gesonderten Aufbewahrung und zum Schutz von Kleidung, Schuhen, Büchern, des manchmal noch feuchten Handtuchs. Der Gepäckinhalt bleibt dann auch bei einem tropischen Regenguß oder einem kurzen Fall ins Wasser trocken – naja, fast. Wenn die Beutel durchsichtig sind, spart man viel Suchen und Tasten. Eine Rolle durchsichtigen Klebestreifens findet viele Verwendungen: Von Reparaturen bei glatten Oberflächen und Büchern über Anschlagen von Nachrichtenzetteln bis zur Beschriftung von Flaschen mit darübergeklebten Etiketten.

Ein kleines Notizbuch, besser ein Taschenkalender beendet

die verlustreiche Zettelwirtschaft für Reiseplanung, neue Adressen, Kurztagebuch, seltene Geistesblitze. Halten Sie Ihren Reiseführer griffbereit, möglichst in einer Außentasche. Daneben macht Ihnen vielleicht ein Taschenbuch Spaß, das im Reiseland spielt, wie Isabel Allendes „Geisterhaus“ für Chile, James Clavells „Noble House“ für Hongkong, Rudyard Kiplings Geschichten für Indien, Pearl S. Bucks und Somerset Maughams Bücher für viele Plätze in Asien. Wenn Sie selbige ausgelesen haben, können Sie sie mit anderen Reisenden tauschen oder mit Ihrem Schatz sprachinteressierten Einheimischen eine Freude machen.

Die meisten Traveler verwahren, sobald das große Gepäck im Hotel abgestellt ist, Reiseführer, Stadtplan, Kamera, Filme, Taschenlampe, Moskitomittel und sonstigen Kleinkram in einem kleinen Tagesrucksack. Darunter schwitzt man in heißen Klimazonen, die Rasierklingen-Schlitzer haben leichte Arbeit damit, der Zugriff auf den Inhalt ist nicht sonderlich einfach. Ich ziehe einen simplen quadratischen Baumwollbeutel mit ca. 35 cm Seitenlänge mit sehr kurzen Schulterbändern von ca. 50 cm vor. Damit trage ich ihn nah unter der Achsel, fühle ihn ständig und kann leicht und schnell Dinge entnehmen oder hineinstekken. In China gibt es sie in blau bedruckt, in Griechenland und im Nahen Osten als Kelims.

In vielen Teilen der Welt ist Toilettenpapier unüblich, und wenn nicht zufällig ein geschäftstüchtiger Händler es Touristen für ihre erstaunlichen und „unhygienischen“ Verrichtungen feilbietet, werden Sie es partout nicht finden. Nehmen Sie eine ausreichende Menge mit. Ein „Aztekengalopp“ wird rasch an den Vorräten zehren. Außerdem kann man es bei Erkältung nach Verbrauch der Papiertaschentücher für die Nase, zum Schuhputzen, Reinigen von Geschirr und Besteck von zweifelhafter Sauberkeit und für vieles andere benutzen. Ich erinnere mich an eine Globetrotterrunde in einem tibetischen Restaurant in Lhasa. Mit Grandezza holte ein Franzose alten Adels am Tisch eine Rolle des Unaussprechlichen hervor und verteilte es großzügig reihum als Serviette. Eine edle Geste, für die wir alle dankbar waren. Angenehmerweise füllt das Papier am Anfang der

Reise Platz, wird laufend weniger, während unterwegs gekaufte Geschenke und Souvenirs den Platz übernehmen, bis am Ende der Reise aller ursprünglich besetzte Platz für die Neukäufe frei ist. – Benutzen Sie einen mittelgroßen, leichten, aber einigermaßen stabilen Kasten, evtl. eine Tupperware-Dose, für die vielen, nicht ständig benutzten Kleinteile, die sich sonst in den unendlichen Tiefen des Gepäcks verlieren würden. Verschließen Sie die Dose mit einem Dutzend Gummibändern und Einmachringen, damit sie sich nicht öffnet und damit Sie die nützlichen Gummis ohne Verhaken schnell zur Hand haben. Falls Sie Elektrogeräte wie Kühltruhe, Tauchsieder (letzterer in Miniaturausführung ist gar nicht unvernünftig) oder Ihren Rasierer mitführen, werden Sie für viele Länder mit anderen Normen einen Stecker-Adapter brauchen. Wenn Sie in bestimmte exotische Länder mit Sätzen von drei-, vier-, fünffachen Einreiseformularen, Zollerklärungen, Geldanmeldungen etc., etc. fahren, mögen ein paar Blatt Kohlepapier statt mehrfachen Ausfüllens jeweils gleicher Papiere Ihnen einige Zeit sparen.

Wenn Sie ein erfahrener Camper sind, verstehen Sie von Zelten, Materialien, Zubehör, Sicherung mehr als ich. In den südlichen Ländern, die ich bevorzugt bereise, ist Zelten zu unsicher geworden. Nur zwei Tips: Ein relativ sicherer Platz für Wertgegenstände ist ein Loch unter dem Zelt (oder unter der Schlafmatte, wenn Sie am Strand schlafen). Zelten Sie nie in einem ausgetrockneten Flußbett, das infolge eines weit entfernten Regens plötzlich zum reißenden Gewässer werden kann. Man sagt, daß im Sinai mehr Menschen ertrunken als verdurstet sind. Sie taten obiges.

Abreise

Wenn Sie Ihre Wertsachen im Banksafe deponiert, Pflegeplätze für Ihre Tiermenagerie und die Pflanzen Ihres botanischen Gartens gefunden, einen Haushüter eingesetzt, die Zahlung von Miete, Telefon, Gas, Wasser, Steuern (am besten durch Einzugsermächtigungen) sichergestellt, Nachsendeaufträge für Post und Zeitungen gegeben (damit der überquellende Briefkasten nicht Einbrechern Ihre Abwesenheit signalisiert), den Milchmann abbestellt, den Nachbarn Wohnungszweitschlüssel, eine Postvollmacht zur Entgegennahme von Einschreibe- und Wertsendungen und Notfalladressen ausgehändigt, dem telefonischen Auftragsdienst einen Abwesenheitsauftrag erteilt, im Haus den Hauptwasserhahn abgedreht, Gas, Wasser und Strom (aber nicht den für die Tiefkühltruhe) abgeschaltet haben, kann es losgehen.

Lassen Sie bei dem Aufbruch zur Völkerwanderung mit Kind, Kegel, Sack, Pack, Tränen und Abschiedsgesängen bei Taxifahrern, Eckenstehern, Anwohnern (z. B. durch heftiges Winken zu den leeren Fenstern Ihrer Wohnung) den Eindruck entstehen, daß jemand zu Hause zurückbleibt, damit es sich nicht in den falschen Kreisen herumspricht, daß Ihr Eigentum nun für eine Weile unbewacht ist.

Wenn Sie zu Reisekrankheit neigen, nehmen Sie rechtzeitig Ihr bevorzugtes Mittel ein, bzw. kleben Sie sich ein Scopoderm- oder Sturgeron-Pflaster hinters Ohr, das Ihren Magen nicht belastet, lange wirkt und sehr empfohlen wird. Es gibt auch Kaugummis oder Dragees, die man erst einzunehmen braucht, wenn die ersten Symptome auftreten (Gähnen, Blässe, Luftschnappen, Schweißausbruch, vermehrter Speichelfluß, Übelkeit, Erbrechen). Sie sind niedrig dosiert, machen nicht müde oder benommen und wirken innerhalb weniger Minuten. Das ist nicht der Fall bei Tabletten, die so lange vor der Reise einzunehmen sind, daß sie nicht schon vor ihrer Absorbtion erbrochen werden. Das beste natürliche Mittel gegen Reisekrankheit ist ablenkende Beschäftigung. Wer am Steuer eines Autos, am Ruder eines Bootes oder am Steuerknüppel eines Flugzeugs sitzt, wird selten krank. Ob Sie der Pilot deshalb auf seinen Platz läßt, erscheint allerdings fraglich. Wenn es Ihnen schlecht wird, finden Sie im Flugzeug in der Tasche vor Ihrem Sitz (meist am Rücksitz des vorderen Nachbarn, sonst an der Wand vor Ihnen) Brechtüten, die übrigens wegen ihrer guten Qualität und perfekten Wasserdichte von einigen Reisenden für alles Mögliche (wobei die Aufbewahrung von Bonbons noch das harmloseste ist) zweckentfremdet werden. In der gleichen Tasche finden Sie Verhaltensempfehlungen für Notlandungen, nach denen Ihnen in der geschilderten Situation nicht der Sinn stehen mag, deren Lektüre in einem glücklicheren Augenblick aber ebenso lebensrettend sein kann wie eine Vorablokalisierung der Notausgänge, die Sie im zweitschlimmsten Fall der Fälle in Dunkelheit und Qualm finden müßten.

Nehmen wir an, Sie verreisen mit dem Flugzeug und haben sich von Ihrem Reisebüro das Abfluggebäude (Terminal), die Abflughalle, den Eincheckschalter und die Check-in-Zeit genau angeben lassen, um rechtzeitig (d.h. bei Charterflügen meist zwei Stunden vor der im Flugschein eingetragenen Abflugzeit) anzukommen. Wenn Sie trotz unvorhergesehener Verspätungen bei der Anfahrt frühzeitig da sind, haben Sie einen günstigen Platz in der Warteschlange, können erste Kontakte zu Ihren Mitreisenden knüpfen und einen guten Platz finden. Suchen Sie sich beim Betreten des Flughafengebäudes einen Gepäckkarren, damit Sie Ihre Siebensachen nicht schwitzend schleppen und in der Warteschlange nicht Schritt für Schritt vorwärts tragen oder über den Boden schieben müssen. Falls Sie organisiert reisen, ist das vielleicht jetzt der geeignete Augenblick, Ihren Reiseleiter mit ein paar netten Worten zu begrüßen, sich ihm vorzustellen und ihn sich zum Freund zu machen. Jeder freut sich über Aufmerksamkeit und Anerkennung, und er wird Ihnen unterwegs lieber mit Rat und Tat – vielleicht schon bei der Platzverteilung – zur Verfügung stehen als dem Gruppenteilnehmer, der mürrisch und abweisend in der Ecke steht und wartet, was Schreckliches mit ihm geschieht. Wenn Sie sich ohne Gruppe durchs feindliche Leben kämpfen, so wenden Sie Ihre Nettigkeit statt dem Reiseleiter dem holden Wesen hinter dem Tresen zu, das Sie eincheckt. Es wird sich freuen, wenn Sie ihm freundlich guten Tag sagen, ihm Flugschein und Paß schon geöffnet überreichen und sofort sagen, daß und welchen Sitz Sie evtl. reserviert haben. Jedenfalls wird es Ihren Namen in den Computer eintippen (in exotischen Ländern auf einer langen handgeschriebenen, korrigierten, teils durchgestrichenen, oft unleserlichen Liste suchen). Wenn Sie nicht reserviert haben, wird es fragen: „Raucher oder Nichtraucher?“ und Ihnen dann auf der Bordkarte irgendeinen Sitz eintragen, den es selbst oder der Computer zufällig in der Smoker- oder Non-smoker-section auswählt. Antworten Sie daher: „Bitte Nichtraucher. Ist vielleicht mein Traumsitz noch frei, den ich immer bei Ihnen habe ...?“ (s.o. unter Platzreservierung) „Falls Sie upgraden, würden Sie bitte an mich denken?“

Kostenloses Upgrading (engl. für Hinaufbefördern in die nächsthöhere Reiseklasse) erfolgt immer dann, wenn wegen Überbuchung zu viele Fluggäste in der Touristenklasse einchekken und in der 1. Klasse (bzw. Business-Class) Plätze frei sind. Der höhere Sitzkomfort und die erlesene Verpflegung in der First sind – besonders auf Fernstrecken – eine erhebliche Annehmlichkeit, die man sich allerdings kaum leisten wird, wenn man nicht auf Geschäftskosten fliegt. Daher verwenden manche Routiniers, die sich im Flugbetrieb auskennen, einige Mühe aufs Upgrading. Sie erinnern gegen Ende des Eincheckens nochmals an ihre Bitte, wenn sich eine Überbelegung der Eco herausstellt. Einige stellen auch einen netten Kontakt zum Stationschef (station manager) her. Dieser kann aus besonderen Gründen auch ohne Überfüllung der Touristenklasse einen Platz in der nächsthöheren Klasse zuweisen (curtesy upgrading) und mag das tun, wenn Sie ihm freundlich klarmachen, daß Ihr reservierter Platz schon besetzt war, daß er durch ein Versehen, einen Computerausfall oder dgl. nicht reserviert wurde, daß Sie eine starke Abneigung gegen Rauch haben, aber alle Nichtraucherplätze schon besetzt sind oder umgekehrt. Eine französische Bekannte erscheint mit schöner Regelmäßigkeit mit einem großen Bild, „ein wertvolles Gemälde meines Mannes, das ich zu einer Ausstellung bringe; nicht versichert, daher muß ich es als Handgepäck in die Kabine mitnehmen". Meist erfolgt Upgrading in die fast leere erste Klasse, damit das Kunstwerk vor unvorsichtigen gewöhnlichen Sterblichen in der stark besetzten zweiten sicher ist.

Sollten Sie einer der letzten Passagiere beim Einchecken sein, kann es im Fall einer Überbuchung Probleme und Unerfreulichkeiten geben. Da manche Kunden verschiedene Flüge reservieren, um bis zum letzten Tag flexibel zu sein, und dann natürlich bei den nicht benötigten Flügen nicht erscheinen (man nennt diese bei den Fluggesellschaften unbeliebte Spezies „No-shows"), sind über die Jahre fast alle Gesellschaften dazu übergegangen, einen erfahrungsgemäßen Prozentsatz von Plätzen mehr zu verkaufen, als im Flugzeug zur Verfügung stehen, um nicht 10 oder 20% leere Sitze spazierenzufliegen. Da mögen sich dann schon einmal ein paar Passagiere mit OK-Tickets zuviel zu einem Flug einfinden. Falls Sie zu den Letzten gehören, die die Hunde beißen, kann Ihnen folgendes geschehen: 1. Upgrading – prima! 2. Falls auch die Business- und First-Class voll sind oder bei diesem Flug nicht bestehen, wird man versuchen, Sie auf der gleichen Strecke oder mit einem Umweg mit der eigenen oder einer anderen Gesellschaft zu befördern, und Ihnen gestatten, auf Gesellschaftskosten Ihre in Rom, Rio oder Reykjavik mit Blumenstrauß wartenden Freunde telefonisch über die veränderte Ankunftszeit zu informieren bzw. versprechen, das für Sie zu übernehmen (was weniger sicher ist, als wenn Sie es selbst in die Hand nehmen). 3. Wenn an dem Tag keine vernünftige Verbindung zu Ihrem Zielflughafen besteht und Bus- oder Zugtransport unmöglich oder nicht zumutbar ist, wird man Ihnen einen oder mehrere Tage Warten in bezahltem Hotel mit allen Mahlzeiten und eine Ausgleichszahlung anbieten oder das gleiche Angebot einem anderen rücktrittswilligen Passagier machen, falls Sie die Dringlichkeit Ihrer Beförderung darstellen. 4. Wenn Sie bereit sind, Unbequemlichkeit in Kauf zu nehmen, können Sie vorschlagen, auf einem Jump-seat Platz zu nehmen, also auf einer der für das Kabinenpersonal vorgesehen Klappbänke mit dem Rücken zur Flugrichtung. Der Pilot, aber nur er, mag Ihnen auch gestatten, im Cockpit auf dem bei einigen Maschinen verwaisten Sitz des Bordmechanikers zu sitzen. Die oberste Instanz an Bord wird übrigens „Herr Kapitän“, „Captain“ (engl.), „Commandant“ (frz.), „Commandante“ (span. u. ital.) angeredet, was für dieses – für Sie vielleicht wichtige – Gespräch und andere Gelegenheiten erinnernswert sein könnte. Hier gilt es, schnell und entschlossen zu handeln. Wenn die Flugzeugtriebwerke einmal laufen, ist es meist zu spät. Seien Sie notfalls hart. Sie sind in ausgezeichneter Verhandlungsposition, und eine renommierte Fluggesellschaft wird viel tun, um Sie zufriedenzustellen – wegen ihres guten Rufes und wegen des folgenden Punktes: 5. Wenn die Gesellschaft Ihnen nicht helfen kann oder will, können Sie auf eigene Faust andere Reisearrangements treffen und angemessene Mehrkosten als Schadenersatz beanspruchen. Frühere Kollegen haben bei einer solchen Gelegenheit schon eine Cessna-Maschine gechartert.

Die einschlägige Rechtsprechung hat entschieden, daß bei Charterflügen ein Passagier vier Stunden Verspätung hinzunehmen hat. Ein Anspruch auf Rückzahlung eines Teils des Flugpreises ist allenfalls bei einer darüber hinausgehenden Verspätung zu erwägen. – Nach einer Empfehlung des EWG-Ministerrats sollen in Zukunft bei Überbuchung (oder Ausfall eines Fluges) die betroffenen Passagiere eine Entschädigung von 300 DM bei Kurz- und Mittelstreckenflügen bis 3500 km, darüber hinaus das Doppelte erhalten. Alleinreisende Kinder, Schwangere, Behinderte sollen Vorrang vor anderen Passagieren haben. Im Falle von Verspätungen über zwei Stunden soll die Hälfte obiger Beträge fällig werden: 150 bzw. 300 DM. Wie gesagt, das ist zunächst nur eine Empfehlung.

Falls Sie meinen obigen Ratschlägen gefolgt sind, haben Sie nur Handgepäck. Wenn nicht, wird beim Einchecken Ihr Gepäck gewogen. Wie oben erwähnt, sind 20 kg in der Economy-Class, 30 kg in der First frei. Übergepäck kostet je Kilogramm 1% des normalen Flugpreises der 1. Klasse. Das Handgepäck wird selten gewogen und noch seltener dem Gewicht des aufgegebenen Gepäcks zugeschlagen. Oft sieht man Flugpassagiere mit dem Ach-wie-so-leicht-Look Handgepäck schlenkern, unter dessen Last sie fast zusammenbrechen, da schwere Gegenstände ins Handgepäck gesteckt werden, um keinen Zuschlag aufs aufgegebene Gepäck zu zahlen. Ein Gepäckanhänger mit Nummer wird an Ihrem aufgegebenen Gepäck befestigt, ein davon abgerissener Abschnitt auf Ihren Flugscheinumschlag geheftet. Achten Sie darauf, daß dies geschieht, und heben Sie ihn auf. Er untermauert später Ihren Anspruch, falls Ihre Schätze in eine falsche Maschine und ans andere Ende der Welt gelangen oder ganz verlorengehen (dann werden etwa 50 DM je Kilogramm erstattet).

Zur Vorsicht sollten Sie an sämtlichen Gepäckstücken Anhänger mit Ihrem Namen nebst Adresse befestigen, die Sie meist am Eincheck-Schalter finden. Benutzen Sie ein Modell, bei dem Ihre Adresse verdeckt ist, damit sie nicht von Komplizen im Flughafen an Einbrecher weitergeleitet werden kann, die dann während Ihrer Abwesenheit in aller Ruhe Ihre Wohnung ausräumen können. Wenn Sie Perfektionist sind, können Sie darüber hinaus noch ein Etikett mit Name, Zielflughafen, Fluglinie und Flugnummer anheften. Falls Ihr Gepäck in einem falschen Flughafen auftaucht, sollte es ja besser an Ihr Reiseziel als an Ihre Heimatanschrift geschickt werden. Wenn Sie nur Handgepäck haben oder nur leichtes Gepäck aufgeben, werden Sie gelegentlich von Nachbarn mit Übergepäck in der Warteschlange vor dem Einchecken gebeten, einen Teil ihres Gepäcks auf Ihren Namen aufzugeben. Damit kann man jemand einen Gefallen tun, wenn zwei Bedingungen unbedingt respektiert werden: 1. Achten Sie beim Besteigen des Flugzeugs darauf, daß diese Leute auch an Bord gehen, Sie also nicht dabei geholfen haben, die Bombe eines Terroristen in die Maschine zu bringen. 2. Händigen Sie beim Aussteigen den Besitzern ihre Gepäcknummer aus, und lassen Sie sie sich selbst um ihr Gepäck kümmern. Bringen Sie es unter keinen Umständen für sie durch den Ankunftszoll. Wenn das Gepäck Drogen enthält, können Sie sonst in üble Schwierigkeiten geraten. Lassen Sie sich nie darauf ein, aus Gefälligkeit Gegenstände oder Päckchen für andere mitzunehmen!!! Sie könnten als Drogenkurier mißbraucht werden und bei Kontrolle als solcher bestraft werden. In Ländern wie Malaysia mit Todesstrafe!

Beim Einchecken erhalten Sie eine Bordkarte, auf der die Flugnummer, manchmal Ihr Name und die Flugsteignummer (Gate X), die Zeit, zu der Sie sich spätestens am Flugsteig einzufinden haben (boarding time) usw. eingedruckt sind. Manchmal müssen Sie jetzt noch die Flughafengebühr (airport-tax) an einem Schalter zahlen, manchmal wurde sie vorher vom Reisebüro oder Flugschalter kassiert. Sie gehen nun durch die Paßkontrolle, vergewissern sich auf einer der großen Hinweistafeln, ob sich die Flugsteignummer nicht geändert hat und steuern diese an. Unterwegs können Sie den Verlockungen des zollfreien Einkaufs (Duty-free-Shop) nachgehen. Dabei sollten Sie wissen, daß Sie – außer in besonders interessanten Flughäfen wie Amsterdam und Luxemburg – Alkohol und Zigaretten im Flugzeug meist billiger kaufen, allerdings bei wesentlich geringerer Auswahl. Uhren, Foto- und Elektroartikel sind zwar von Zöllen befreit, dafür ist die Handelsspanne in den Flughafengeschäften meist wesentlich höher als in einem Supermarkt (das gilt wiederum nicht für Amsterdam). Man sollte sich daher bei Kaufabsichten vorher zu Hause über die Preise informieren. Denken Sie auch daran, daß Sie auf viele Artikel, die Sie zollfrei im Flughafen oder unterwegs kaufen, bei der Rückkehr in die BRD Zoll und Mehrwertsteuer entrichten müssen. Der in Hongkong oder Singapur billig gekaufte Camcorder ist bei der ersten Rückreise nach Deutschland (oder wenn Sie dabei „vergessen“, ihn anzugeben, bei einer späteren, bei der man Sie fragt oder kontrolliert) mit knapp 30 Prozent zu verzollen bzw. zu versteuern. Und wenn Sie aus diesen und anderen guten Gründen (Beratung, Service, weltweite Garantie) ein Gerät zu Hause gekauft haben, führen Sie bei jeder Heimreise mit dem Apparat auch eine Kopie der Einkaufsquittung mit Fabriknummer mit, damit man Sie gar nicht erst eines Schmuggelversuches verdächtigen und Sie mit einem Verhör aufhalten kann.

Im Warteraum des Flugsteigs haben Sie Gelegenheit, mit anderen Landsleuten und Bewohnern des Ziellandes zu plaudern,

Informationen über geeignete Hotels, Transportmöglichkeiten usw. einzuholen und vielleicht schon eine Gruppe für eine gemeinsame Taxi- oder Minibusfahrt und gemeinsame Verhandlungen im Hotel zusammenzustellen. Wenn das nicht auf Anhieb gelingt und Sie Unterhaltung unterwegs schätzen, können Sie auch während des Flugs einen Laufzettel nach vorn oder hinten losschicken: „Bitte weitergeben! Suche Partner für gemeinsames Taxi ins Zentrum von Toronto. Peter, Sitzplatz A 7“, wenn Sie auf dem linken Fensterplatz in der 7. Reihe sitzen. (Please pass on! Share a cab to downtown Toronto? Peter, Seat A 7).

Beim Verlassen des Warteraums zum Betreten des Flugzeugs (oder zunächst des Zubringerbusses) für einen kurzen Flug sehen Sie vielleicht irgendwo auf einem Tisch eine Menge Kartons. Nehmen Sie einen mit. Es ist ein Lunchpaket und vermittelt Ihnen die traurige Nachricht, daß Sie auf diesem Flug in der Eco kein kulinarisches Mahl serviert bekommen. – Das Betreten des Flugzeugs ist der strategische Augenblick, sich mit Reiselektüre zu versorgen: Zeitungen, die später vergriffen sein mögen, Magazine vom „Spiegel“ bis zum „National Geographic Magazine“, die in Minuten verschwinden. Auch Postkarten und Inflight-Briefpapier finden Sie in den Ständern. Sonst bitten Sie eine Stewardeß darum.

Wenn Sie – von hilfreichen Wesen eingewiesen – Ihren Platz eingenommen haben, sehen Sie über sich zwei Leuchtanzeigen: Fasten seatbelt (= Sicherheitsgurt anlegen) und No smoking (= Rauchverbot). Ein paar Minuten nach dem Start erlischt das Rauchverbotszeichen. Das ist der Augenblick, ab dem Sie damit rechnen müssen, daß ein nicht bösartiger, aber vielleicht technisch unbegabter Mensch seine Rückenlehne auf Ihr Knie krachen läßt. Sie selbst machen das durch Drücken eines Knopfes in Ihrer Armlehne natürlich ganz langsam und vorsichtig – stets auf Skandal- und Hilfeschreie von hinten gefaßt –, vielleicht nachdem Sie sich vorher durch einen kurzen Blick nach rückwärts vergewissert haben, daß Sie nicht ein Kind an der Mutterbrust zermalmen oder einen Vierzentnermann erdrücken. Später geht das Seat-belt-Licht aus und Sie können Ihren Gurt öffnen, sollten es aber nicht, sondern ihn nur lockern. Ich halte es so, seitdem einmal über den Anden der Auftrieb aussetzte und mein Flugzeug in ein Luftloch fiel. Alle Insassen hüpften nach oben, und ich wurde auch dadurch nur mangelhaft über meine Kopfbeule hinweggetröstet, daß märchenhafterweise eine bildhübsche Stewardeß auf meinen Knien landete – leider mit vollem Orangensaft-Tablett.

Wenn es Sie interessiert, können Sie den Piloten durch eine Stewardeß bitten, sich das Cockpit anschauen zu dürfen. Dieser Bitte wird bei normalem Wetter meist stattgegeben. Und da Piloten bei langen Instrumentenflügen ein offenes Ohr für nette Geschichten haben, kann bei gegenseitiger Sympathie daraus ein interessanter Gedankenaustausch werden. Ich erinnere mich an einen Flug zu den Kanarischen Inseln. Die Wellenlänge stimmte, und die Piloten erklärten mir das ganze Blindflugsystem. Zum Landeanflug wurde ich wieder ins Cockpit eingeladen. Das war allerdings eine ganz ungewöhnliche Auszeichnung.

Die Reiseflughöhe eines Passagierflugzeugs hängt von verschiedenen Faktoren wie Flugzeugtyp, Wetterbedingungen, Flugverkehrssituation ab. Sie liegt meist zwischen 8000 und 12000 m. In der Kabine wird dabei ein Druck aufrechterhalten, der einer Höhe von 1800 m entspricht. Das geschieht, um die Passagiere vor der Höhenkrankheit (s. o.) zu schützen, also vor Beschwerden, die bei schnellem Aufstieg in größere Höhen auftreten, wenn der menschliche Körper nicht genug Zeit zur Anpassung hat (insbesondere zum Aufbau von mehr roten Blutkörperchen, um mehr von dem in der Höhe knapper werdenden Sauerstoff zu den Zellen zu transportieren). Beim Landeanflug tritt unterhalb von 1800 m das Problem des Druckausgleichs auf. Je tiefer das Flugzeug zur Landung sinkt, desto höher wird der Luftdruck. Falls nun Ihre Eustachische Röhre (eine dünne Verbindung zwischen Ohr und Mundraum) verstopft ist – was nicht nur bei Erkältungen häufig vorkommt –, wird der Druck im Mittelohr nicht dem wachsenden äußeren Druck angeglichen. Das kann zu erheblichen Schmerzen und sogar schlimmstenfalls zum Platzen des Trommelfells führen. Das Problem kündigt sich dadurch an, daß Sie Geräusche weniger gut wahrnehmen, also langsam taub werden. Nun ist Eile geboten. Versuchen Sie zunächst zu schlucken. Wenn das nicht hilft, blasen Sie wie beim Schneuzen ins Taschentuch Luft durch die Nase nach außen, halten Sie aber dabei die Nasenlöcher zu und den Mund geschlossen. Taucher und Schnorchler wissen, wovon ich rede. Sie tun es alle 40–60 cm, wenn sie im Wasser von der Oberfläche nach unten tauchen. Es gibt auch eine strategische Stelle hinter dem Ohrläppchen, auf die man drücken kann, aber das Pressen in die verschlossene Nase ist sicherer. Stewardessen verteilen während des Fluges Bonbons oder Kaugummis. Das Lutschen soll zum häufigeren Schlucken und damit zum automatischen Druckausgleich veranlassen.

Ankunft

Bei Zwischenlandungen Ihres Flugzeugs erhalten Sie eine Transitkarte, mit der Sie sich in der Transithalle noch mal der Dutyfree-Prozedur unterziehen können, aber das Gebäude nicht verlassen dürfen. Bei Anschlußflügen hilft ihnen das Transit-Desk weiter. Am Zielflughafen streben Sie dem Ausgang (Exit) zu. Hoffentlich ohne Irrtum. Eine der verrücktesten Geschichten meines Lebens passierte mir in Dacca, der Hauptstadt von Bangladesch. Ich stand in der Schlange zur Einreise-Paßkontrolle. Plötzlich hinter mir wildes, unverständliches Geschrei. Als ich mich umdrehe, sehe ich einen Schwarzen heftig gestikulieren. Ich frage: „Do you speak English? Habla Vd. Español? Parlez-vous français?" „Oui, français. Ici Dakar, Senegal, non?" Der Gute war unterwegs von Peking nach seinem heimatlichen Dakar. Als er über den Bordlautsprecher Dacca hörte, glaubte er – wohl halb im Schlaf – er sei zu Hause. Die enttäuschende Wahrheit dämmerte ihm wohl erst, als er entdeckte, daß in der Ankunftshalle die Leute etwas anders aussahen als im heimatlichen Afrika. Er war auf der falschen Seite der Erde ausgestiegen. Ich brachte ihn zum Transit-Desk, wo man ihn in eine andere Maschine setzte. Sachen gibt's... Nicht zur Nachahmung empfohlen!

Für viele Länder müssen Sie eine Landungskarte ausfüllen, bei der Paßkontrolle oder besser schon im Flugzeug, wenn Ihre intelligente Fluggesellschaft sie vorab besorgt hat und das Bordpersonal nicht vergißt, sie auszuteilen. Fragen Sie eine Stewardeß danach, es spart Ihnen fünf Plätze in der Warteschlange vor der Paßkontrolle. In der Karte steht meist neben weniger inquisitorischen Fragen: Adresse im Ankunftsland? Schreiben Sie in diese Spalte nicht „Jugendherberge" oder „Bei den Clochards unter den Seine-Brücken", sondern setzen Sie den Namen einer Nobelherberge ein. Im Zweifel Hilton-Hotel. Es stimmt meist.

Fragen Sie ggf. einen einheimischen Flugzeugnachbarn. Ich machte einmal bei einer Zwischenlandung in Dakar den Fehler, die Spalte nicht auszufüllen. Es war 7 Uhr morgens, mein Weiterflug war für 22 Uhr abends geplant. Der Paßbeamte wollte mich ohne Hotelreservierung nicht aus dem Flughafen lassen und hielt mich zwei Stunden fest, obwohl ich ihm im Flugschein den Abflugtag zeigte. – Bei der Ankunft Paßkontrolle, Geldwechsel, aufgegebenes Gepäck an dem Transportband mit der Nummer Ihres Fluges erwarten, es auf einen vorher besorgten Gepäckkarren laden, durch den Zoll beim grünen Schild „nichts zu verzollen“ (nothing to declare) schreiten. Wenn Sie in einer Gruppe reisen, steht am Ausgang meist ein Delegierter Ihrer Reiseorganisation mit einem großen Schild mit dem Namen der Organisation, in dessen Arme Sie sich fallen lassen können. Als heroischer Einzelkämpfer sollten Sie dem Fremdenverkehrsschalter (Tourist Office) zustreben und sich dort mit Stadtplan, touristischen Broschüren, Hotelempfehlungen und Antworten auf all Ihre zweckmäßigerweise vorher notierten Fragen eindekken. Natürlich wird man zunächst versuchen, Sie im Hilton, Intercontinental oder Holiday Inn unterzubringen. Gehen Sie wenigstens ins ortstypischere Oriental, Raffles, Galle Face, Ritz, Pierre, Taj Mahal, Lake Palace, wenn Sie das Geld dafür ausgeben wollen. Wenn Sie darauf bestehen, wird man Ihnen aber auch über preiswerte Gasthäuser, Losmen, Ryokan, Jugendherbergen, Dormitories Auskunft geben und – wenn Sie freundlich darum bitten – vielleicht auch für Sie anrufen und reservieren. Fragen Sie dann nach den Transportmöglichkeiten zum Stadtzentrum. In Mexico City wird man Ihnen versichern, es gebe keine Busse, sondern nur Taxis. Der Taxifahrer wird steif und fest behaupten, Ihr Traveler-Hotel sei abgebrannt, da er von ihm keine Provision für angeschleppte Gäste erhält. Glauben Sie es nicht. Um die Ecke der Ankunftshalle, in Rangoon und Colombo direkt vor der Flughafenausfahrt, halten öffentliche Busse, die Sie ins Zentrum bringen, sowie billigere und handelsbereitere Taxis als die vor dem Flughafengebäude (und vor Grand Hotels). Auch Leihwagen werden im Stadtzentrum oft preiswerter sein als am Flughafen. Übrigens sind in den meisten

Drittweltländern Wagen mit einheimischen Fahrern billiger als Leihfahrzeuge, die Sie selbst fahren und bei denen Sie dazu noch den Streß durch fremdländische Verkehrssituationen und die Verantwortung für Unfälle übernehmen müssen.

Nun kommt die Hotelsuche. Dazu ein paar Ratschläge: Lassen Sie Ihr Gepäck fürs erste verschlossen bei der Gepäckaufbewahrung des Air-Terminals in der Innenstadt, in einem Restaurant, das sich auf einen dankbaren Kunden freut, in einem ordentlich aussehenden Geschäft oder im ersten Hotel, das Sie sich ansehen. Das hat verschiedene Vorteile: Sie können aus der Hotelsuche unbelastet einen ersten Sightseeing-Spaziergang machen. Sie nehmen nicht das erste, aber oft keineswegs beste Hotelzimmer, weil Sie keine Lust haben, Ihr Gepäck weiterzutragen. Sie sind gegenüber den Hotels in einer besseren Verhandlungsposition, wenn man Ihnen nicht ansieht, daß Sie unter Ihrem Gepäck fast zusammenbrechen und daher bereit sind, jedes Zimmer zu jedem Preis zu nehmen. Sie werden nicht von den Hotelschleppern belästigt. Diese sprechen gepäcktragende und daher vermutlich eine Unterkunft suchende Reisende an: „Mein Bruder (Vetter, Onkel) hat ein Hotel mit blitzsauberen, wüstenstillen, spottbilligen Zimmern für 5 Mark. Kommen Sie, gleich um die Ecke, ich zeige es Ihnen." Es ist fast nie um die Ecke, sondern eine halbe Stunde entfernt und teuer, da der edle Helfer zwischen 20 und 50% des Übernachtungspreises als Provision kassiert. Diese Provisionsjäger haben allenfalls dann eine nützliche Funktion, wenn Sie in einem überfüllten Ort, in dem eine Ausstellung oder ein Fest stattfindet, alle Hotels besetzt finden, und der Toad vielleicht ein letztes freies kennt. Selbst dann würde ich es vorziehen, mir von einem Hotelier in der unten dargelegten Weise kompetent helfen zu lassen. All das gilt natürlich nicht für die Hotelmanager, Gasthausbesitzer, Kinder von privat vermietenden Familien, die oft am Bahnhof oder an der Bushaltestelle stehen und Kunden suchen. Man muß sie nur von den Vermittlern unterscheiden können, was nicht immer ganz leicht ist. Wählen Sie Ihr Hotel um so sorgfältiger aus, je länger Sie an einem Ort bleiben wollen. Schauen Sie sich grundsätzlich die in Frage kommenden Zimmer an, ehe Sie sich einschreiben und bezahlen. Oft werden Sie sehen, wie der Mann an der Rezeption dem Hausdiener, Pagen, Hausjungen zwei oder drei Schlüssel zum Zimmerzeigen mitgibt. In der Regel wird das zuerst gezeigte Zimmer das am schwersten zu vermietende sein. Wenn der Gast es nimmt, um so besser für das Hotel. Sehen Sie sich auch das zweite und dritte an. Probieren Sie Härte der Matratzen, Wasserhähne, Dusche, Toilettenspülung, und schauen Sie die Bettwäsche an. Jetzt können Sie noch „nein" sagen oder „Danke, vielleicht später, ich schaue mich zunächst noch mal nach einem ruhigeren, billigeren, komfortableren, größeren Zimmer um." Wenn Sie unter einer nur tröpfelnden Dusche stehen, ist es zu spät. Gibt es Handtücher, Seife, heißes Wasser – zu welchen Zeiten? Sind Bedienung, sämtliche Abgaben, Frühstück (mit welchen Leistungen?) im Preis inbegriffen? Genieren Sie sich auch in großen Hotels nicht, um den Preis zu handeln. Beginnen Sie hier mit der Frage, wieviel das teuerste und das billigste Zimmer des Hauses kosten, ob es gegebenenfalls einen Gruppen-, Familien- (Kinder schlafen übrigens meist umsonst im Elternzimmer mit), Nebensaison-, Firmen-, Verbands-, Wochenend- (bis zu 50% Ermäßigung), Seniorentarif gibt. Bei Eintreffen nach 22 Uhr ohne vorherige Reservierung gewähren viele Hotels einen Discount bis zu 60%. Machen Sie ein Angebot, das „meinem Budget (meinem Spesensatz) entspricht". Die Empfangschefs auch erster Häuser sind derlei gewohnt, denn gerade die reichsten Leute sind oft die sparsamsten. – Ich bezahle meist die erste Nacht sofort, einmal, damit mir der Mann am Empfang sofort meinen Paß zurückgibt und ihn nicht als Sicherheit zurückbehält, zum anderen, um Zweifel und Mißverständnisse über den Preis (fünfzig/fünfzehn für das Doppelzimmer/pro Person) auszuschließen. Wenn Sie handelseinig geworden sind, lassen Sie sich eine Karte des Hotels, auch in einheimischer Sprache und Schrift, geben, vielleicht mit einem kleinen Stadtplan. Dann können Sie sich immer – durch Vorzeigen der Karte – den Weg zum Hotel zeigen lassen, auch ohne die Landessprache zu beherrschen. In großen Städten, in denen man sich sprachlich schlecht verständigen kann, ist es übrigens praktisch, durch Zeigen auf Abbildungen bekannter Sehenswürdigkeiten der gesuchten Gegend im Reiseführer oder auf Ansichtskarten seinen Weg zu erfragen. Dadurch verstehen einen auch Einheimische, die oft in ihrer Sprache die Namen von Sehenswürdigkeiten, ganz zu schweigen von Straßen, anders aussprechen als wir. Zu diesem Zweck kann man sich auch gleich bei der Ankunft ein paar Karten kaufen, die man später verschreibt, verschenkt oder ins Album klebt.

Was tun, wenn die Hotels, die Ihnen Ihr Reiseführer, das Fremdenverkehrsamt, Rucksacktouristen empfohlen haben, voll sind? Am besten fragen Sie den Hotelmanager des belegten Hauses nach einem anderen Hotel. Er kennt die Konkurrenzsituation und hat auch oft eine Absprache mit einem Kollegen um die Ecke. Wenn man selbst ausgebucht ist, schickt man sich Gäste zu. Wenn Sie darum bitten, wird ein braver Mann auch gern für Sie herumtelefonieren, bis er etwas Geeignetes für Sie findet. Denn er tut damit ja gleichzeitig seinem Kollegen im anderen Hotel einen Gefallen auf Gegenseitigkeit. Gleiches gilt mit Einschränkung, falls Ihnen das zuerst angesteuerte Hotel aus irgendwelchen Gründen nicht zusagt. Bitten Sie darum, Ihnen je nachdem ein helleres, preiswerteres, nicht klimatisiertes oder ruhigeres Hotel zu nennen. Ruhige Räume finden Sie oft auf der Rückseite, die dem Straßenverkehr abgewandt ist, oder in höheren Stockwerken. Vermeiden Sie Klimaanlagen. Sie führen zu Erkältungen. Wenn Sie bei großer Hitze glauben, nicht darauf verzichten zu können, kühlen Sie wenigstens nicht zu stark herunter. 22 Grad werden Nase und Hals Ihnen verzeihen, wenn Sie sich dabei bedeckt halten. Weniger ungesund als Klimaanlagen sind Ventilatoren, besonders, wenn sie nur einen indirekten Luftzug verursachen, der Luftstrom also zunächst gegen eine Wand gerichtet wird, und Sie – auch hier – nicht mit unbedecktem Körper schlafen. Ein-Tages-Gäste werden in Hotels nicht sehr geschätzt. Wenn Sie die Absicht haben, länger zu bleiben, sagen Sie es gleich zu Anfang. Man wird sich dann besondere Mühe mit Ihnen geben und Ihnen bis zu 30% Rabatt einräumen.

Für die Wahl eines höherkarätigen bzw. mehrsternigen Hotels riet mir einer meiner Freunde vor langen Jahren einmal, besser das billigste Zimmer im besten Haus als das teuerste im schlechtesten zu nehmen. Das macht eine Menge Sinn. Für nahezu den gleichen Preis haben Sie (z. B. im Fahrerzimmer des Grand Hotels) zwar kein eigenes Bad, können aber im von der Hausdame angeforderten hoteleigenen Bademantel zum Luxus-Schwimmbad mit Jetstream, Whirlpool, Sauna, Solarium marschieren, die Einrichtungen wie perfekte Telefon-/Telexzentrale, Leseraum, Business-Center, Portiersloge etc. stehen uneingeschränkt zur Verfügung, und der Service ist – sagen wir mal: fast – so gut wie für die Präsidentensuite. Wenn Sie also zwischendurch einmal auf die Nestwärme, den Erfahrungsaustausch und die Tips der Globetrottergemeinschaft verzichten wollen, vielleicht nach einem langen, harten Treck wieder mal etwas Luxus brauchen, lassen Sie sich verwöhnen.

Für Geschäftsreisen im In- und Ausland mag eine Reservierung zu Discountpreisen ohne Messezuschläge und dgl. durch Pauschalreiseunternehmen nützlich sein. Für die Übernachtung im Flughafenhotel bei frühem Abflug kann ein Park, Sleep & Fly-Tarif billiger sein als sonst der Flughafenparkplatz allein. Andererseits haben zahlreiche Hotels (z. B. der Hilton-Gruppe) ein „Business-Bonus-Programm". Geschäftsreisende, die zum normalen Listenpreis buchen, erhalten ohne Zusatzkosten einen Limousinenservice für die Flughafen-Transfers, bessere Zimmerkategorie, freien Wäscheservice, kostenloses Frühstück, späteres Auschecken.

Wenn Sie viel geschäftlich unterwegs sind, könnte sich die Mitgliedschaft in einem Club für Vielreisende lohnen. Der TCI in Nürnberg verschafft Ihnen beispielsweise für 100 DM pro Jahr um die 20% Rabatt in fast 3000 in- und ausländischen Hotels. Und falls Sie unbedingt bei einer Oscar-Verleihung dabeisein wollen, Ihre Mailänder Gastgeber in eine seit Monaten ausverkaufte Scala-Aufführung oder Ihre New Yorker Geschäftsfreunde in die Met einladen wollen, hilft Ihnen vielleicht der neue weltweite Ticket Service in Köln. Full price natürlich. Wenn Sie zum halben Preis oder weniger ins Theater gehen wollen, finden Sie in den Kiosken auf dem Leicester Square, London, und Times Square, New York (und anderen Städten, über die Sie die Touristenbüros aufklären), Karten für denselben

Abend – allerdings nicht für Agatha Christies „Mausefalle", die nun schon über 20 Jahre in London vor allabendlich ausverkauftem Haus gespielt wird. Kaufen Sie Ihre Karten aber nur am Schalter und hüten Sie sich vor Tickethaien, die ungültige, überteuerte, gefälschte Karten und solche mit einem anderen Datum an den Mann oder an die Frau zu bringen versuchen.

Auf dem anderen Extrem der Reiseskala gibt es für abgebrannte Jugendliche kostenlose oder preiswerte Unterkunft in Missions-Stationen, in Klöstern, bei der Heilsarmee, dem Christlichen Verein Junger Männer (YMCA) oder Junger Mädchen (YWCA), der Polizei oder Feuerwehr.

Wenn Sie nicht zufällig auf unseren Längengraden nach Afrika, Skandinavien oder Großbritannien reisen, sondern nach Osten oder Westen fliegen, werden Sie mit der Zeitverschiebung (jet lag) Bekanntschaft machen. Besonders unangenehm ist sie bei Flügen gegen die Sonne, also ostwärts, weil man dabei Stunden verliert. Daher sollte man Um-die-Welt-Flüge auch besser mit der Sonne (= westwärts) machen, um (Schlaf-)Stunden zu gewinnen. Viele Reisende schlagen sich bis zu einer Woche mit dem Problem herum, schlafen z.B. in Japan oder Korea um 5 Uhr morgens ein und wachen spätnachmittags wie gerädert auf, da seit dem frühen Morgen normaler Tageslärm herrscht. Sie fahren fort, nach ihrer heimatlichen Zeit zu leben, auf die ihre Körperuhr programmiert ist. Das beste Rezept, mit der Zeitverschiebung fertig zu werden, ist, gleich vom ersten Tag an mit der Ortszeit des Reiselandes zu leben. Wenn Sie abends (Ortszeit) ankommen, müde von der Reise, um so besser. Gehen Sie mit den Einheimischen schlafen. Wenn Sie morgens ankommen, zwingen Sie sich, auf den Beinen zu bleiben, bis Sie zu einer frühen Schlafenszeit wie 20–21 Uhr Ortszeit ins Bett fallen und nach 10 Stunden gutem Schlaf in bester Form erwachen. Gehen Sie während dieses harten ersten Tages nicht ins Kino oder sonstwohin, wo Sie im Sitzen einschlafen. Zwingen Sie Ihren Körper, wach zu bleiben. Machen Sie einen weiten Spaziergang, Stadtbummel, Einkäufe, ziehen Sie Informationen vom Touristenbüro, von Rucksacktouristen ein, studieren Sie die Schwarzen Bretter mit Travelernachrichten (message boards). Die Chungking-Mansions, Block A, oberster Stock in Hongkong und das Malaysia-Hotel in Bangkok haben die besten in Asien. Andere finden Sie in Backpacker Inns in Australien und in Jugendherbergen, YMCAs und dgl. in aller Welt. Faszinierend zu hören oder zu lesen, was der „milk run", das ist die völlig legale Gruppen-Schmuggelreise Hongkong–Taipei–Seoul–Tokio und zurück, an Gewinn abwirft, wie man sein Fahrrad am besten über die Darien-Lücke in Süd-Panama bringt, wieviele Kilometer ein Rennkamel in Pakistan am Tag zurücklegen kann. Vielleicht gehen Sie, wenn es sehr heiß ist, auch eine Stunde schwimmen. In den meisten Grand Hotels kann man die Schwimmbäder gegen eine geringe Gebühr benutzen. Sonst finden Sie sicher ein schönes öffentliches Bad, aber bitte, ohne darin einzuschlafen.

Dieser erste Tag ist auch geeignet, Ihren Weiter- oder Rückflug zu bestätigen (reconfirm). Jeder vorab an einem anderen Ort gebuchte Flug muß spätestens 72 Stunden vor Abflug rückbestätigt werden. Sonst wird die Reservierung gestrichen. Tun Sie es persönlich oder telefonisch über ein beliebiges Reisebüro oder – besser – direkt bei dem Stadtbüro der Fluggesellschaft. Lassen Sie sich zur Vorsicht eine schriftliche Bestätigung geben oder – falls Sie es telefonisch machen – die Referenz-Nr. und/oder den Namen Ihres Gesprächspartners. – Wenn Sie von demselben Ort erst nach einiger Zeit weiter- oder zurückfliegen, können Sie zur Sicherheit gegen Diebstahl Ihren Flugschein bei der Gesellschaft (gegen Quittung) deponieren.

Es gibt einen alten Ratschlag, um ein gutes Restaurant zu finden: Einen Wohlgenährten fragen, da er wahrscheinlich gut ißt. Nun kann man aber leider auch, und zwar mit größerer Wahrscheinlichkeit, von schlechtem Essen zunehmen. Ein anderer Rat, nie in einem leeren, sondern nur in einem vollen Restaurant zu essen, macht einigen Sinn. Aber wenn es von der grölenden Reisegruppe „Sehen Sie Europa in 5 Tagen" (heute ist Montag, also müssen wir in Brüssel sein) gefüllt ist, mag das keine gute Idee sein. Mit der Empfehlung eines guten Reiseführers oder von anderen Travelern kann man sich kaum völlig vergreifen. Allerdings ändert sich die Qualität der Welt schneller, als Reiseführer folgen können. Nach dem „Michelin-Syndrom“ kann ein Restaurateur, wenn er die begehrten Sterne endlich hat, sich entschließen, jetzt, wo die Leute hereinströmen, mal so richtig kräftig zuzulangen oder den guten, aber teuren Koch endlich zu entlassen. Oder er kann zum jetzt hohen Preis an einen schlechten Nachfolger verkaufen. Und die befragten Traveler sind vielleicht gerade dem Reiseführer gefolgt. Am besten fahren Sie meist, wenn Sie ein Lokal suchen, in dem eine Menge fröhliche Einheimische sitzen, wie das z. B. in der kulinarischen Hauptstadt der Welt, Singapur, in den Hooker-Centres der Fall ist – eine Sehenswürdigkeit für sich.

Wer zu den Meckermännern gehört, kann von Anfang an seinen ganzen Urlaub genüßlich und gewinnbringend mit einer Kontroll- und Abhakliste verbringen und herausfinden, was ihm an seiner Reise alles nicht gefällt, worin die Wirklichkeit seines Urlaubsalltags nicht den Prospektversprechen oder schriftlichen Zusicherungen seines Veranstalters entspricht und welche Belästigungen durch Baulärm, Hundegebell, Kakerlaken und sonstige Verbrechen gegen sein Wohlbefinden der Reiseleiter vor Ort trotz rechtzeitiger Abmahnung (Empfangsbestätigung oder vor Zeugen übergeben) mit Setzung einer angemessenen Frist nicht abgestellt hat (soweit Selbsthilfe nicht zumutbar war). Wenn im Prospekt allerdings stand „aufstrebender Ferienort“ (= das ganze Nest ist eine Baustelle), „verkehrsmäßig gut erschlossen“ (= Tag und Nacht Verkehr wie uff'm Ku-Damm unter 'm Fenster), „familienfreundlich“ (= die lieben Kleinen toben ständig in Fußballmannschaftsstärke am Kopfkissen vorbei), ist er selbst schuld, wenn er es nicht verstanden hat. Aber Dinge, die eine unvorhersehbare erhebliche Beeinträchtigung seiner Urlaubsfreude bedeuten, berechtigen den Reisenden nach der von der Rechtsprechung entwickelten „Frankfurter Tabelle“ zur Minderung des Reisepreises: bei Lärm um 5 bis 40%, bei Ungeziefer um 10 bis 50%, bei ungenießbaren Speisen um 20 bis 30%, bei fehlender Reiseleitung um 5 bis 30% – jeweils vom Gesamtreisepreis einschließlich Transport. Kumulierung ist möglich. Zu Einzelheiten s. Bücher über Reiserechtsprechung.

Info unterwegs

Oft werden Sie unterwegs an Zeitungsständen Zeitungen aus der Heimat sehen, die fast Antiquitäten sind. Vier bis fünf Wochen alt ist keine Seltenheit, wenn Sie weit reisen. Die Botschaften und Konsulate haben meist nur wenig jüngere Ausgaben ausliegen, nachdem sie durchs Haus gewandert und oft von vielen Beamten auswendig gelernt worden sind. Die deutschen Kulturinstitute (Goethe-Institut, in Indien Max Müller-Bhawan) haben eine reiche Sammlung heimischer Presseerzeugnisse, die meist mit Diplomatenpost eintreffen und daher recht aktuell sind. Außerdem finden Sie hier eine Menge Bücher aus vielen Wissensgebieten. Die Leseräume sind meist bequem und leider klimatisiert. Die aktuellsten Zeitungen (meist FAZ, Welt oder Süddeutsche Zeitung) finden Sie in den Büros der Lufthansa, eingeflogen für die Kunden. Wenn sie nicht im Stapel im Kundenraum liegen, werden Sie meist in der Direktion fündig. Achten Sie auch auf vielleicht im Land erscheinende Zeitungen in deutscher oder englischer Sprache und auf entsprechende Fernsehprogramme.

Für alles, was Ihre Reise betrifft, sind immer wieder die Globetrotter die beste Info-Quelle. Sprechen Sie Rucksackreisende an, fragen Sie, wo ihre „Wasserlöcher", sprich Eß- und Trink-Treffpunkte, sind, setzen Sie sich in die Runde und fragen Sie. Jeder erzählt gern von seinen Reisen und gibt Erfahrungen und Informationen weiter.

Reisemöglichkeiten im fremden Land

Falls Sie nach der Ankunft im (ersten) Reiseland weitere Flüge in andere Länder planen, ist es gut zu wissen, daß grundsätzlich Inlandsflüge erheblich günstiger sind als internationale, also grenzüberschreitende Verbindungen. Es kann also interessant sein, an die Grenze eines Landes zu fliegen, über die Grenze zum nächsten Flughafen zu fahren und von dort per Inlandverbindung weiterzufliegen. Das erlaubt dann auch, vollen Gebrauch von den meist überaus günstigen Airpässen zu machen, die beliebig viele und weite Flüge in einem Land innerhalb von ein bis vier Wochen ermöglichen. Erkundigen Sie sich nach Peru-Airpaß, Discover India, Visit USA (bzw. günstiger bei mehr als zwei inneramerikanischen Stops: Rundflugcoupons verschiedener amerikanischer und kanadischer Gesellschaften wie die besonders beliebten Standby-Pässe von Delta- und von Northwest-Airlines) – hochinteressant für Leute, die in kurzer Zeit in einem Land viel und weit fliegen wollen. Rechtzeitig zu beachten ist, daß diese Vergünstigungen gelegentlich nur im Ausland bzw. im Inland, aber nur gegen Devisen, zu kaufen sind.

Das zu Auslands- und Inlandsflügen Gesagte gilt auch für die meisten Schiffsverbindungen. So kostet eine Fahrt auf einem chinesischen Passagierdampfer von Guangzhou (früher Kanton) nach Shanghai in einer 2.-Klasse-Kabine mit eigenem Bad (die luxuriöse 1. Klasse ist den „roten Mandarinen", Apparatschiks, hohen Militärs und sonstigen VIPs vorbehalten) nur einen Bruchteil der internationalen Verbindung vom eine Zugstunde entfernten Hongkong nach Shanghai.

Bei dem Stichwort Schiffsreisen denkt man zunächst an Kreuzfahrten zum Nordkap, in die Karibik, durchs Mittelmeer und an Atlantiküberquerungen. Wenn Sie letztere eines Tages im Linienschiff machen wollen, etwa mit der Holland-Amerika-Linie oder der E 2, dann sollten Sie möglichst die Passage von

Amerika nach Europa buchen. Die Amerikaner und mehr oder weniger erfolgreichen Auswanderer fahren zum Urlaub nach Europa, und die Stimmung an Bord ist prima. In der Gegenrichtung – westbound – ist der Urlaub der Amerikaner zu Ende, sie fahren in den Berufsstreß zurück. Die Auswanderer reisen einem ungewissen Schicksal entgegen. Entsprechend gedrückt ist die Stimmung an Bord. – Das große Abenteuer der Seefahrt beginnt an Bord von Trampfrachtern ohne festen Fahrplan in den chilenischen Fjorden, in der Südsee, entlang den Küsten Afrikas. Ich hatte einmal Gelegenheit, mit einem angerosteten Seelenverkäufer von Bali nach Singapur zu fahren. Panama-Flagge, standfester belgischer Kapitän, der froh war, einen seeerfahrenen Mann, mit dem er reden konnte, kostenlos mitzunehmen, da die einheimischen Matrosen gerade davongelaufen waren und die verbleibenden Russen unter Androhung des gleichen nur mit viel Geld zum Dableiben zu bewegen waren.

Wenn Sie ein Herz für Segelboote und etwas Zeit haben, sind vielleicht die alten Makassar-Schoner das richtige für Sie. Diese noch aus Holz gebauten indonesischen Frachtsegler, die zu den letzten ihrer Art in der Welt gehören, bringen meist Holz von Sumatra, Sulawesi und Borneo nach Java und segeln mit diversen Zivilisationsgütern zurück. Fast täglich legen Schiffe ab, die Überfahrt dauert ein paar Tage, mit einem Dutzend Mark sind Sie dabei, wenn Sie verwegen handeln können. Der Erste Offizier wird Ihnen seine Koje anbieten, Sie werden mit der prächtigen Mannschaft aus allen Teilen des Archipels Fisch mit Reis, Reis mit Fisch, Fisch mit Reis, Südsee-Sonnenuntergänge und Tropennächte genießen, sich in Pidgin-Englisch und mit Händen und Füßen Ihr Leben erzählen, Ihr Waschwasser mandistyle aus einem großen Faß schöpfen und über sich gießen und beim Landfall gemeinsam mit allen anderen gebannt in die Dunkelheit blicken, um vielleicht als erster das Leuchtfeuer von Surabaya zu erkennen. Eventuell kaufen Sie sich vorher eine Sprachkassette für Bahasa Indonesia, eine der leichtesten Sprachen der Welt. Mata Hari = Auge des Tages = Sonne, Orang Utan = Mensch des Waldes. Mehrzahl-Bildung durch Verdoppelung: Orang Orang oder Orang 2 = Menschen. Pos = Post, bia

= Bier, polis = Polizei, teh = Tee, mobil = Automobil, bis = Bus, restoran = Restaurant. Sehen Sie, Sie sprechen es schon. Terima Kasih = mein Herz freut sich = danke.

Eine Möglichkeit, einen Millionärs-Traumurlaub zum Nulltarif, d.h. nur gegen Beteiligung an den Verpflegungskosten, zu verbringen, bieten private Segelyachten, die Sie durch die Zunahme der Boote und der wohlhabenden Leute, seien es Urlauber, Aussteiger oder Pensionäre, heute in fast jedem Hafen der Welt finden, besonders auf dem Hauptkurs der Weltumsegler: Mittelmeer – Kanarische Inseln – Karibik – Panama-Kanal – Pazifik – Singapur – Indischer Ozean – Suez-Kanal oder Südafrika. Die Wachen werden kürzer, wenn auf Passagen ein paar Leute mehr an Bord sind. Daher suchen viele Skipper Mannschaft – manchmal mehr als es Interessenten gibt. „Compatibility is more important than competence", meint ein befreundeter Kapitän, d.h. wenn Sie nett, verträglich, lernwillig sind, vielleicht sogar ein bißchen kochen oder mit Maschinen umgehen können, ist das wichtiger als Kenntnisse in der Seemannschaft. Die erwerben Sie an Bord rasch. Streifen Sie durch Yachthäfen, hängen Sie Zettel an das Schwarze Brett eines Yachtclubs, fragen Sie (übrigens auch bei großen Schiffen) den Hafenkapitän (harbour master) nach Zielhafen und Abfahrtstag der am Pier oder vor Anker liegenden Schiffe, verfolgen Sie die Anzeigen in dem Monatsmagazin „Yacht" und – falls Sie Französisch können – die Anzeigen in „bateaux" (erscheint gleichfalls monatlich). Radio France Inter und der Fernsehsender TV 5 (Kabelfernsehen) senden im Sommer in der Samstagabendsendung „Thalassa" in der „Bourse des équipiers" (Mannschaftsbörse) Suchmeldungen von Yachteignern. Das Schoenicke Skipper-Team in Hamburg vermittelt Plätze für Atlantiküberquerungen und andere Passagen; für die Transat westwärts, sehr beliebt, da häufig problemlos und somit „milk-run" genannt, meist, aber nicht immer, gegen Bezahlung; ostwärts, also Amerika-Azoren-Mittelmeer meist gratis, da das eine wenig geschätzte Überfahrt ist, kalt, hart, mit viel Gegenwind, oft Sturm. Die beste Zeit zum Anheuern auf Privatyachten für eine Atlantiküberquerung Mittelmeer–Madeira/Kanarische Inseln–Karibik (16–30 Tage) ist

November/Dezember, wenn der Passatwind einsetzt. Die Schiffe starten dann von den Kanarischen Inseln, seltener von Madeira, etwas früher von Gibraltar, noch früher von Antibes oder Palma de Mallorca, wo es allerdings meist mehr Mitsegler als Schiffe gibt und daher nur gute Köche, Mechaniker, Elektroniker und erfahrene Deckhands einigermaßen verläßliche Chancen haben, fortzukommen.

In Zeiten schwacher Dollarkurse ist der Kauf von Segelyachten in Taiwan (neuerdings auch Korea) interessant. Die neuen Boote werden wegen hoher Verschiffungskosten auf Frachtern oft unter Segeln über Manila und/oder Hongkong, Singapur, Malacca, Galle, Suez überführt. Dafür wird manchmal Mannschaft gesucht. Allerdings gibt es im südchinesischen Meer und der Malacca-Straße Piraten. Es sollten sich also nur mutige Mitsegler oder Fatalisten melden.

Auch für Eisenbahnen gibt es einen Britrail-Paß, Inter-Rail, Indrail-Paß (15 Tage beliebig viele und weite Zugfahrten durch Indien für 45 $), Japan Rail-Paß (14 T. ca. 250 $) usw. Sie finden die Bedingungen, auch für Familien- und sonstige Ermäßigungen mit Hilfe Ihres Reisebüros, von Fremdenverkehrsämtern oder von Buchungsbüros für Ausländer (letztere verkaufen in Indien die begehrten Reservierungen, bei denen es Quoten für Touristen, VIPs, Freunde des Stationsvorstehers usw. gibt). Wenn Sie ausgefallene Züge mögen, gibt es einige besondere Attraktionen. Während der mehrtägigen Reise der Transsib zwischen Wladiwostok bzw. Peking und Moskau oder des Zuges über die Seidenstraße vom chinesischen Urumqi nach Xi'an nehmen Sie langsam den Rhythmus des Zuges an, plaudern mit interessanten Mitreisenden, beschauen die nur sehr langsam wechselnde Landschaft und tafeln exotisch im Speisewagen. Nehmen Sie keinen Stapel Bücher mit, Sie werden unerwartet wenig Zeit zum Lesen finden. Es gibt einen Insidertip, wenn Sie es nicht fünf Tage ohne Dusche aushalten wollen: Bringen Sie durch einen Besuch im vorangehenden Zug oder durch Befragung versierter Weltenbummler in Erfahrung, wie groß der äußere Durchmesser der Wasserhähne in der Toilette des Zuges ist. Kaufen Sie dann 2 m eines biegsamen Plastik- oder Gummischlauchs und ein Stück Blumendraht. Wenn Sie den Schlauch über den Hahn stülpen und das andere Ende am Deckengitter befestigen, haben Sie Ihre private Dusche. Derlei Vorrichtungen brauchen Sie im südafrikanischen „Blauen Zug“ Kapstadt–Jo'burg–Praetoria nicht. Er ist ein rollendes Vier-Sterne-Hotel mit Weinkeller und Badewannen. Die Grand Old Lady der australischen Züge ist der Indian-Pacific, der eben diese beiden Ozeane verbindet. Sehr komfortabel, zu einem Preis, der der Tatsache entspricht, daß es bei den konkurrierenden Fluglinien billiger ist, statt Sydney–Perth gleich einen Umweg Sydney–Bali–Perth zu fliegen. Das zeigt, wohin regulierte Preise führen können. Die schnellsten Züge der Welt sind der französische TGV und der japanische Shinkansen – wenn letzterer nennenswerte Verspätung hat, wird der Fahrpreis zurückgezahlt.

Dampfeisenbahnen gewünscht? China und Indien bieten Ihnen die wohl interessantesten, Indien dazu noch in Form der „Spielzeugeisenbahnen“ „Siliguri–Darjeeling“ und „Mettupalayam–Ooty“ durch zauberhafte Landschaften auf Gleisen von zwei Fuß (ca. 70 cm) Spurweite. In Südamerika ist die spektakulärste Strecke die Fahrt von Cuzco zur Inkafestung Machu Picchu.

Für Busreisen gibt es interessante Ein- bis Vier-Wochentarife. Am bekanntesten sind die Greyhound-Angebote für die USA. Die Busse sind sehr bequem, mit weit zurückstellbaren Sitzen, Klimaanlage, getönten Scheiben, Getränken und Toiletten an Bord, Verpflegung sowie Wasch- und Duschgelegenheiten in den regelmäßig angesteuerten großen Busbahnhöfen. Eine lange Busreise schmiedet eine Schicksalsgemeinschaft durch gemeinsam erlebte Höhepunkte wie den australischen Outback, die Taroko-Schlucht in Taiwan, die vielseitigen Landschaften in China und Indien. Die schönste Busfahrt der Welt ist für mich die Zwei-Tage-Fahrt Kashmir–Ladakh bzw. neuerdings auch Manali–Ladakh: Himalaya-Gebirge, Wüsten, Oasen, der Indus-Flußlauf, am Weg tibetische Klöster, liebenswürdige, vom Tourismus noch wenig verdorbene Menschen. Bei dieser Reise werden Sie wahrscheinlich, wie oft in Indien, einen Sikh-Fahrer haben. Die Sikhs, erkennbar an ihren großen, bunten Turbanen und ungestutzten Bärten (oft mit Bartnetz, damit der Bart, der aus religiösen Gründen nicht geschnitten werden darf, nicht in sich drehende Motorteile gerät), stellen 2% der Einwohner Indiens, aber – wegen ihrer Begabung und Begeisterung für Technik – 50% der Piloten und Fahrer des Landes. In ihren Bussen sind sie die oberste Instanz. Ihr Sikh-Fahrer wird sich freuen, wenn Sie ihn beim Einsteigen begrüßen. Er wird dann unterwegs besonders über Ihr Wohl wachen. Reden Sie ihn mit Mr. Singh an, d. h. Löwe, der Ehrenname, den jeder Sikh trägt. Sie werden selten so viele dramatische Verkehrsunfälle sehen wie in Indien. Das unter Platzreservierung für Busse Gesagte gilt hier besonders.

Fahren Sie gern Auto? Lieben Sie große, komfortable amerikanische Wagen? Wollen Sie Kanada und die USA durchreisen? Dann habe ich einen interessanten Vorschlag für Sie. Viele Kanadier, die den Sommer in ihrem schönen Land verbringen, flüchten vor dem bis minus 50° kalten Winter. Sie haben deshalb eine Wohnung in Florida oder Kalifornien. Dorthin fliegen sie im Herbst. Vorher packen sie den gewaltigen Kofferraum ihres Straßenkreuzers voll, rufen eine Vermittlungsagentur (Drive-away-agency) an, und bitten, einen Fahrer zu finden, der den Wagen auf beliebiger Strecke in 1–2 Wochen nach San Francisco bringt oder nach Santa Barbara, LA, Miami, Palm Beach, Key West, wo immer ihre Winterwohnung ist. Nun kommen Sie ins Spiel, erhalten von der Agentur Namen und Adresse, fahren hin, lassen sich von den Eigentümern Wagen und Zieladresse erklären, werden oft zum Essen und Übernachten eingeladen und bringen Ihre Gastgeber vielleicht noch zum Flugplatz. Maklergebühr und erste Tankfüllung oder mehr werden von den Eigentümern getragen. Nun gehören Ihnen Auto, die große Straße und die Schönheiten Amerikas. Die Tausend Inseln, die Niagara-Fälle, Naturparks, vielleicht der Grand Cañon liegen am Wege – free of charge. Die gleichen Möglichkeiten ergeben sich im Frühjahr in Gegenrichtung. Die Drive-away-agencies stehen unter D (seltener unter A als Auto-drive-away oder Auto-shipper oder C als Car-drive-away) in den örtlichen Telefonbüchern Kanadas (in Toronto oder Montreal können Sie leicht einfliegen) und der USA. Fragen Sie bei der Auslandsauskunft für die Stadt, die Sie interessiert, telefonieren, schreiben, telexen oder faxen Sie Ihr Alter, Ihre Fahrerfahrung, Ihre Wünsche hinsichtlich ungefährem Abfahrtstermin, warten Sie auf die Antwort und fliegen Sie los. Amerikaner betrachten ein Auto als Gebrauchsobjekt wie einen Eisschrank, nicht – wie viele Europäer – als Gegenstand religiöser Verehrung. Das macht solche Regelungen so einfach und angenehm.

Wenn Sie länger oder auf anderen amerikanischen Strecken fahren wollen und vorübergehend etwas Geld investieren können, ist es immer noch interessant, einen Wagen an der amerikanischen Ostküste, wo Autos wegen der Nähe der großen Fabriken von Detroit preiswerter sind, zu kaufen und über den Kontinent an die Westküste zu fahren, wo man ihn mit etwas Glück und Geschick mit leichtem Gewinn verkaufen kann. Bei der dgz, Deutsche Zentrale für Globetrotter, Berlin, bzw. in ihrer Zeitschrift „Der Trotter" oder bei der Globetrotter Travel Agency in Zürich und anderen Schweizer Städten findet man gelegentlich Angebote nicht nur von Reisegefährten, sondern auch von manchem zu verkaufenden Reisegefährt, das schon an exotische Plätze in der Ferne gefahren wurde und aus allerlei Gründen nicht zurückgebracht werden kann (Zeitmangel, Geldmangel, Ausreißen des geliebten Partners, Krankheit, Unfall usw.). Das können – wegen geringer Nachfrage – interessante Gelegenheiten sein.

Es gibt auch immer wieder Angebote von Autofirmen und Privatleuten, Autos für sie (also ohne daß man selbst kaufen muß) durch die Staaten zu fahren. Aber dafür müßte man einen Kontakt zu einer Autofirma aufbauen oder – vielleicht über einen dortigen Freund? – die Kleinanzeigen in der lokalen Presse verfolgen. Mit etwas Glück mag auch hier eine Drive-away-agency helfen. Gelegenheiten, Autos zu überführen, bieten auch in anderen Ländern viele Hersteller, gelegentlich, halbberuflich oder als Dauerjob. Dafür sind erfahrene Fahrer gefragt. Unsere Londoner Freundin Molly mußte sich nach dem Tod ihres Mannes ein Zubrot verdienen. Sie sah eine „Times"-Anzeige, in der Rolls-Royce zuverlässige free-lance Überführungsfahrer suchte, bewarb sich, wurde zum Interview bestellt und gefragt: „Haben Sie schon mal einen Rolls-Royce gefahren?“ Molly, die noch nie in einem Rolls gesessen hatte, sagte im Spaß: „Ich habe mein ganzes Leben lang nichts anderes getan.“ Der Frager nahm das ernst: „OK, übermorgen können Sie einen Wagen nach Edinburgh bringen.“ Seither überführt sie ständig Nobelkutschen.

Vor einigen Jahren war es noch sehr einträglich, in England einen gut erhaltenen Prestigewagen wie den preiswerten Jaguar an seinem niedrigsten Preispunkt zu kaufen. Dieser ist meist nach ca. 15 Jahren erreicht, wenn das Auto voll abgeschrieben ist, aber noch keinen Oldtimerwert hat. Solche Wagen konnte und kann man noch heute für ca. 1000 Pfund kaufen und konnte sie in den USA für das Mehrfache verkaufen, nachdem man ausgiebig damit herumgereist war. Die Autoeinfuhr in Amerika ist unbürokratisch, schnell und kostet nur einen minimalen Betrag. Durch die Rezession in den Staaten ist dieser Weg (vorübergehend?) nicht mehr rentabel.

Die drei klassischen großen Überlandstrecken für verwegene Autofahrer sind schwieriger geworden. Die „Traumstraße der Welt“, die Panamericana von Alaska nach Feuerland, wird man heute wegen der zunehmenden Unsicherheit in einigen südamerikanischen Staaten nur noch bis Mittelamerika wagen, am besten in einem drüben (da viel billiger als in Europa) gekauften Wohnmobil, das man dann z. B. in Honduras sehr günstig verkaufen kann. Die früher so beliebte Saharadurchquerung von Algier nach z. B. Bamako in Mali ist durch unerfreuliche Formalitäten in Algerien, zunehmende Schwierigkeiten, Autos in Mali zu verkaufen, und einige Überfälle weniger attraktiv geworden. Wenn Sie eines Tages diese Fahrt dennoch anpeilen sollten, brauchen Sie ein sehr gut und komplett ausgerüstetes Fahrzeug und bewegen sich ab Gardaia im Konvoi. Häufig unterbrochene Straßenasphaltierung bis Tam. Auf der Strecke Europa–Indien–Nepal trifft man auch heute immer wieder Leute, die diese fabelhafte, mindestens 12000 km lange Autofahrt wagen. Begehrte Modelle wie Mercedes-Liefer- oder Lastwagen werden meist in Nepal verkauft. Dort ist eine Importgenehmigung (zur Freisetzung der Carnet-de-Passage-Garantie in doppelter Höhe des deklarierten Fahrzeugwertes – s. weiter unten) am leichtesten zu erhalten, nämlich durch Bakschisch. Die Nepalis, die schon im Tourist Camp in Delhi Ausschau nach geeigneten Wagen halten, erledigen das. Der Verkaufserlös ist bei kräftigem Handeln oft das Doppelte bis Siebenfache des Kaufpreises. Wenn Sie einen weniger begehrten, aber bequemeren Wagen fahren wollen, gibt es zwei Möglichkeiten: Ein billiges, „amortisiertes" Auto, günstig in Europa für ein paar hundert Mark (evtl. in einer Versteigerung) gekauft, kann der indischen Regierung geschenkt werden. Sankt Bürokratius tanzt, aber es ist eine elegante Möglichkeit, das Carnet de Passage abgestempelt zu bekommen. Ein teures Wohnmobil müssen Sie wohl oder übel die ganze Strecke wieder zurückfahren. Vielleicht übernehmen interessierte, zuverlässige Freunde die Rückführung? Dann kann jede Mannschaft die hochinteressante, aber endlose Strecke einmal fahren. Da niemand mehr über die jugoslawische Autoput fahren will, kommt der Umweg über Rumänien–Bulgarien, Rußland–China (gerade von einem Schweizer Paar in umgebautem Landrover mit Dachzelt erfolgreich unternommen) oder die teure Fähre Italien–Griechenland (Ancona bzw. Brindisi–Patras) in Frage. Die 2600 km durch den Iran mit einem 7-Tage-Transitvisum durchzuziehen, ist keine reine Freude, dafür aber der Kraftstoffpreis von weniger als 1 Pfg. pro Liter. In Belutschistan (Südpakistan) wird man ein paar Tage kein Waschwasser finden, aber von der Liebenswürdigkeit der Einheimischen begeistert sein. Wie las ich so zutreffend in Lahore? „Besuchen Sie Pakistan, bevor die Touristen kommen!" Falls bei zunehmenden Reibereien zwischen Pakistan und Indien die Grenze bei Amritsar mal wieder geschlossen werden sollte, müßte eine Verschiffung Karachi– Bombay erfolgen.

Das wichtigste Papier für Fahrten außerhalb der Europäischen Wirtschaftsgemeinschaft ist das bereits erwähnte Carnet de Passage, der Reisepaß Ihres Fahrzeugs. Ihr Automobilklub stellt es Ihnen für ein Jahr aus und verlängert es dann um jeweils drei Monate bzw. stellt ein neues aus. Damit verpflichtet sich der Klub zur Haftung, falls Sie Ihr Vehikel im Ausland ohne Importgenehmigung verkaufen sollten. Für jedes besuchte Land wird im Carnet auf jeweils einem Stammblatt ein Ein- und Ausgangsstempel angebracht, letzterer als Nachweis, daß der Wagen das Land verlassen hat. Bei Beantragung des Carnets müssen Sie zur Sicherheit eine Kaution in Höhe des doppelten deklarierten Fahrzeugwertes (mindestens aber 20 000 DM) hinterlegen oder eine Bankbürgschaft stellen. Natürlich sollte man den Gesamtwert so niedrig wie möglich eintragen lassen, um Carnetgarantie, Verschiffungstarife und ggf. Importzoll niedrig zu halten. Internationaler Zulassungsschein und (am besten Internationaler) Führerschein sowie – wo erforderlich – die Internationale grüne Versicherungskarte vervollständigen Ihre Papiere.

Bedenken Sie bei Ihrer Fahrweise, daß Sie unbedingt einen Unfall vermeiden müssen, der durch Zeitverlust mit Reparatur und Heranschaffen von Ersatzteilen, Formalitäten und Kosten bei einem Totalverlust, Ärger mit in Drittweltländern möglicherweise korrupten Polizisten und Gerichten Ihre ganze Reise ruinieren kann. Denken Sie bei Ihrem defensiven Fahren an den Grabstein: „Hier ruht X. Er hatte Vorfahrt." In den meisten Ländern außerhalb Europas, Nordamerikas und Australiens gilt das Recht des Stärkeren also der Lastwagen und Busse. Die Unfälle sind häufig und scheußlich, wenn von zwei Starken keiner nachgeben und das oft nur einspurige Asphaltband verlassen will. Vermeiden Sie Nachtfahrten. Die Gefahren unbeleuchteter Fahrräder, „einäugiger" Autos, unvorsichtiger Menschen, Hindernissen aller sonstigen Art auf der Fahrbahn wie heilige und andere Kühe, Steine, Baumstämme sind unkalkulierbar. In vielen Ländern sind die „schlafenden Geschwindigkeitswächter" (sleeping watchmen, speedbreakers) in Form von Steinschwellen über die ganze Breite der Fahrbahn besonders nachts ein Achsen- und Federnbrecher.

Achten Sie auf scheinbar so unwichtige Kleinigkeiten wie z. B. drei aufeinandergestellte Steine. Sie können in der Dritten Welt manchmal religiöse Bedeutung haben, manchmal aber auch ein Verkehrszeichen für Gefahr, Querrinne, Ende der Straße ersetzen, wenn jemand das wertvolle Metallschild gerade für etwas anderes gebrauchen konnte. In verkehrsmäßig wenig entwickelten oder armen Ländern sind die Fußgänger oft völlig unberechenbar. Das kann bis zum Versuch der Selbstopferung gehen. Es gibt da die schreckliche Geschichte aus Nepal von dem Mann, der mit Absicht in ein Auto läuft, um sich oder seiner hinterlassenen Familie eine Rente zu „verdienen". In Indien lief französischen Bekannten ein Mann vor das Auto. In ihrem aufrichtigen Mitgefühl gaben sie, die schuldlos an dem Unglück waren, nach Abwicklung endloser Verhöre, Protokolle, Verhandlungen der Witwe etwa 100 DM. Darauf legten sich bei ihrer Abfahrt ein Dutzend armer, aber opferbereiter Männer vor den Wagen, um durch ihren Tod ihren Familien auch ein solches Vermögen zu sichern. In anderen Gegenden, wo die Menschen nicht so friedlich sind, mag der Rat eines deutschen Wohnmobilfahrers in Pakistan beherzigenswert sein: „Im Fall eines großen Knalls zunächst nichts wie weg, damit man nicht gelyncht wird. Dann sich woanders der Polizei stellen." Das mag noch mehr zu empfehlen sein, wenn man in Indien eine heilige Kuh angefahren hat. Dann können nämlich die sonst so friedlichen Inder zu erbitterten Angreifern werden. – Wenn Sie – auch schuldlos – in einen kleineren Unfall verwickelt werden sollten, versuchen Sie, sofort am Platz die Angelegenheit mit einem Geldbetrag zu regeln, der für unsere Verhältnisse oft geringfügig sein mag. Die oben geschilderte Geschichte aus Bali mag als Lehre dienen.

Falls es einmal um Millimeterarbeit geht, fahren Profis oft bei Rechtsverkehr links, bei Linksverkehr rechts. Jeder Fahrer kann sich bis auf Millimeter an das Hindernis auf seiner Seite herantasten, einer bei Linkslenkung links zwei cm an den ungesicherten Felsabsturz, der andere auch links auf seiner Steuerseite drei mm an den aufsteigenden Felsen. Ein Beifahrer oder der rechte Außenspiegel zeigt dann, ob die beiden Fahrzeuge mit ihrem Zwischenraum klarkommen. Dabei wird unter Experten nicht einfach gewunken, sondern mit den auseinandergehaltenen Händen der verfügbare Zwischenraum angezeigt. So wird die Straßenbreite voll ausgenutzt. Ein ähnliches Prinzip benutzen übrigens bei uns in Europa eine Reihe von Lastwagen, Milchtransportern etc., die zwischen Deutschland und Italien häufig durch Alpentunnel fahren. Sie haben – trotz Rechtsverkehrs – Rechtssteuerung.

Wüstenpisten in Wellenform kann man langsam, sicher, zeitraubend, spritfressend, nervenzersägend oder schnell mit ca. 70–80 km/Std. durchfahren. Dabei fliegt man gewissermaßen über die Wellentäler hinweg. Nehmen Sie in Staubwolken, z.B. bei der Begegnung mit anderen Fahrzeugen, nicht den Fuß vom Gaspedal, wenn Sie Luftfilter mit Ölbad haben. Die Wirkung des Niederschlags auf der Öloberfläche läßt bei geringer Umdrehungszahl nach, und es gelangt Staub in den Motor. Wenn Sie im Sand steckenbleiben, helfen Verringerung des Luftdrucks in möglichst glatt abgefahrenen Reifen, Sandbleche und ... Schippen. Und wenn der Wagen eine am Platz nicht zu behebende Panne hat? Spiegelsignale an Flugzeuge, Notrufsender auf der Flug-Notfrequenz einschalten (enorme Reichweite wegen linearer Ausbreitung der Wellen durch Höhe des Flugzeugs), Reservereifen mit Sprit übergießen und anzünden (das gibt die beste Rauchentwicklung). Bei einem Sandsturm wenden Sie das Wagenheck gegen die Windrichtung, damit der Motor vor Versandung geschützt wird. Kontrollieren Sie bei erschütterungsreichen Fahrten häufig, ob sich die Radmuttern nicht gelockert haben.

Bei Fahrten durch Morast haben sich Schneeketten bewährt. Bei Flußdurchfahrten empfiehlt sich folgendes: Legen Sie durch Verlängerungsschläuche mit Schellen bzw. durch Verlängerungsrohre Luftansaugung und Auspuff über die voraussichtliche Wasserlinie; montieren Sie ein Brett vor den Kühler, um eine Bugwelle vor sich herzudrücken und so den Wasserstand im Motorraum niedriger zu halten; dichten Sie evtl. mit Kinderknete oder Kaugummi Öffnungen und freiliegende Kontakte ab; fahren Sie langsam, aber kontinuierlich durchs Wasser, natürlich erst, nachdem Sie die Furt mehrmals durchwatet und auf Löcher, Untiefen und Hindernisse untersucht haben.

Vehikel aller Arten, aller Farben, aller Größen, aller Antriebssysteme finden Sie als Denkmäler freien Unternehmertums: Rikschas in China, Tuk-tuks oder Motorrikschas in Indonesien und Indien, Jeepneys auf den Philippinen, Dolmus in der Türkei, Minibusse oder längst abgeschriebene Straßenkreuzer in Südamerika. Je unterentwickelter die Länder, desto seltener funktionieren die Fahrpreiszähler bzw. desto standhafter weigern sich die Fahrer, sie einzuschalten. Finden Sie bei Einheimischen den Preis heraus, handeln Sie entschlossen und genießen Sie die Fahrt in diesen exotischen Kutschen, sei es allein, sei es mit anderen. Im letzteren Fall fahren – wenn überhaupt – die Gemeinschaftstaxis, Waggons, Dolmus, Taxis de louage oder wie immer sie in ihren Ländern genannt werden, meist erst ab, wenn Sie voll sind, d. h. wenn man auch bei allerbestem Willen und mit roher Gewalt niemanden mehr hineinzwängen kann, und wenn dann – man glaubt es nicht – noch acht Leute auf Dach, Trittbretter, hintere Stoßstange usw. geklettert sind.

Wenn Sie eins der wenigen perfekten Dinge dieser Welt sehen wollen, fahren Sie mit der Untergrundbahn in Singapur, und schauen Sie, was die No-nonsense-Chinesen an Schnelligkeit, Sauberkeit, Effizienz zustande gebracht haben. Hartschalensitze, nichts aufzuschlitzen für messerschwingende Vandalen. 50 $ Strafe für jede weggeworfene Zigarettenkippe – offenbar die einzige Sprache, die Umweltverschmutzer verstehen. Keine Kaugummikleberei. Keine Morde oder Selbstmorde auf den Schienen, denn zwischen Bahnsteig und Gleisen sind lange Gitter mit Schiebetüren. Der einfahrende Zug hält so, daß sich die Türen genau vor den Schiebetüren im Gitter befinden. Beide öffnen sich, schließen sich gleichzeitig. Wan mei – perfekt!

Mißverständnisse

Die Inder, die vor ein paar tausend Jahren mit den von uns „arabisch“ genannten Ziffern die Null erfunden haben, rechnen nicht in Millionen, sondern in Lakh (= 100 000) und Crore (= 10 000 000). In vielen Ländern der Welt sind Meilen statt Kilometern, Fuß und Inch statt Metern und Zentimetern, Gallons und Pints statt Litern, Grad Fahrenheit statt Celsius usw. üblich. Damit Sie unterwegs damit zurechtkommen, sind im Anhang die wichtigsten Einheiten umgerechnet. Hiermit sind die Möglichkeiten für Mißverständnisse aber noch nicht erschöpft. In den USA schreibt man bei Datumsangaben in Ziffern zuerst den Monat, dann den Tag. Unser 5.1.1993 ist in God's Own Country also der 1–5–1993. In Japan, wo das Jahr zuerst geschrieben wird, ist es noch verwirrender: 5–1–5. Die erste 5 kennzeichnet das Regierungsjahr des jetzigen Kaisers (Heise). Mit der Thronbesteigung eines neuen Tenno beginnt man wieder mit dem Jahr 1 zu zählen. Die islamische Zeitrechnung beginnt mit der Hedschra, der Auswanderung des Propheten Mohammed von Mekka nach Medina in unserem Jahr 622. Allerdings beginnt der islamische Tag nicht um 24 (also 0) Uhr, sondern mit dem Sonnenuntergang, und der Monat mit dem Neumond. Es gilt der Mondmonat. Das Jahr hat daher 354 Tage und beginnt mit dem ersten Tag im Frühling, unserem 21. März. Unser 5.1.1993 ist dort der 12. Tag des 7. Monats 1413. Interessanterweise gilt die örtliche Mondphase. Ein Monat kann also je nach geographischer Lage in einem anderen Land an einem anderen Tag beginnen. Besonders wichtig ist das für den Beginn des Ramadan, dessen Beginn und Ende jeweils durch eine Kommission von Geistlichen, Astronomen und Technikern festgestellt wird. Nach dem iranischen Kalender, der auch in Afghanistan das öffentliche Leben bestimmt, ist unser 5.1.1993 der 15.10 (Rdjab). 1371, auch hier nach der Hedschra, aber in Sonnenjahren. In islamischen Ländern ist statt unserem Sonntag der Freitag der wöchentliche Ruhetag, in Israel ist samstags Sabbath. Die Chinesen beginnen ihr neues Jahr im Januar oder Februar und benennen die Jahre nach den zwölf Tieren, die im alten China auch im Zweistundenrhythmus den Tag bestimmten: Ratte, Wasserbüffel, Tiger, Hase, Drache, Schlange, Pferd, Schaf, Affe, Hahn, Hund, Schwein. Darum rankt sich eine nette Legende: Als Buddha ins Nichts einging, wurden alle Tiere gerufen, um ihm die letzte Ehre zu erweisen. Die zwölf ersten sollten in der Reihenfolge ihres Eintreffens die Jahre und Stunden bezeichnen. Kurz vor dem Ziel des Anmarsches war ein breiter Fluß zu durchqueren. Der Wasserbüffel schwamm schnell und ausdauernd. In der Mitte bat ihn die Ratte, sich auf seiner Stirn ausruhen zu dürfen. Am Ufer sprang sie rasch an Land und lief als erste zu Buddha.

Die Stunden werden in angelsächsischen Ländern nicht in 24 Stunden pro Tag, sondern ähnlich wie bei uns ausgedrückt: 11 a.m. (= vormittags) ist eine Stunde vor Mittag (= 12 noon), 1 p.m. (= nachmittags) nach Mittag. First floor (= 1. Stock) ist meist unser Erdgeschoß, second floor (= 2. Stock) ist bei uns die 1. Etage. So sind – häufig gleichfalls in asiatischen Ländern – auch die Stockwerke im Aufzug benannt. In chinesischen Häusern, selbst in modernsten Hotelwolkenkratzern, gibt es im allgemeinen keine 4. Etage und kein Zimmer Nr. 4. Die Zahl vier ist lautähnlich mit „Tod“. Chinesen sind abergläubisch. Keiner würde in Zimmer Nr. 4 oder auf der Tod-Etage wohnen wollen. – In vielen Ländern schreibt man die Zahl 1 als Balken ohne Aufstrich. Mit Aufstrich wird sie oft für eine 7 gehalten, da der 7-Querstrich nicht immer üblich ist. Wenn Sie Englisch sprechen, wissen Sie, wie schwer sich viele Leute mit dem Unterschied in der Aussprache von 13, 14, 15, ... und 30, 40, 50, ... tun. Wenn Sie nicht sicher sind, ob Ihr Gegenüber 13 (thir *teen*, auf der 2. Silbe betont) oder 30 (*thir* ty, auf der 1. Silbe betont) meint, dann fragen Sie: „One three or three O (zero) (= eins drei oder drei Null, in Amerika drei O)“?

In südlichen Ländern Europas heißt ein Schnalzen mit der Zunge „nein“. In Griechenland wird es mit einem Hochziehen des Kopfes verbunden, was dann mit dem anschließenden Senken in die Ruhelage wie unser Ja-Nicken aussieht. Im Orient bedeutet die vorgestreckte rechte Hand mit ausgestrecktem Daumen, Zeige- und Mittelfinger, nach rechts und links gedreht: „Was wollen Sie? Ich verstehe Sie nicht." In Österreich hat diese „Frauenarztgeste" eine wenig geschätzte Bedeutung. Die gleichen drei Finger, nach oben zusammengehalten, heißen in Italien „Ma ché? – Was denn?", im Orient, begonnen mit Ägypten: „Einen Augenblick, bitte!", in der Türkei: „Schön", in Frankreich: „Angst haben". Das verbreitete – auch von Tauchern zur Unterwasserverständigung benutzte – Zeichen für „alles klar, gut, schön, OK", Daumen und Zeigefinger zum Kreis zusammengelegt, übrige Finger ausgestreckt, hat in einigen südeuropäischen Ländern verschiedene anzügliche Bedeutungen. Wenn man sie nicht kennt, vermeidet man besser möglichen Ärger.

Etwas verwirrend für Westler ist das Fehlen der – natürlich unlogischen – doppelten Verneinung in Asien. „Möchten Sie einen Kaffee?" – „Nein, danke." – „Möchten Sie wirklich keinen Kaffee?" – „Ja." (Er meint in der Tat: Ja, ich möchte keinen Kaffee.) In ganz Asien, besonders in Indien, wird man auf Ihre Frage, ob dies der Weg zum Bahnhof ist, fast immer „ja" sagen. Man findet das höflicher als „nein" (Sie Depp, schon der Sonnenstand muß Ihnen doch zeigen, daß Sie genau in der falschen Richtung tapsen). Auch wenn Sie nichts verstanden haben, ein „Yes" bringen auch die meisten noch hin, die sonst kein Wort Englisch sprechen, wenn Sie Ihren fragenden Gesichtsausdruck sehen und Ihnen etwas Nettes, Tröstliches sagen wollen. Stellen Sie also nie Suggestivfragen, sondern erkundigen Sie sich: „Wo ist der Weg zum Bahnhof?" oder „Station? This way or that way?" Und fragen Sie am besten zur Sicherheit zwei oder drei Leute hintereinander.

Schon in unseren südlichen Nachbarländern und erst recht in vielen Gegenden Asiens und Südamerikas versteht man unser Heranwinken mit dem Zeigefinger nicht. Oft findet man es lächerlich oder sogar unhöflich wie das „Zeigen mit unbekleidetem Finger auf bekleidete Leute". Um jemanden heranzurufen, streckt man in den meisten Ländern die rechte Hand mit dem

Handrücken nach oben in seiner Richtung aus und bewegt die vier Finger ein- oder mehrmals nach unten.

Eine Quelle häufiger Mißverständnisse und dazu ein Kuriosum ist das berühmt-berüchtigte Kopfwackeln auf dem gesamten indischen Subkontinent (einschließlich Pakistans) und Sri Lanka. Sie stellen eine Frage. Ihr Gegenüber bewegt den Kopf von links nach rechts und zurück, oft in erschreckenden Schwingungen. Was heißt das? Es kann viel heißen: Vielleicht, eventuell morgen, nein, Gott weiß, stellen Sie nicht so törichte Fragen. Manchmal heißt es auch „ja".

Benimm

Andere Länder, andere Sitten. Man kann auf Reisen in unendlich viele „Fettnäpfchen" treten. Das gilt besonders für Asien mit seiner eigenständigen kulturellen Entwicklung. Nordamerika, Australien und Südafrika wurden – wenn man von den Ureinwohnern, Indianern und Buschmännern absieht – von Europäern besiedelt. Südamerika und Teile Afrikas wurden von ihnen kolonialisiert. Daher sind dort die Sitten nicht so verschieden von unseren wie in Asien. Japanische Freunde in Tokio, bei denen wir wohnten, erzählten uns eines Abends von den Fehlern eines europäischen Gastes ein paar Wochen zuvor. Er klopfte und wurde ins Haus gebeten. Fehler Nr. 1: Er hatte seine Schuhe anbehalten, statt sie auszuziehen und in ein Paar der am Eingang bereitgestellten Pantoletten zu schlüpfen. Er hatte zwar Geschenke mitgebracht, womit sich Gast und Gastgeber in Japan ständig beglücken, aber es waren eine weiße „Friedhofsblume" und ein vierteiliges Schreibset, sehr unwillkommen und unglückbringend, da auch in Japan „vier" und „Tod" gleichlautend sind. – Fehler Nr. 2. Man bat ihn, im Wohnzimmer Platz zu nehmen. Er setzte sich auf das einzige Möbelstück im Raum. Fehler Nr. 3: Es war der Tisch. Er hätte sich auf dem Boden niederlassen müssen. Der Bruder des Hausherrn kam herein, wurde vorgestellt und überreichte – wie das in Asien bei jeder, aber auch wirklich jeder Gelegenheit üblich ist – seine Visitenkarte. Der Europäer nahm die Karte und überreichte seine eigene mit einer Hand. Fehler Nr. 4: In China und allen von seiner Kultur beeinflußten Gebieten reicht und empfängt man alle Gegenstände mit beiden Händen. Man unterhielt sich. Der Besucher machte sich eine Notiz, mangels anderen Papiers in der Eile auf die erhaltene Visitenkarte. Fehler Nr. 5: Das ist in Japan so ähnlich, als ob man dem Mann das Gesicht zerkratzt. Die Dame des Hauses trat ein. Der Gast rappelte sich empor und gab ihr die

Hand. Fehler Nr. 6: Er hätte die Dame nicht berühren dürfen, sondern sich mehrmals verbeugen müssen. Das Essen wurde aufgetragen und man aß. Fehler Nr. 7: Der Europäer hätte sich die Hände waschen müssen, als er mit Straßenstaub und Bakterien der U-Bahn ins Haus trat. Da er bis in die späte Nacht blieb (Fehler Nr. 8: In Asien verabschiedet man sich nach dem letzten Bissen der Mahlzeit.), wurde er zum Übernachten eingeladen. Anstatt dreimal abzulehnen und erst die vierte – ernst gemeinte – Einladung anzunehmen, akzeptierte er – Fehler Nr. 9. Man bot ihm ein Bad an mit der Bitte, das Badewasser nicht ablaufen zu lassen. In Japan ist es üblich, daß mehrere Personen in Pickordnung, also in Reihenfolge ihrer Wichtigkeit, hintereinander im gleichen Wasser baden. Das ist – wenn es richtig gemacht wird – nicht unhygienischer als unser gemeinsames Schwimmbad. Der Besucher stieg also in die Wanne, seifte und schampoote sich darin nach Noten und ließ wunschgemäß das trübe Wasser in der Wanne. Fehler Nr. 10: In Japan wäscht und übergießt man seinen Körper mehrmals vor der Badewanne hockend. (Das ist es, was japanische Mieter zum Schrecken europäischer und amerikanischer Vermieter macht, da in unseren westlichen Badezimmern ein Ablauf fehlt.) Dann steigt man – gründlich gereinigt – langsam in das 45–50° überheiße Wasser, mehr zur Meditation als zur Säuberung. – Das ganze Gespräch war für uns schon ein kleiner Kurs in „Know-how für Japan".

Noch ein Wort zum Händegeben: Auch bei uns ist es ja guter Stil, daß die Dame zuerst die Hand reicht und nicht der Herr die Initiative ergreift und sie ihr vom Arm schüttelt. In Deutschland wird die Dame im allgemeinen den ersten Schritt tun. Dagegen ist es in Frankreich, Italien, Spanien durchaus korrekt, wenn sie es unterläßt. Die Herren geben sich dann untereinander die Hand und verbeugen sich nur vor den Damen, die freundlich zurücklächeln. Für viele Asiaten, die nicht ausgesprochen westlich erzogen sind, kann Händeschütteln durchaus die Qualität einer unreinen Berührung haben. Zum Beispiel in Indien. Wir sind nicht dort geboren, und nur durch Geburt kann man Kastenangehöriger, etwa Brahmane, werden. Für Inder sind wir somit kastenlose Unberührbare, und wenn wir einen Brahmin anfassen, ist er – wenn er gemäß den alten Traditionen lebt – zu Reinigungsritualen verpflichtet. Wenn Sie zum Essen in den Haushalt von Kastenangehörigen eingeladen werden, was eine völlig ungewöhnliche, hohe Auszeichnung ist, kann es passieren, daß Sie nach Ihrem Abgang den Lärm zerspringenden Geschirrs hören. Das ist kein unbeabsichtigtes Fallenlassen. Die von Ihnen benutzten und daher unreinen Teller und Tassen werden zerschlagen. In der heiligen Stadt Rishikesh am Ganges traf ich einmal einen Franzosen, der ein paar Tage in dem Ashram eines „Exportgurus" à la Rayneesh verbrachte (gegen hohe Miete, versteht sich), stolz eine heilige Schnur trug (das Erkennungszeichen der Brahmins) und mir auf meine erstaunte Frage erklärte, er sei durch eine Initiationszeremonie Brahmane geworden. Hm! Wenn auch nur sein Schatten auf einen echten Brahmanen fiele, müßte der sofort ein Reinigungsbad nehmen.

In Indien ist die übliche Begrüßung, auch unter Männern, „Namasté" oder „Namaskar" („Ich grüße dich"), was in Verbindung mit der gleichzeitigen Geste der – wie zum Gebet – zusammengelegten Hände dann die Bedeutung gewinnt „Ich grüße das Unsterbliche in deiner Seele". Je höher der Rang des Gegrüßten, um so höher hält man die Hände. In Thailand sagt man mit der gleichen Geste „Savat Dee". In China und in Japan verbeugt man sich traditionsgemäß. In den arabischen Ländern legt man oft zur Begrüßung die rechte Hand auf Herz, Mund, Augen und Stirn, um zu bekunden, daß sich Herz, Geist und alle Sinne über die Begegnung freuen. Das bedeutet nicht, daß Ihnen Ihr Schiffsagent in Bombay, Ihr Bankier in Bangkok oder Ihr Reisebüromanager in Kairo nicht nach westlicher Manier die Hand reicht, um seine internationale Erziehung zu demonstrieren.

Auf Java und damit aufgrund seiner Ausstrahlung in ganz Indonesien zeugt es von einer feinen Erziehung, seinen Kopf nicht höher zu tragen als eine anwesende Respektsperson. Ein höflicher Mann wird deshalb nie auf einem Stuhl sitzen, während ein Älterer auf dem Boden kauert. Er wird beim Vorbeigehen stets den Kopf und die Hände senken. Eine meiner Meisterleistungen im Danebenbenehmen vollbrachte ich bei einer Totenzeremonie im Toraja-Land auf Celebes. Mein erster Besuch in Indonesien;

es war voll und heiß, stundenlang schleppten die Delegationen der Nachbardörfer Totengaben und Opfertiere heran, dem sechsten Büffel wurde die Halsschlagader aufgeschlagen und das Blut in einem Bambusrohr aufgefangen. Ich freute mich, endlich einen leeren Stuhl zu finden und mich darauf auszuruhen ... Es war der Ehrensitz für die Seele des Verstorbenen. Nun, meinem biblischen Alter und meiner freundlichen Art verzeiht man viel, aber es war mir doch recht peinlich. Vielfach in Asien, besonders in Indonesien, wird man immer wieder gefragt, wohin man geht. Das ist eher alte Gewohnheit als zudringliche Neugier. Früher war es nämlich üblich, daß ein Fremder, der durch ein Dorf ging, zur Beruhigung der Bewohner seine friedlichen Absichten dadurch kund tat, daß er ständig rief: „Ich bin der X aus Y und gehe zu meinem Bruder nach Z." Werden Sie also nicht ungeduldig bei der stereotypen Fragerei. Sie brauchen daraufhin dem Frager nicht Ihr Leben zu erzählen, sondern nur zu antworten: „Jalan, jalan (= spazieren)". Er wird das zufriedenstellend finden.

Vielfach gilt es als unhöflich, ein asiatisches, südamerikanisches oder afrikanisches Dorf abseits der Zivilisation ohne ausdrückliche Einladung zu betreten, besonders nachts. Man wartet am Dorfrand, legt – falls es dem örtlichen Brauch entspricht – vielleicht einige Geschenke zu Boden. Wenn diese nicht in angemessener Zeit erwidert werden und eine Einladung ausbleibt, zieht man sich besser zurück. Ein Verbleiben könnte in einigen Gebieten gefährlich werden.

Nicht nur in China äußert man seine Zufriedenheit über ein gutes Essen durch lautes Rülpsen. Es bei einer Einladung zu unterlassen, wäre eine Verletzung der Gastpflichten. Ehe man sich darüber empört zeigt, sollte man sich erinnern, daß auch bei uns vor weniger als 500 Jahren Luther noch sagte: „Warum rülpset Ihr nicht? Hat es Euch denn nicht geschmacket?" Das Spucken ist gewöhnungsbedürftig und wird erfreulicherweise neuerdings hier und da verboten.

In Indien schenkt man Gegenstände und Geldbeträge in ungeraden Nummern, also 1001, 101, 51 statt 1000, 100, 50 Rupien. Und man vermeidet – wie oben dargelegt – in Festlandchina,

Taiwan, Hongkong, Singapur, Japan, Korea, San Francisco Chinatown und sonstwo in chinesischem Milieu alles, was mit der Zahl vier zu tun hat.

Von Thailand bis Indonesien ist es eine grobe Beleidigung, jemanden am Kopf zu berühren, da der Kopf für die Asiaten dieser Länder der Sitz der Seele ist. Schade, die bezaubernden Kinder mit ihren großen, ausdrucksvollen schwarzen Augen scheinen einen geradezu einzuladen, ihnen den Kopf zu streicheln. Man darf von Ägypten bis Südasien den Eltern nicht sagen, was sie für einen prächtigen Jungen haben. Solche Komplimente können den Neid der Götter oder – je nach Land – den bösen Blick anziehen. Jungen, diese beneidenswerten Geschenke der Natur, die bei schwerer Arbeit helfen können, später in Haus und Hof bleiben und schließlich die lebende Altersversicherung der Eltern sein werden, steckt man als Kleinkinder häufig in Mädchenkleider, um die neidischen Götter zu täuschen. Was für ein Glück, daß es nicht wirklich ein Mädchen ist, nutzloses Geschöpf, unfähig zu schwerer Arbeit, das später mit einer ruinösen Mitgift verheiratet werden muß und dann bis zu seinem Lebensende in der Familie des Mannes leben wird! Immerhin hängt man auch kleinen Mädchen in Ägypten ein türkisblaues Fayence-Horusauge an, um den bösen Blick fernzuhalten.

Nicht nur Kinder, sondern auch schöne Dinge, die Ihren Gastgebern gehören, sollten Sie nicht begeistert loben. Sie tun es vielleicht aus Höflichkeit, aber in moslemischen und einigen anderen Ländern ist es Sitte, daß der Hausherr sie Ihnen dann schenkt. Wenn es dazu kommt, packen Sie die Kunstwerke von unschätzbarem Wert nicht ein, sondern bedanken Sie sich artig und vergessen Sie es.

In Asien von altersher, in moslemischen Ländern seit der Entwicklung des Harems, gehört die Frau in den Bereich der 5 K (Küche, Kinder, Keller, Kirche, Kosmetik). Die Frauen warten – falls man sie überhaupt zu Gesicht bekommt – den Männern beim Essen auf und nehmen später woanders die Reste zu sich. Es wäre ein Fauxpas, gegenüber einem Mann dieser Länder seine Frau(en) zu erwähnen, sich etwa nach ihrem Befinden zu erkundigen oder Grüße an sie aufzutragen. Einer Frau galant beim

Aussteigen die Hand zu reichen, um sie zu stützen, ihr ein schweres Paket, unter dem sie fast zusammenbricht, abzunehmen, um es für sie zu tragen, wäre ein schwerer Fauxpas. Besonders streng sind die Sitten in Nordpakistan und Afghanistan. Für einen Pathanen ist es ein beleidigender Annäherungsversuch an seine Frau, sich in ihrer Nähe aufzuhalten, sie bei der Arbeit zu beobachten, in ihrer Hörweite zu singen, sich vor ihr die Haare zu kämmen. Er wird darauf mit einer heftigen Zurechtweisung antworten, wenn man Glück hat, sonst mit einer Kugel. Sie sehen, wie gefährlich Sie leben, wenn Sie nicht auf diese Dinge achten. Eine schreckliche Geschichte passierte einem deutschen Entwicklungshelfer in Quetta, der Provinzhauptstadt von Belutschistan. Beim Freitagsbummel über den Basar traf er eine einheimische Bürokollegin. Guten Tag, heiß heute, ein Scherz, ein Lächeln, auf Wiedersehen. Abends erhielt er Besuch vom Vater der jungen Dame. Er habe sie öffentlich entehrt und müsse sie heiraten. Kommt nicht in Frage. Am nächsten Morgen Besuch des Bruders mit gleichem Gespräch. Zwei Tage später stand der Deutsche in seinem Garten. Ein Geräusch jenseits der mannshohen Mauer. Der Kopf des Mädchens rollte vor seine Füße.

In Südasien ist es überaus unhöflich, mit dem Zeigefinger auf eine andere Person zu deuten oder seine Füße so auszustrecken, daß die Fußsohlen gegen sie gerichtet sind. Wenn Sie es nicht nach Landessitte stundenlang wie ein Buddha im Lotussitz (ähnlich unserem „Schneidersitz“) aushalten, ziehen Sie die Füße zu sich heran.

In vielen Drittweltländern besonders Asiens werden Sie keine Duschen oder Wannenbäder finden, sondern Vorratsbecken für das kalte Wasser. Es wäre ein grober Verstoß gegen die guten Sitten, diese als Badewanne zu benutzen. Vielmehr schöpfen Sie daraus mit einem Gefäß Wasser, das Sie sich über den Körper gießen. Wenn Sie sich einmal daran gewöhnt haben, werden Sie dieses Mandisystem schätzen lernen. Das Wasser ist immer angenehm kühl, da es im Schatten bleibt und nicht aus einem sonnenbeschienenen Dachreservoir kommt, Sie können mit einem großen Schwall statt einer tröpfelnden Dusche planschen, und es steht immer ein Vorrat zur Verfügung statt einer Wasserleitung mit ungewissen Ausfällen.

Wenn Blicke töten könnten, würden Sie diese Zeilen nicht lesen. Ich gab einst einer Stewardeß der Pakistan Airlines während eines Fluges über die Wüste Gobi – da ich rechts am Fenster saß, nachts nicht geschlafen hatte und wohl auch etwas von ihrer Schönheit verwirrt war – ein Eßtablett versehentlich mit der linken Hand zurück. Ich sehe heute noch im Geiste ihren zornigen Blick. In fast ganz Asien und allen moslemischen Ländern dient die linke Hand der Reinigung auf der Toilette. Zum Handgeben, Essen, Gegenstände-Überreichen und bei jeder Berührung benutzen Sie daher die rechte = reine Hand. Wenn einem Dieb die rechte Hand abgeschlagen wird, ist das nicht nur grausam wegen der Verstümmelung seines Tatwerkzeugs. Es schließt ihn auch für den Rest seines Lebens aus der Gemeinschaft aller anständigen Menschen seines Lebenskreises aus. Man umschreitet grundsätzlich Tempel im Uhrzeigersinn, um die unreine Hand dem Heiligtum in der Mitte abgewandt zu halten.

Dagegen zeugt es in China und den von seiner viertausendjährigen Kultur beeinflußten Ländern Japan, Korea usw. bis Indien und Indonesien von guter Erziehung, beide Hände zum Überreichen zu benutzen. Beim Händeschütteln legt ein feiner Chinese seine linke Hand auch um die Hand des Begrüßten. Wenn dieser ein Höherstehender ist, wird man ihm die zusätzliche Berührung mit der Linken nicht zumuten; man legt sie dann an den eigenen rechten Ellenbogen. Und wenn man sich mit Reiswein zuprostet, hält die Rechte das Glas hoch und die Linke berührt es am Fuß. Gambai (= Prosit)!

Besonders in China, aber auch ganz allgemein in Asien ist es wichtig, sein „Gesicht zu wahren". Man stürzt sich in unvernünftige Ausgaben, verschuldet sich gelegentlich für den Rest seines Lebens, um eine standesgemäße Hochzeit zu feiern. Man mag es gar nicht, wenn sich in einer Diskussion ergibt, daß man unrecht hat. Und eine Beleidigung, gar eine Ohrfeige, wird jahrelang nicht verziehen. Dieses Streben nach „Face" hat einige interessante, uns fremde Erscheinungsformen. Überrascht werden und erstaunt sein, bedeutet, das Gesicht zu verlieren. Man wird erhaltene Geschenke nicht – wie bei uns – sofort auspacken. Das könnte den Schenkenden vor allen Leuten Gesicht verlieren lassen, weil er zuwenig geschenkt hat, den beleidigten Beschenkten natürlich gleichfalls, auch deshalb, weil das Geschenk möglicherweise zu wertvoll war angesichts der gebotenen Bewirtung. Außerdem könnte ein anderer Gast Gesicht verlieren, weil er weniger geschenkt hat. Bei wichtigen Verhandlungen wie dem Aushandeln einer Heirat, einer Mitgift, einer geschäftlichen Partnerschaft, bedient man sich von alters her eines Vermittlers. Dieser Go-between vermeidet bei geschicktem Vorgehen, daß Gesicht verloren wird, wenn die Verhandlungen wegen verschiedener Wünsche oder Preisvorstellungen schwierig sind oder schließlich scheitern. Face war auch der Grund, warum früher in Nordchina nicht über Preise verhandelt wurde. Die Erwägung war folgende: Gelang es dem Käufer nicht, eine Preissenkung zu erreichen, verlor er durch seinen Mißerfolg Gesicht. Gelang es ihm, stand der Verkäufer unschön da. Hatte er doch zuerst versucht, seinen Kunden mit einem zu hoch gegriffenen Preis zu betrügen. Komplizierte Formen, die sich in 4000 Jahren entwickelt haben, zu Zeiten, als unsere Vorfahren noch – ohne Geschichtsschreibung – in Höhlen wohnten. Sie verschwinden durch den Tourismus und die Verwestlichung schnell. Im Süden des Landes, wo den Menschen das Handeln im Blut liegt, hatten solch subtile Erwägungen nie Platz. Dort lacht man noch heute über die nördlichen „Preußen“. Allerdings hat es nie einen chinesischen Kaiser aus dem Süden gegeben. Die Reichsgründer kamen immer aus dem prinzipienstrengen Norden.

In ganz Asien verliert jemand sehr viel Gesicht, wenn er ungeduldig ist, gar laut schimpft, schreit und tobt. Das tut man hier nicht, und es hilft auch meist nichts. Gewiß ist z. B. der Bürokratismus entnervend, aber dagegen kommen Sie nur an, wenn Sie höflich, ruhig und geduldig bleiben, Ihre Wünsche notfalls penetrant mehrfach wiederholen, sitzen bleiben und evtl. in Ihrem mitgebrachten Buch lesen, wenn die Amtsperson – ihrerseits entnervt – ihre Aufmerksamkeit vorübergehend von Ihnen abwendet. Wenn das alles nichts hilft, wenden Sie sich an den Vorgesetzten, am besten den Manager an der Pyramidenspitze. Begrüßen Sie ihn strahlend per Handschlag, und machen Sie auch ihm ruhig und diplomatisch geschickt Ihr Problem klar, notfalls mit der Langsamkeit, Eindringlichkeit, Einfachheit des Höhlenmenschen. Nehmen Sie sich Zeit. Laden Sie ihn zum Tee ein, machen Sie ihm ein kleines Geschenk, „für Sie aus Europa mitgebracht". Geld nur, wenn Sie mit solchen Situationen sehr gut umgehen können – und als letzte Lösung. Es könnte schiefgehen. Eine relativ harmlose Annäherung an das Thema ist die Frage: „Bei mir zu Hause kann man die Erlaubnis durch eine erhöhte amtliche Gebühr erhalten. Ist das auch hier möglich?" Es ist immer nützlich, die Namen des Präsidenten oder einiger Minister des Reiselandes zu kennen. „Mein Freund, der Innenminister X, wird sehr erstaunt sein, wenn ich ihm erzähle, wie ich hier behandelt worden bin." Vielleicht brauchen Sie ein paar Stunden. Das macht nichts. Zeit hat in vielen Ländern keinen Wert. Wenn alles nichts hilft, bitten Sie um das Beschwerdebuch (complaints book). Diese Schlachtordnung gilt auch für Afrika und Südamerika. Vielleicht sollte man sie auch mal bei uns zu Hause bei bestimmten Stellen versuchen?

Was würden Sie sagen, wenn ein amerikanischer Indianer im Lendenschurz auf dem Altar Ihrer Gemeindekirche herumklettern würde, um mit Blitzlicht ein Foto von der heiligen Wandlung zu schießen? So ähnlich verhalten sich viele Touristen z. B. in Indonesien, wenn sie – für die Landessitte unzureichend bekleidet, nämlich ohne Sarong und Tempelschärpe – auf Tempelumfassungsmauern, die als Teil des Tempels heilig sind, herumsteigen, um einen guten Standpunkt für ihre Aufnahmen zu haben. Ich weiß, daß Sie das natürlich nie tun würden.

Apropos Indonesien: Es ist dort und in Malaysia höchst ungezogen und für den Gesprächspartner beleidigend, bei einer Unterhaltung die Hände vor der Brust zu verschränken oder in die Hüften zu stemmen. Diese Posen haben sogar Eingang in das Schattenspiel Wayang Kulit gefunden, um beleidigende Überheblichkeit darzustellen.

Ebenso wie in Indonesien ist es in vielen Ländern in einem Privathaus unhöflich gegenüber der Hausfrau, nach Salz und Pfeffer zum Nachwürzen zu fragen. Deutet es doch an, daß die

Speisen nicht perfekt zubereitet wurden. Oft ist es üblich, einen kleinen Rest Reis oder dgl. auf dem Teller zu lassen, um damit symbolisch anzudeuten, daß man überreich beköstigt wurde.

Verletzen Sie nicht den persönlichen Stolz von Völkern, Gruppen und einzelnen. Ein Schotte (= scotsman, scottish – „scotch“ ist der Whisky) oder Ire läßt sich nicht gern als Engländer bezeichnen (sie sind Briten). Niederländer aus dem Süden des Landes betrachten sich nicht als „Holländer“, Ukrainer, Balten, Letten, Aserbaidschaner nicht als Russen. Ein Ägypter fühlt sich aufgrund seiner eigenständigen Kultur genausowenig als Araber wie ein Iraner (für den ein „Perser“ ein Teppich ist). Der frühere Persische Golf ist jetzt der Iranische oder Arabische Golf, je nachdem von welcher Seite Sie ihn betrachten. Moslems sind ungehalten, wenn man sie „Mohammedaner“ nennt. Sie lehnen diese Bezeichnung ab, da sie den Eindruck vermitteln könnte, daß sie Mohammed vergöttern. Für sie ist Mohammed zwar der Gesandte Gottes, aber nur ein Mensch, der Allah besonders nahe stand. In Entwicklungsländern sollte man vorsichtig mit den Bezeichnungen Dritte Welt, Entwicklungsländer oder gar unterentwickelte Länder sein. In England, China, dem Iran, der GUS und vielen anderen Ländern legen die Menschen Wert auf die Anrede mit Titeln. Es ist halt schon in Italien üblich, jemanden „Ingeniere“ zu nennen, wenn er so aussieht, als könne er eine Sicherung auswechseln, und „Dottore“, wenn er offenbar lesen kann. Ein Wiener Hotelportier redete tagelang einen Gast mit „Herr Baron“ an. Auf den Hinweis des so Titulierten, er sei doch bürgerlich, meinte der Portier treuherzig: „Ja, i woas, Herr Baron. Wenn's a Baron wären, würd i Eana doch Herr Graf nennen.“ Wenn man Menschen so leicht glücklich machen kann…, warum nicht? – Apropos Anreden: Chinesen, Japaner und Koreaner schreiben ihren Familiennamen zuerst. Lee Hao Yu ist also Mr. Lee. In Südamerika ist die Reihenfolge Vorname, Familienname des Vaters, Geburtsname der Mutter. Carlos Menem Toledo (gelegentlich auch de Toledo) ist also Señor Menem oder – vertraulicher – Don Carlos. In Brasilien wird gelegentlich auch umgestellt: Carlos de Toledo Menem ist dann kein Adliger, sondern Senhor Melem. In Japan bedeutet ein an den Familiennamen angehängtes -San „Herr", also z. B. Yamamoto-San für Herr Yamamoto.

Viele Unterhaltungen unterwegs, besonders die mit „Hello, Mista" begonnenen, verlaufen nach dem gleichen Schema: „Aus welchem Land kommen Sie? Was hat Ihr Flug hierher gekostet?" oder „Was ist Ihr Name? Ihr Beruf? Wieviel verdienen Sie im Monat?" Wenn Sie Ihrem Gegenüber in einem Drittweltland nun den Betrag vor den Bauch schießen, können Sie sich für einen Augenblick als der große Zampano fühlen, weil Sie den Mann am Boden zerstört haben. Wenn Sie sich nicht die Mühe machen wollen, eine vernünftige Einnahmen-/Ausgabenrechnung eines Europäers darzustellen, suchen Sie lieber eine Ausrede (Gratisflugschein, arbeitslos). Es ist menschlicher. – Es gibt einige wenige Plätze dieser Welt, wo die Leute penetrant aufdringlich sind, wie Luxor und Calcutta. Sie sind so geworden durch Touristen, die – oft aus Dummheit, manchmal aus Angeberei – Beträge ausgeben, die im Landesmaßstab horrend sind. Ein Beispiel: Jeder vernünftige Mensch, der ein bißchen herumhört oder sich am durchschnittlichen ägyptischen Monatseinkommen von ein paar Dutzend Mark orientiert, weiß, daß ein Taxi von Luxor nach Assuan 38 DM kostet, ein Preis, der im übrigen im Taxi angeschlagen ist. Unser Taxifahrer hatte am Vortag von vier Deutschen dafür 1020 DM erhalten. Wollte eins der beiden Paare dem anderen mit demonstrativer Verschwendung imponieren? Waren es Herrschaften aus einem Gewerbe, in dem man vom Wert anständig verdienten Geldes keine Ahnung hat? War es ein Mißverständnis? Wollten sie zunächst den ganzen Wagen kaufen? Wer weiß es? Jedenfalls kann man es dem Taxifahrer und allen, die von seiner Fuhre gehört haben, nicht übel nehmen, daß sie in Zukunft alle Touristen als Wundertiere ansehen, denen bei jedem Schritt Geldpakete aus den Taschen fallen. Sie werden sie – koste es, was es wolle – mit allen Mitteln in ihre Taxis zu zerren versuchen oder in die Läden ihrer Brüder, die Hotels ihrer Vettern, die Restaurants ihrer Freunde, um später halbe-halbe zu machen. Mit allen Mitteln! Tragen Sie es mit Geduld. Falls es Ihnen wirklich einmal zuviel wird, reisen Sie nicht gleich degoutiert ab wie das junge Schweizer Paar aus Luxor.

Sagen Sie „No English", deuten Sie auf Ihre Ohren (taub) oder, besser, antworten Sie überhaupt nicht. Die Einheimischen tun genau das auch.

Wenn Sie in Spanien oder Südamerika unterwegs sind, bringen Sie die Leute nicht damit in Verlegenheit, daß Sie ihnen erzählen, wie sie mit „carajo" um die Kurve fuhren. Carajo ist im Spanischen das, was die Juwelen der Familie in Frankreich sind, der „kleine Unterschied", der den Mann zum Manne macht. Überhaupt sollte man ja nicht zuviel von sich selbst reden. Es interessiert meist niemanden. Dafür sollte man zuhören. Man lernt viel dabei.

Trotz aller Mißverständnisse werden Ihnen ein freundliches „Guten Tag", „Bitte", „Danke", „Auf Wiedersehen", vielleicht sogar in der Landessprache, ein aufmunterndes Kopfnicken und die magische Waffe des Charmes: Ihr Lächeln, überall die Herzen öffnen. Und wenn Sie sich einmal irren, sagen Sie „Verzeihung". Man glaubt kaum, wie das „Sorry" eines Weißen einen Einheimischen, der an koloniales Gehabe vieler „Herrenmenschen"-Touristen gewöhnt ist, fast zu Tränen rührt und seine Bereitschaft zu Entgegenkommen und Verständnis erhöht. Sie werden gewiß (fast) alles richtig machen! Und wenn es Ihnen einmal sehr wichtig ist, im fremden Land bei einer besonderen Gelegenheit gar nichts falsch zu machen, weil Ihr Lebensglück (bei der Einführung in die Familie Ihrer Braut), eine wichtige Einladung oder ein großer Geschäftsabschluß davon abhängen können, dann bitten Sie bei der für derlei Probleme besonders eingerichteten „Interkulturellen Beratung und Information" der Universität Essen telefonisch oder schriftlich um kostenlose Hilfe. Spezialisierte und auslandserfahrene Wissenschaftlerinnen werden sich sachkundig Ihrer Probleme annehmen.

Probleme

Einige Problemsituationen wurden schon weiter oben angesprochen. Sie werden hier – mit bisher unerwähnten – zusammengestellt, um eine schlagwortartige Darstellung dieses wichtigen Themas an einer Stelle zu bieten.

Verlust des Gepäcks: Anzeige bei Polizei, falls versichert. Auf Aushändigung einer schriftlichen Anzeigebestätigung (engl. Text s. Anhang) bestehen (auch wenn der Polizist meint, man müsse das alles über einem guten Abendessen – natürlich auf Ihre Kosten – besprechen). Neue Ausrüstung kaufen.

Verlust des Reisepasses: Anzeige bei Polizei (wie oben). Anruf bei Deutscher Botschaft in Landeshauptstadt, um das nächstgelegene Konsulat zu erfragen. Dort unter Vorlage der Anzeigebestätigung und der Fotokopie des Passes einen neuen Paß ausstellen lassen.

Verlust von Reiseschecks: Anzeige bei Polizei (wie oben). Telegramm (besser als Telefon, da Nachweis durch Quittung und Kopie möglich) mit Schecknummern an ausstellende Gesellschaft in der jeweiligen Landeshauptstadt (für Cook, falls nicht im Land vertreten, nächste Hertz-Autovermietung) senden, um Schecks zu sperren. Unter Vorlage der Anzeigebestätigung, der Telegrammkopie, des Passes und der Einkaufsquittung der Schecks Ersatz beantragen. Bis zum Betrag von einigen 100 $ geht das als Notfall (emergency) innerhalb 24 Stunden. Über 1000 $ dauert es eine Weile. Dann zunächst Reiseschecks mit Kreditkarte kaufen.

Verlust von Kreditkarten: Anzeige bei Polizei (wie oben). Telegramm mit Kartennummer (wie oben). Anzeigebestätigung, Telegrammkopie und Paß bei nächster Vertretung der Kreditkartenorganisation zur Neuausstellung vorlegen.

Verlust des Geldes: Mit der Kreditkarte Reiseschecks kaufen. Falls das nicht möglich ist, am besten über die Korrespondenzbank im Reiseland Telex oder Fax an Heimatbank mit Bitte, an die hiesige Bank 1 Mio. DM zu überweisen.

Verlust des Flugscheins: Legen Sie nach telefonischer Abklärung dem nächsten Büro der ausstellenden Fluggesellschaft (auf dem äußeren Umschlag Ihres Tickets) die Fotokopie des verlorenen oder gestohlenen Flugscheins oder zumindest Nummer, Ort und Datum der Ausstellung vor, evtl. Kaufquittung (falls Sie sie dabei haben) und Anzeigebestätigung (falls die Gesellschaft auf Anzeige besteht), und füllen Sie im Büro ein Verlustmeldungsformular (form of indemnity) aus. Falls die sofortige Neuausstellung verweigert wird und Sie ein neues Ticket bezahlen, sind die Chancen einer späteren Erstattung gering.

Flüge ausgebucht und Sie müssen dringend zurück: Rufen Sie den oder die Station-Manager der jeweils möglichen Fluglinie(n) an, und schildern Sie ihm Ihr Problem. Wenn er keinen Platz reservieren kann, fahren Sie kurz vor Abflug zum Flughafen und versuchen Sie, dort nochmals sein Herz zu erweichen. Vielleicht bleibt ein Platz in der Maschine frei. Sonst bitten Sie, auf einem Jump-seat mitfliegen zu dürfen. Das sind die normalerweise dem Bordpersonal vorbehaltenen Klappbänke mit Rücken zur Flugrichtung. Allenfalls verhandeln Sie mit dem Piloten, ob er Sie im Cockpit mitnimmt.

Nottelex oder -fax: Wenn sich unglückliche Zufälle verketten – schwerer Unfall, Verlust aller Geldmittel und sämtlicher Papiere, Sie brauchen dringend Medikamente, im Reiseland nicht zu findende Ersatzteile oder besondere Ausrüstungsstücke und können die Lieben zu Hause wegen Telefonstörung, geänderter Rufnummer oder was auch immer nicht erreichen – können Sie sich per Telefon oder Telex an den Därr Expeditionsservice, München, Telex 5215384, Tel.: (49) 89–903815, oder den Globetrotter Travel Service, Zürich, Telex 813663, Tel.: (41) 1–2117780 wenden. Geben Sie Ihren Namen und Ihre derzeitige Adresse an, sowie Namen, Adresse, Telefon der Kontaktperson zu Hause, an die die Nachricht weitergeleitet werden soll. Suchen Sie sich immer für die Aufgabe von Fernschreiben eine Poststelle, Firma oder diplomatische Vertretung, die einen Lochstreifenleser hat, mit dem man fehlerlos in der gleichen

Zeiteinheit viel mehr Text durchgeben und diesen vorab kontrollieren kann.

Schwere Erkrankung oder Unfall: Versuchen Sie, u. U. durch Rückfrage bei einer Botschaft, einem Konsulat, der Hotelrezeption, Lufthansa, Swissair, AUA, einen tüchtigen Deutsch sprechenden Arzt oder ein erstklassiges Krankenhaus für die Behandlung zu finden. Rechnen Sie damit, daß in manchen Drittweltländern zwar gut ausgebildete Ärzte zur Verfügung stehen, jedoch gelegentlich durch schlecht ausgebildetes oder wenig motiviertes Pflegepersonal und Materialmängel die hygienischen Verhältnisse unbefriedigend sind und die Gefahr von Infektionen besteht, wie z. B. durch nicht aseptisches Verbandsmaterial, fehlende Einwegspritzen, aidsverseuchte Blutkonserven. Falls Sie aus diesem Grund bei einem Notfall einen Heimflug erwägen, kann durch Trennwände in einer Linienmaschine ein Abteil für Sie, Arzt und Pflegepersonal geschaffen werden. Wo das nicht möglich ist, müssen Sie über eine Heimholung durch die Flugrettungswacht, Flughafen Stuttgart, einen DRK-Flug o. ä. nachdenken. Dies geschieht durch ein Sonderflugzeug mit Ärzte- und Schwesternteam. Derartige Lösungen können besonders bei großflächigen offenen Verletzungen oder der Notwendigkeit von Blutübertragungen angebracht sein. – Mit landesüblichen Erkrankungen wie Malaria, Gelbfieber etc. kann man vor Ort oft besser umgehen als in Europa, da größere Erfahrungen vorhanden. So ist z. B. erstaunlicherweise die Sterblichkeitsrate bei Pest in unserer medizinisch-technisierten Welt größer als in den Ursprungsländern, weil sie hier häufig zunächst gar nicht als solche erkannt wird.

Schwierigkeiten mit Polizei, Behörden, juristische Probleme: Nehmen Sie Kontakt mit Ihrer Botschaft oder einem Konsulat auf. Dort wird man versuchen, selbst zu helfen, oder Ihnen einen Vertrauensanwalt benennen, der seriös ist und Deutsch spricht.

Probleme abseits der Zivilisation: Suchen Sie Kontakt zu Polizei oder Militär. Vielleicht gelingt es Ihnen, notfalls Militärarzt, -jeep oder -hubschrauber zu organisieren.

Katastrophe, Krieg, Bürgerkrieg oder dgl.: Suchen Sie Zuflucht in einer diplomatischen oder konsularischen Vertretung der BRD oder eines anderen Staates. Wenn Ihnen das nicht gelingt, Sie aber dringend mit Personen zu Hause in Verbindung treten müssen, kann Ihnen bei zusammengebrochenem Telefonnetz vielleicht der Korrespondent einer großen Zeitung oder einer Presseagentur wie DPA – Deutsche Presse Agentur, AP – Associated Press, UP – United Press, AFP – Agence France Presse helfen. Es gehört zur Arbeit dieses Berufsstandes, auch unter schwierigsten Bedingungen Nachrichten in die Heimat gelangen zu lassen.

Tod: Wir sind alle Tote auf Bewährung. Sollte in Ihrer Umgebung das Schreckliche geschehen, so ist schnell über Dinge wie Verständigung der Familie zu Hause, Nachricht an die Transplantations-Organisationszentrale (Telefon Deutschland 06102–39999 Tag und Nacht), Bestattung am Platz (in vielen heißen Ländern für den gleichen Tag vorgeschrieben) oder Überführung (im Bleisarg?) in die Heimat zu entscheiden, bei denen Ihnen kummererfahrene Botschaften und Konsulate helfen können.

Erreichbarkeit: Im Falle einer häuslichen Katastrophe während Ihrer Fahrt über Land gibt es die Möglichkeit, sich von einem inländischen oder ausländischen Verkehrsfunk oder einer kommerziellen, viel gehörten Radiostation ausrufen zu lassen: „Das Ehepaar Meyer, unterwegs in einem grünen VW Golf mit dem Kennzeichen K 4711 möchte dringend zu Hause anrufen" oder „Peter Schuster, per Anhalter unterwegs zwischen Florenz und Rom, blaue Kleidung, rot-gelber Rucksack mit schwarzrotgoldener Flagge, möchte zu Hause anrufen." ADAC, AvD, Radiostationen können bei der Abwicklung helfen. Die amerikanische Telefongesellschaft AT&T bietet eine persönliche Telefonnummer an, die lebenslange Erreichbarkeit innerhalb der USA bietet. Der Kunde kann – jeweils bei Ankunft an neuen Tagesetappenzielen – von jedem beliebigen Telefon die Nummer 700 wählen, seine persönliche Nummer und seine Geheimzahl eingeben und am Apparat sämtliche Gespräche von Teilnehmern empfangen, die seine Nummer und Geheimzahl kennen. Das ist natürlich auch für regelmäßige oder Langzeitbesucher – möglicherweise über eine inneramerikanische Telefonnummer von Freunden – interessant. Wo derlei nicht machbar ist, bieten sich verschiedene Möglichkeiten an. Postlagernde Telegramme und Briefe kommen in vielen Ländern mit großer Zuverlässigkeit an, werden aber meist bei Nichtabholung nach einem Monat zurückgeschickt. Bei Sendungen, die nach verborgenen Werten aussehen oder mit verführerisch schönen Briefmarken freigemacht sind, ist die Zuverlässigkeit weniger groß. Adressierung: Vorname, Nachname in Druckschrift – erster Buchstabe oder ganz unterstrichen (ohne Herr, Frau, Fräulein, Oberpostsekretär, da sonst vielleicht unter H, F, O abgelegt), poste restante (ungebräuchlicher: General Delivery), GPO (General Post Office = Hauptpostamt), Madras, Tamil Nadu (Provinz), Indien. („Please hold for arrival = Bitte bis Abholung aufheben" dazugesetzt, mag einen freundlichen Postler dazu veranlassen, den Brief länger als den üblichen Monat aufzuheben.) Wenn ein erwarteter Brief nicht unter dem Anfangsbuchstaben Ihres Familiennamens abgelegt ist, könnte er es unter dem des Vornamens sein. Vermeiden Sie postlagernde Zusendung an Postämter in Gegenden, in denen es wenig Straßen oder Briefkästen gibt und poste restante die lokal überwiegende Zustellung ist. Vor den Postämtern, die für eine Favela São Paulos oder für die Karibikinsel St. Lucia zuständig sind, warten endlose Menschenschlangen.

American Express bietet seinen Kunden (die z.B. einen Ax-Reisescheck vorzeigen können) einen sehr zuverlässigen Postdienst, ausschließlich für Telegramme und Briefe. Anschrift z.B.: Name wie oben, Client's Mail, American Express, 11 rue Scribe, F 7509 Paris, France. Adressen der Ax-Büros bzw. Vertretungen in aller Welt finden Sie im kostenlosen Directory of Travel Service Offices. Aufbewahrung der Kundenpost ist kostenlos, aber auch hier nur bis zu einem Monat. Nachsendung in ein anderes Ax-Büro kostet ein paar Dollar pro Brief. Es ist eine praktische Sache, bei allen Sendungen als Absender Ihren Namen mit einer späteren Adresse angeben zu lassen. Dann wird der Brief nach einem Monat „zurück an Absender" geschickt, und Sie finden ihn beim nächsten Maildrop, wo er vielleicht länger aufgehoben wird. Sie können Ihre Post auch c/o Deutsche Botschaft oder Konsulat mit Vermerk: „Wird abgeholt“ schicken, die sie – meist wenig erfreut – für Bürger ihres Landes akzeptieren, wenn es keine bombenverdächtig aussehenden Pakete sind. Falls Sie in ein langes Wochenende oder eine Serie von Feiertagen geraten, müssen Sie ein paar Tage auf Ihre Liebesbriefe warten. Auch sind die Botschaftsviertel vielfach verkehrsmäßig ungünstig gelegen. Allerdings haben die Vertretungen gewisse „strategische“ Vorteile. So haben schon Schlingel Ersatzteile und ähnliches durch die diplomatische Adresse ohne Einfuhrzoll des betreffenden Landes erhalten. Fein ist es, Freunde zu haben, die Ihre eingehende Post bis zu Ihrer Ankunft aufheben. Wenn Sie nicht so glücklich sind, empfehle ich Ihnen, die Adresse eines guten Hotels auszusuchen. Auch wenn Sie nicht dort wohnen, wird Ihnen der Mann am Empfang Ihre Briefe aushändigen und sich über das Trinkgeld freuen. Lassen Sie besonders in diesem Fall auf dem Umschlag vermerken: „Bitte bis zur Ankunft aufheben.“ Wenn Sie das Trinkgeld am Empfang etwas größer wählen und die Telefonnummer ihrer Räuberhöhle angeben, wird man Sie auch vom Eingang von Post benachrichtigen oder sie Ihnen nachsenden. Das erspart Ihnen tägliches Feinmachen und den Weg zum Grand Hotel. Sie können dann ganz in der Badehose leben.

Wenn Sie selbst nach Hause telefonieren, erfragen Sie den internationalen Code (meist 00 wie bei uns, gelegentlich auch 19 (F), 010 (GB), 09 (NL), 07 (E), 011 (USA) usw.), wählen Sie anschließend die Länderkennzahl (BRD 49, Österreich 43, Schweiz 41), lassen Sie dann die erste 0 der Ortskennzahl aus, und geben Sie schließlich die Hausanschlußnummer ein. Telefonkarten befreien Sie in vielen Ländern davon, Kleingeld zu suchen und ständig nachzuwerfen.

Eine interessante Kontaktmöglichkeit steht Ihnen offen, falls Sie in der Heimat einen Freund haben oder finden, der Amateurfunker ist. Lassen Sie sich sagen, wann er normalerweise auf Empfang oder besonders für Plaudereien mit Ihnen „in the air“ ist. Sie brauchen dann nur einen „ham“ im Gastland zu finden, möglicherweise über die im Hauptpostamt zu erfragende Telefonnummer der Funkervereinigung – ich habe das in Buenos Aires für Bekannte organisiert, denen in Venezuela die Segelyacht gestohlen worden war; völlig problemlos! Offiziell ist allerdings die Durchgabe von Nachrichten für andere verboten und nur Fachchinesischaustausch über technische Dinge erlaubt. Offiziell! – Eine spielerische Variante ist das Citizen Band, das – besonders, wenn im Auto eingebaut – einen lustigen, lehrreichen und manchmal nützlichen Gedankenaustausch mit Bekannten und Unbekannten erlaubt. Bei gutem Gerät, vor allem guter Antenne und günstigen Wetterbedingungen sind schon häufig direkt oder im Relaisbetrieb (über zwischengeschaltete Stationen) Verbindungen über die Kontinente zustande gekommen. Aber das ist dann eher ein glücklicher Zufall, mit dem man nicht rechnen sollte. In einem Notfall, in dem Sie keinen Telefon-, Telex- oder Faxkontakt erreichen, können Sie natürlich jeder beliebigen Station an jedem erreichbaren Ort in Europa eine Nachricht durchgeben (lassen) mit der Bitte, Ihre Lieben zu Hause (per R-Gespräch) zu informieren.

Bei Postabsendung lassen Sie in Ländern wie Brasilien, Peru, Indonesien und fast überall im Inneren Afrikas – wenn Sie keinen Freistempler benutzen – die Briefmarken vor Ihren Augen abstempeln, damit niemand sie ablösen und nochmals verkaufen kann. Um niemanden zu beleidigen, sage ich dann immer: „Dieser Brief ist für einen Sammler bestimmt, dem die schönen Briefmarken Ihres Landes sicher gefallen werden. Würden Sie so nett sein, sie besonders sorgfältig und schön abzustempeln?“ Dabei schaue ich natürlich interessiert zu, überprüfe erfreut das Resultat und bedanke mich sehr.

Souvenirs, Souvenirs

Zu den großen Freuden des Reisens gehören – für andere – schöne Geschenke und – für den Reisenden selbst – interessante Mitbringsel für eigene Sammlungen oder für die Dekoration des trauten Heims, die ihn noch nach Jahren an schöne Urlaubsorte erinnern: Der Teppich aus Tibet, die Maske aus Indonesien, der Buddha aus Thailand, die präkolumbische Keramik aus Mexico oder Peru, der Massaischild aus Kenia, der Bumerang aus dem Outback. Bevor Sie im Teppichbasar oder Antiquitätengeschäft die Brieftasche zücken, erkundigen Sie sich nach den Ausfuhrbestimmungen. Export von Antiquitäten ist in vielen Ländern, wenn überhaupt, nur mit Sondergenehmigung, von Teppichen aus dem Iran nur bei Vorlage der entsprechenden Geldwechselbescheinigungen, von Buddhas und anderen Kultgegenständen oft gar nicht oder nur mit Provenienzgutachten möglich. Auf der anderen Seite ist bei uns nach dem Washingtoner Artenschutzabkommen die Einfuhr von Elfenbeingegenständen, bestimmten Tierfellen, Artikeln aus Schildkrötenpanzern, Kroko- und Schlangenhäuten verboten. Derlei wird bei der Einreise beschlagnahmt, und oft ist eine Strafe fällig. Ebenfalls beschlagnahmt werden die beliebten, da Eindruck schindenden Imitationen von Cartier-, Rolex-, Gucci-Armbanduhren, die man in Singapur in raffiniert getarnten Hinterzimmern hinter Spiegeltüren oder in Indonesien und Thailand ganz offen auf der Straße kaufen kann. Gute Ware, die allerdings nach ein bis zwei Jahren ihre Vergoldung verliert, meist mit Seiko-Quarzwerk, aber leider unzulässiges Imitat. Das eine Exemplar an Ihrem Handgelenk wird wahrscheinlich durchgehen.

Seit dem 1. 1. 1993 ist der Warenverkehr innerhalb der EWG frei. Bei der Rückreise aus anderen Ländern dürfen nur Waren im Wert von 115 DM die Grenze frei passieren, außer bestimmten sensiblen Produkten wie Tabakwaren (z. Z. höchstens

200 Zigaretten), Tee (100 g), Kaffee (500 g), Wein (2 l), Spirituosen (1 l). Diese Höchstmengen sollen sich bald ändern. Fragen Sie zur Vorsicht vor der Ausreise beim Zoll und halten Sie bei der Heimkehr Kaufquittungen zur Berechnung des Einfuhrzolls bereit (vielleicht ein ganz klein wenig frisiert? – nana – niemals!).

Falls Sie im Kaufrausch besonders kräftig zugeschlagen haben und die halbe Wohnungseinrichtung von Reiseandenken nicht mehr weitertragen können oder wollen, bietet sich vielleicht ein hilfsbereiter Co-Traveler an, der auf direktem Weg heimfliegt und einiges mitnimmt, oder Sie finden einen freundlichen Diplomaten, der Ihre Schätze ins Diplomatengepäck oder in sein Umzugsgut nach Bonn packt. Möglicherweise tut Ihnen auch der Kapitän eines Schiffes im Hafen einen Gefallen. Einfacher ist Versand. Luftpost wird aus Preisgründen nur für ganz leichte Päckchen in Betracht kommen, möglicherweise für Filme (mit Ermäßigung in den speziellen Filmtüten). Luftfracht ist sicher, aber auch recht teuer. See- oder Landfracht, für große und schwere Gegenstände geeignet, muß über Speditionsfirmen abgewickelt werden. Am praktischsten ist meist Paketpost, für die Preise, Höchstgewicht und Verpackungsvorschriften (häufig in Stoff einzunähen und zu versiegeln – notfalls mit ungewöhnlicher Geldmünze als Petschaft) vorab bei der Post erfragt werden sollten.

Wenn Sie klugerweise das große Shopping erst kurz vor dem Heimflug abgewickelt haben und die Gewichtsgrenzen Ihres Freigepäcks überschreiten, können Sie Ihre Luftfracht zum halben bis drittel Preis als „unbegleitetes Gepäck“ (unaccompanied luggage) von Ihrer Fluggesellschaft auf der gleichen Strecke, die Sie als Passagier befliegen (aber nicht notwendigerweise in der gleichen Maschine), transportieren lassen. Vergleichen Sie zum Freigepäck die Informationen unter Gepäck.

Mit manchen exotischen Antiquitäten, lieben Freunden im fernen Reiseland unter Lebensgefahr (zumindest für das Portemonnaie) für teures Geld gekauft und über weite Strecken aufopfernd transportiert, werden Sie zu Hause nicht so rechten Eindruck machen. Manche – auch kunsthandwerkliche – Dinge, auf dem Speicher des längst verblichenen weltgereisten Urahns ausgegraben, werden heute bei uns billiger als am Ursprungsort, auf Flohmärkten oft sogar spottbillig angeboten. Schauen Sie sich vor der Abfahrt um. Vielleicht können Sie viel Geld und mühsame Schlepperei der Mogabe-Ebenholzschnitzerei oder des chinesischen Cloisonnés oder Porzellans sparen.

Foto – Film – Video

Wollen Sie Ihre Freunde zu Hause mit einer Einladung zum vierstündigen Mallorca-Vortrag mit 1200 Dias erschrecken und zu überstürzten Entschuldigungen wegen anderer Verpflichtungen veranlassen? Spaß beiseite – ich würde weit reisen, um einen interessanten Diavortrag zu sehen, und meine alten Reisealben mit Fotos, Postkarten, aus Prospekten ausgeschnittenen Bildern, bunt angereichert mit Fahrscheinen, Briefmarken, Geldscheinen und Restaurantrechnungen erinnerungswerter Eßschlachten, sind eine immer wieder neue Freude und werden es über die Jahre bleiben. Wenn Sie ein erfahrener und ambitionierter Fotoamateur sind, überspringen Sie bitte den folgenden, für Sie banalen Schreibeschrieb. Wenn nicht, denken Sie darüber nach, daß die meisten Fotografen nicht wegen ihrer unzureichenden Kamera, sondern wegen ihrer Unkenntnis, deren Möglichkeiten auszuschöpfen, unbefriedigende Bilder machen.

Alle Kameras sind ein Kompromiß, den auch Sie zwischen Qualität, Technik, Größe, Gewicht, Preis usw. finden müssen. Mir erscheint für die Reise eine kompakte, automatische 35er (24×36)-Kamera mit Autofocus, vielleicht mit zwei umschaltbaren, möglichst geringen Brennweiten, unkompliziert und unanfällig, als ein vernünftiger Kompromiß. Sie werden von mehreren Herstellern angeboten. Finden Sie die heraus, die Ihnen am meisten zusagt, und verfolgen Sie in der Presse die Sonderangebote, die Sie auch in Hongkong und Singapur kaum unterboten sehen werden (s. dazu auch Duty-free-Shops weiter oben). Vielleicht lassen Sie sich von einem bewanderten Freund oder einem Fotohändler (bei dem Sie dann auch fairerweise den Apparat kaufen) beraten, auch über sinnvolles Zubehör wie Filter, Staubpinsel, Linsenreinigungslappen oder -papier (statt des teueren Spezialpapiers können Sie auch das günstigere Brillenreinigungspapier benutzen, das es bei vielen Optikern gratis als Werbung gibt), einen leichten Miniaturdreifuß für verwacklungssichere Langzeitaufnahmen bei Nacht, in einem düsteren Tempel oder sonstigen Innenraum (einen Stein, eine Mauer, einen Stuhl zum Draufstellen finden Sie meist), einen Drahtauslöser. Verschießen Sie unbedingt vor der Abfahrt einen Probefilm, damit Sie nicht erst am Ende der Reise anhand von 30 mißratenen Filmen feststellen, daß der Apparat einen technischen Defekt hat oder Sie einen Bedienungsfehler machen. Lassen Sie auch vor der Abreise die Batterien prüfen, und nehmen Sie eventuell Ersatzbatterien mit.

Entscheiden Sie sich zwischen Negativ- und Diafilmen. Seitdem man auch von Diafilmen günstig farbechte Papierfotos abziehen und Vergrößerungen machen lassen kann, spricht eigentlich alles für sie (die übrigens auch Profis benutzen): Preiswürdigkeit, Abzugsmöglichkeit von Fotos fürs Album, den Bilderrahmen oder die originelle Weihnachtskarte, billige Einsendung an eine Fotoagentur (statt einer Positivvergrößerung von üblicherweise 13×18 oder 18×24), Möglichkeit zur Diaproduktion zur eigenen und Familienfreude bis hin zur Multimedia-Schau. Dabei kann man die begleitenden Worte und Musikuntermalung (vielleicht von einer im Reiseland gekauften Musikkassette oder Schallplatte) ein für allmal auf Kassette festhalten, damit man nicht immer wieder beim Vortrag den Namen dieses Tempels, jener Stadt, einer Göttin oder eine Jahreszahl vergißt.

Je lichtempfindlicher der Film ist, je weniger Licht Sie also zum Fotografieren brauchen, desto gröber ist die Körnung bei sehr starker Vergrößerung. Das spielt bei der hohen Qualität moderner Filme für normalen Laiengebrauch allerdings kaum eine Rolle, es sei denn, Sie wollen Ihre Bilder zu großen Postern vergrößern lassen. Treffen Sie Ihre Wahl nach Ihren Absichten zwischen 25 und 400 ASA. 100 ist ein praktischer, vielseitiger Kompromiß, wenn Ihre Kamera ein eingebautes Blitzlicht hat (das allerdings nur auf 2–4 m ausleuchtet). Es ist ein abendfüllendes Diskussionsthema, ob die Apparate in den Flughäfen, die das Gepäck auf Waffen durchleuchten, Filme zerstören oder nicht. Jeder hat eine Meinung, kaum jemand eine Ahnung.

Sicher ist, daß die Geräte in unseren Industrieländern meist unschädlicher sind, als viele in der Dritten Welt und – wie unschädlich alle auch immer sein mögen – ihre Wirkung kumulativ ist. Das bedeutet, daß nach einem halben Dutzend Abflügen von wo auch immer während einer Reise ein Schleier auf hochempfindlichen Filmen erscheinen wird. Wenn Sie Ihre Filme in einen Bleibeutel packen, so wird man Sie bei jeder Durchleuchtung bitten, den undurchsichtigen und daher verdächtigen Gegenstand aus Ihrem Gepäck zu holen, und ihn untersuchen. Nehmen Sie also besser gleich einen kleinen Beutel (zum Umhängen, damit Sie ihn nicht aus Versehen irgendwo liegenlassen – der unter Gepäck erwähnte Tagesbeutel ist dazu sehr geeignet) mit Ihren Filmen durch die Personenkontrolle, deren Magnetdetektoren unschädlich sind, und lassen Sie den Beutel von Hand durchsuchen. Es kommt selten vor, daß Zollbeamte auf Drogensuche auch das Innere einer Kamera untersuchen wollen. Dann müssen Sie sich die Bildnummer merken, den im Gerät befindlichen Film zurückspulen (ohne daß das Ende in der Filmrolle verschwindet) und später nach dem Wiedereinlegen unter mehrfachem Auslösen bis zu der vorher gemerkten Bildnummer diese wiederfinden. Es ist wichtig, dabei die Schutzkappe aufzusetzen oder mit der Hand die Linse abzudecken.

Kaufen Sie Filme mit 36 Aufnahmen, nicht 20 oder 24. Es ist billiger, raumsparender, und Sie brauchen den Film nicht so häufig zu wechseln. Wenn Sie auf Ihrer Reise nicht zufällig durch Hongkong oder Singapur kommen, werden Sie Filme nur an wenigen Plätzen preiswerter als in Deutschland finden, Dia-Filme oft überhaupt nicht. Kaufen Sie also zu Hause. Dann sind Sie auch sicher, daß Sie neue Filme und nicht möglicherweise alte, in neue Kartons mit neuen Verfallsdaten gesteckte, erhalten.

Filme vertragen Hitze und direkte Sonneneinstrahlung schlecht. Verwahren Sie daher Ihre Reservefilme kühl, möglichst im Eisschrank. Feuchtigkeit tut weder Ihren belichteten Filmen noch Ihrer Kamera gut. Ein guter Tip sind Säckchen mit Salz oder Reis, beides von Zeit zu Zeit für ca. eine halbe Stunde in einer Pfanne oder einem Topf zu erhitzen, damit die aufgenommene Feuchtigkeit verdampft. Es gibt auch ein Spezialsalz, das beim Feuchtwerden zur Warnung seine Farbe ändert und bei der Hitzetrocknung wieder seine alte Farbe annimmt. Packen Sie die Säckchen zu Ihren Fotosachen in das Behältnis, das Sie dafür wählen. Die ausgepolsterten Fotokoffer aus Plastik oder Aluminium schützen das Material vor Stößen, können als Notsitz für Sie und als Ständer für die Kamera dienen (letzteres evtl. in Verbindung mit einem Erbsensäckchen statt eines großen Stativs – besser erscheint mir das oben genannte Ministativ), sind aber schwer, ziehen die Aufmerksamkeit von Dieben auf sich und schlagen beim Gehen gegen die Rippen. Ungepolsterte Schultertaschen aus Stoff oder Plastikmaterial geben keinen Schutz gegen Schockbehandlung. Der zu empfehlende goldene Mittelweg ist eine Schultertasche aus wasserdichtem Nylonmaterial, das auch mal einen tropischen Regenguß aushält, mit einer eingebauten Schaumstoffpolsterung

Motivwahl ist Weltanschauungs- und Erfahrungssache. Ihre Fotos vom Eiffel-Turm oder dem Taj Mahal werden vermutlich nie so gut und billig sein wie die gekaufte Ansichtskarte, für die der Berufsfotogaf die richtige Jahreszeit für das Laub der Bäume, den Sonnentag und die richtige Wolkenbildung abwarten und Weitwinkelobjektiv, Filter, Lampen, großes Stativ antransportieren konnte. Kaufen Sie fürs Album Postkarten und machen Sie Ihre Fotos persönlicher, lebendiger, atmosphärischer: Ein Kind, eine Schulklasse, eine Tempel-Prozession, ein alter Mann. Bei ihm und vor allem bei Frauen fragen Sie zur Vorsicht um Erlaubnis. Dazu brauchen Sie kein Wörterbuch. Lächeln Sie, fragen Sie „Foto?“ und zeigen Sie dabei auf Ihre Kamera und die Person. Meist wird sie entzückt sein. Leider gibt es aber fotofeindliche Gesellschaften. Der Koran verbietet die Abbildung lebender Wesen. Daher sind Porträtfotos in den meisten islamischen Ländern ein Problem. Auch vor einem erzürnten Massai in Kenia, den Sie geknipst haben, kann Sie kaum ein Polizist schützen. Es gibt als nützliches Zubehör für die Minox C und einige andere Geräte wie Camcorder ein Vorsatzprisma, das Fotografieren „um die Ecke“, also im Winkel von 90° erlaubt. Vielleicht können Sie es auch für Ihre Reflexkamera finden oder anpassen lassen. Spielen Sie mit allen Möglichkeiten: Ein ungewöhnlicher Blickwinkel (z. B. aus dem Liegen); ein Bild von unten in die Palmenkrone; ein Schuß gegen die Sonne hinter einem Kamel; eine überbelichtete Nachtaufnahme; die Aufnahme eines Spiegelbildes im Wasser ohne die gespiegelten Tempel, Häuser, Landschaften, ergibt – später umgedreht – interessante Verfremdungseffekte. Bemühen Sie sich dabei, nichts zu überhasten und Fotos nicht zu verwackeln. Drücken Sie langsam ohne Verreißen den Auslöser durch. (Druckpunkt! Sportschützen wissen, wovon ich rede.) Bei langen Belichtungszeiten hilft es, die Luft nach dem Einatmen anzuhalten und eine Hand mit der anderen festzuhalten. Hüten Sie sich, in militärisch aktiven Ländern – auch versehentlich – Objekte wie Brücken, Flugplätze, Polizeistationen, Verteidigungsanlagen zu fotografieren. Es kann Sie in Spionageverdacht und erhebliche Schwierigkeiten bringen.

Ich hatte unterwegs dreimal das Glück, Etappen mit Meisterfotografen zu machen, die zu den besten der Welt gehören, und dabei zu sehen, wie sie arbeiten. Oft werden Fotos normal sowie unter- und überbelichtet. Das gibt interessante Effekte. Porträts wirken oft weniger gestellt, wenn man nach der vorbereiteten Aufnahme sofort nochmals auslöst. Dann hat die fotografierte Person sich schon wieder entspannt. Ein Vordergrund ist immens wichtig. Bei einer Bootsfahrt zu den Kormoran-Fischern auf dem Li-Fluß bot sich keiner an. Hermann Dornhege stellte einen alten verrosteten Gartenstuhl auf den Bug, und der Vordergrund war geschaffen. Sonnenschein macht Fotos soviel wirkungsvoller, daß es manchmal lohnt, darauf zu warten. Auch Warten auf einen interessanten Vordergrund kann sich lohnen, wenn man einen besonders schönen Hintergrund findet. Irgendwann kommt dann der alte Fischer mit dem Netz, die Marktfrau mit ihrem Karren, der Scherenschleifer mit seinem geschulterten Schleifrad vorbei. Warten und „anfrieren“ nennt es Ulf Schweitzer. Die beste Zeit zum Fotografieren ist der frühe Morgen und der späte Nachmittag, wenn das Licht warm und weich ist. Um die Mittagszeit geknipste Aufnahmen wirken hart und flach. Schwarzweißfilme bieten erstaunliche künstlerische Möglichkeiten. Das zeigen Peter Gassers Meisteraufnahmen von der

Weißen und Schwarzen Wüste in Ägypten, die bei einer gemeinsamen Fahrt entstanden. Noch ein Wort zu Ihrem Diavortrag. Um die 200–280 Dias in 40–60 Minuten haben sich als das Optimum erwiesen. Lassen Sie Ihr Publikum mit dem Wunsch nach mehr (beim nächsten Mal) nach Hause gehen. Wie sagt Ortega y Gasset? „Man muß aufhören, sich essen zu lassen, wenn man am besten schmeckt. Das ist das Geheimnis derer, die lange geliebt worden sind."

Kontrastprogramm: Ich hatte fünf Jahre lang eine theoretisch hervorragende Minikamera, die mir aber den Wüstensand, die Bootsfeuchtigkeit, die Himalaya-Kälte und die Dschungelhitze nicht verzieh und mit schöner Regelmäßigkeit bei jeder Reise ausfiel. Als sie mir in Südamerika gestohlen wurde, war ich erleichtert (nicht nur im einfachen Sinne des Wortes). Seither kaufe ich schöne Ansichtskarten, beschrifte sie mit Kurztagebuch und schicke sie den Lieben zu Hause, zur späteren Wiedersehensfreude.

Filmen ist durch die rasante Entwicklung des – Platz für Aufnahmematerial sparenden, billigeren, in der späteren Vorführung ohne Leinwand- und Projektoraufbau einfacheren – Videofilmens etwas aus der Mode gekommen, obwohl die Qualität einer Filmprojektion dem (entsprechend vergrößerten) Videobild noch weit überlegen ist.

Dagegen verbreitet sich Videofilmen immer mehr. Kein Aufbau. Die Kassette wird zu Hause oder bei Freunden in den Videorecorder geschoben bzw. – wo dieser fehlt – der Camcorder an den Fernseher angeschlossen, und die Schau geht los. Bewegte Bilder mit Originalton oder Kommentar und Musik (notfalls von einer Musikkassette, falls Sie kein Mischpult zum Video-Nachvertonen haben) zu sehr attraktiven Kassettenpreisen. Zunächst müssen Sie sich zwischen den Systemen VHS oder Video 8 entscheiden. VHS-Kassetten können Sie mit einer Adapterkassette direkt in Ihrem Videorecorder, der vermutlich VHS-System haben wird, abspielen. Bei Video 8 müssen Sie dagegen Ihren Camcorder ans Fernsehgerät anschließen, und der Verschleiß durch stundenlange Kassettenwiedergabe nebst Rückspulen mag ihm nicht guttun. Da die meisten von uns ihr

Reiseband aber wohl in jedem Fall zusammenschneiden wollen, ist die direkte Abspielmöglichkeit auf dem VHS-Recorder kein Vorteil. Praktisch ist es, vom Camcorder mit Kontrolle des Fernsehbildes auf den VHS-Recorder zu überspielen und dabei zu schneiden. Aus einer Reihe von Gründen würde ich derzeit Video-8-Cassetten und das Video-Hi-8-System wählen; dazu einen Winzling von Sony aus seiner Camcorder-Serie 45, 55, 75, 105, 705, 805 (oder was immer das Typenflaggschiff gerade ist) – je nach Geldbeutel – bzw. einen baugleichen einer preiswerten Konkurrenzmarke. Alte Hasen werden Ihnen sagen, daß ein größeres und schwereres Gerät ruhiger in der Hand (und bei den größeren Modellen auch auf der Schulter) liegt und daher verwacklungsfreiere Aufnahmen liefert. Dieser Nachteil läßt sich aber durch die Mitnahme eines leichten Kunststoffstativs oder des bereits erwähnten Ministativs ausgleichen. Über Vor- und Nachteile der interessanten Geräte, die durch einen Chip Erschütterungen ausgleichen, ist sich die Fachpresse nicht recht einig. Ich habe keine Erfahrung damit. Vielleicht ist es eine gute Idee, sich Ihr Traumgerät vor dem Kauf zum Ausprobieren für einen Tag vom Handel oder einem Freund auszuleihen. Bei den meisten Modellen sind die Zubehörlisten ziemlich komplett. Das sinnvollste Zubehör scheint mir ein UV-Filter zu sein (der besonders auch das Objektiv schützt) und ein zusätzlicher Akku, der längere Aufnahmezeiten ohne Nachladen erlaubt. Lernen Sie in einem Kurs (Volkshochschule?), aus einem Fachbuch, von einer Lehrkassette (Landesfilmanstalt) oder im Eigenunterricht nach der Methode „Versuch und Irrtum“ durch Probeschüsse die erstaunlichen Möglichkeiten Ihres Geräts kennen. Dabei empfiehlt sich zum gleichzeitigen Auswerten des Ergebnisses, zunächst den Camcorder an den Fernseher anzuschließen, die verschiedenen Funktionen und Möglichkeiten auszuprobieren und dabei auf den Fernsehschirm zu schauen. Sie werden bald herausfinden, daß möglichst ruhige und nur sehr sparsame und langsame Bewegungen ohne weiträumige Schwenks das beste Ergebnis bringen. Die Dynamik sollte idealerweise mehr von sich im Bild bewegenden Objekten als durch die Bewegung des Camcorders kommen.

Wenn Sie davon träumen, einen ganz ausgefallenen Reisefilm fürs Fernsehen zu machen, so arbeiten Sie in dünner Luft. Eine Fernsehanstalt wird meist nur Material auf Betacam, Ein-Zoll-Video oder 35-mm-Film in Erwägung ziehen. Der Materialaufwand dafür ist beträchtlich. Ein Gespräch mit einem kompetenten Mann in einer Fernsehredaktion wird vermutlich viele Blütenträume zerstören.

Wege zum Himmelreich (Fremde Religionen)

In vielen Ländern werden Ihnen Architektur, Malerei, Skulptur, Sitten, Vorgänge bei heiligen Handlungen usw. fremd und verschlossen bleiben, wenn Sie sich nicht einige Kenntnisse und eine innere Beziehung zu den Religionen Ihres Reiseziels aneignen. Verständnis ist oft wichtiger als ästhetisches Empfinden, denn vielerorts ist Kunst – wie bei den frommen Malern und Bildhauern unseres Mittelalters – nicht l'art pour l'art, Kunst um der Kunst willen, sondern Mittel zur Verehrung und Verherrlichung des Schöpfers, sei es in Form von Auftragskunst für religiöse Institutionen oder einzelne, sei es in Form von persönlichen Opfern des Künstlers. Hier vermittelt Ihnen Kunst nur ein echtes Erlebnis, wenn Sie vorab wissen, warum Shiva Nataradja im Flammenkranz tanzt, warum es in Moscheen oft eine in unsäglicher Kunstfertigkeit hergestellte Trennwand zwischen den Geschlechtern und einen schön verzierten Mirhab, also die nach Mekka zeigende Gebetsnische, gibt, warum der fastende Bronze-Buddha im Museum von Lahore mit gekreuzten Beinen sitzt und so ausgezehrt ist. – Um den Rahmen dieses allgemeinen Reiseratgebers nicht zu sprengen, sollen nur die Hauptwesensmerkmale bedeutender zeitgenössischer Religionen kurz skizziert werden.

In den Urreligionen aller Erdteile werden außer der Erdmutter, Sonne, Mond, Göttern und Naturgewalten (Blitz, Donner, Sturm) häufig gute und zu besänftigende böse Geister in Steinen, Bäumen, Gewässern usw. vermutet. Die Ausprägungen sind vielseitig und haben auch zu interessanten Mischformen geführt. So ist der tibetische Lamaismus ein Amalgam aus altem Bon-Animismus und Buddhismus mit komplexen Beschwörungsriten. Im Schintoismus der Japaner sind Verehrung göttlicher Naturkräfte, der Ahnen und des Buddha zusammengeflossen. Und das Christentum bildet in vielen Gegenden Asiens, Australiens, Afrikas, Nord- u. Südamerikas bei den Eingeborenen nur eine dünne Firnisschicht über älteren Glaubensvorstellungen. Ich erinnere mich an eine Lastwagenfahrt auf der gefährlichen Bergstrecke von der bolivianischen Junga nach La Paz. Als wir den Paß ohne Absturz erreicht hatten, bekreuzigte sich der katholische Fahrer, schüttete ein paar Schluck aus seiner Schnapsflasche auf die Straße und sagte: „Für Pancha-Mama" (die Erdmutter der Inkas).

Die nächste und vertrauteste der nichtchristlichen Religionen ist für uns die jüdische, Mutter oder zumindest Geburtshelferin des Christentums. Sie ist gleichfalls eine monotheistische Offenbarungsreligion und beruht auf dem Alten Testament und der Tradition des rabbinischen Schrifttums (Talmud). Das Fehlen eines Mittlers zwischen Gott und den Menschen, also eines Priesterstandes (die Rabbiner sind nur Schriftgelehrte mit wenigen Funktionen von Geistlichen), prägt auch die Form der Synagogen, der Versammlungsräume. Die Thora, die auf eine Rolle aufgezeichneten Bücher Mose im Alten Testament, wird in einem meist kostbar und künstlerisch ausgestatteten Schrein in jeder Synagoge aufbewahrt. Die jüdische Religion ist alt, sie geht ins zweite Jahrtausend vor Christus zurück, und ihre Wurzeln reichen tief. So ist wahrscheinlich das später auch an den Islam weitergegebene Verbot des Verzehrs von Schweinefleisch eine Anknüpfung an das ungeliebte Reittier des altägyptischen Gottes Seth, als Mörder seines Bruders Osiris Inbegriff des Bösen.

Der Islam (arab. „Unterwerfung" unter den Willen Gottes) ist eine wegen der Zahl seiner Anhänger (über 1 Mrd. = ein Fünftel der Menschheit, es ist die zahlenmäßig stärkste Religion nach dem Christentum), deren – auch politischem – Eifer und seinem Ausbreitungspotential eine heute besonders wichtige und wegen der Schönheit ihrer Kunst anziehende Religion. Sie wurde im 7. Jahrhundert nach Christus durch den Propheten Mohammed gegründet. Mohammed war nach Mose und Jesus der letzte in einer Reihe von Propheten. Er erhielt seine Befehle direkt von Allah, z. T. als er mit seinem Hengst Buraq für eine Nacht von Jerusalem aus gen Himmel ritt. Diese „Verkündigung" legte er im Koran, der heiligen Schrift des Islam, nieder. Der Koran und die Sunna, d. h. die „Tradition“ aus der Zeit des Propheten, bilden die Glaubensbasis der sunnitischen Moslems. Dagegen sind für die Schiiten, die „Schia Ali“ (= die Partei Alis), auch die Anordnungen von Ali, dem Mann Fatimas, der Tochter des Propheten, und der von ihm abstammenden Imame maßgeblich. Sie werden in den z. T. bemerkenswert schönen Moscheen der schiitischen Glaubensrichtung im Iran und südlichen Irak kleine Abweichungen sehen: So ist der Platz des Geistlichen vor dem Mihrab stark vertieft, um ihn zur Demut anzuhalten.

Der Islam ruht auf fünf Säulen, den Hauptpflichten des Moslems: 1. Das Glaubensbekenntnis („Es gibt keinen Gott außer Allah und Mohammed ist sein Prophet.“ Durch dreimalige Wiederholung dieses Bekenntnisses werden Sie Moslem.); 2. Gebet fünfmal täglich; 3. Almosengeben; 4. Fasten während des neunten Monats (= Ramadan); 5. Wallfahrt zur Kaaba nach Mekka.

Der Prophet hat die Abbildung lebender Wesen untersagt (daher Vorsicht mit Porträtfotos in moslemischen Ländern!). Das hat zur Ausbildung der unerhört schönen Ornamente, den „Arabesken“, geführt, die Sie in Moscheen, an Minaretten und Palästen moslemischer Länder bewundern können. Moscheen, die Gebetshallen des Islam, haben meist eine zwiebelförmige Hauptkuppel, die – oft mit stilisierten Ranken, Zweigen, Blättern und Koranversen (Suren) geschmückt – den Baum des Lebens darstellt, Minarett-Türme, von denen der Muezzin seinen Ruf zum Gebet ertönen läßt (heute meist per Lautsprecher), Waschanlagen für die rituellen Waschungen vor jedem Gebet, oft ein großes Wasserbecken im Innenhof. Das Wasser weckt – ebenso wie die umgebenden Gärten und ganz allgemein die Rose – in dieser in der Wüste entstandenen Religion Paradiesvorstellungen. Gleiches gilt für die grüne Farbe der Fahne des Propheten. Und wenn Sie nach einem langen Kamelritt durch die Wüste am Horizont die grünen Palmenwipfel einer Oase auftauchen sehen, verstehen Sie etwas von der magischen Verheißung dieser Farbe und damit dieser Fahne für wüstenbewohnende Beduinen.

Nur ein sehr sonniges Gemüt kann behaupten, daß sich die

iranischen Ayatollahs in den letzten Jahren Liebe und Achtung der westlichen Welt erworben haben. Aber es ist fair, die Hauptvorwürfe, die gegen den Islam üblicherweise erhoben werden, auf ein berechtigtes Maß zu reduzieren, um sich ein auch nur halbwegs richtiges Bild von dieser Religion machen zu können:

Der Islam sei mit Gewalt ausgebreitet worden. Mit Gewalt wurde tatsächlich die politische Herrschaft in den Eroberungszügen der Araberstämme bis nach Spanien im 8. und 9. Jahrhundert ausgebreitet. Die Sieger waren aber in Glaubensdingen recht tolerant und ließen den Unterworfenen ihre Glaubensfreiheit. Allerdings veranlaßten Vorteile wie Steuerprivilegien, gesellschaftliche Gleichstellung, Entlassung aus Knechtschaft einerseits und die Einfachheit der neuen Religion ohne komplizierte Dogmen andererseits viele Andersgläubige, zum Islam zu konvertieren.

Der Islam predige Haß und Feindschaft. Der Koran ist duldsam, besonders gegenüber den Christen „des Buches“ und hält die Gläubigen zu Friedfertigkeit und Freundschaft nicht nur gegenüber direkten Nachbarn, sondern sogar gegenüber Nachbarn des siebten Hauses an. Die Friedfertigkeit kann man noch heute in Ländern wie Ägypten bewundern. Besonders in einigen anderen Ländern ist die religiöse Toleranz im Laufe der Jahrhunderte leider etwas unter die Räder gekommen.

Das Ramadan-Fasten sei eine mystisch-fanatische Versenkung in Gott. Der Prophet hat das Fasten angeordnet, damit jeder Gläubige am eigenen Leib spürt, wie weh Hunger tut, und dann – am Ende des Monats – leichteren Herzens Almosen gibt. Es wird ja auch keineswegs einen Monat lang durchgefastet, sondern mit dem Sonnenuntergang hebt eine begeisterte Futterei oft bis zum Sonnenaufgang an (genauer bis zu dem Moment, an dem das unbewaffnete Auge einen weißen von einem schwarzen Faden unterscheiden kann). Das ist oft sehr vergnüglich, gibt wenig Schlaf und viele „Montagsautos“.

Die Vielweiberei sei frauenfeindlich und zur Versklavung der Frau erfunden worden. In der Tat sollte ursprünglich die Polygamie bei den kriegführenden Nomadenstämmen mit Blutfehden und hohen Kampfverlusten den Frauenüberschuß ausgleichen und den Frauen, für die es damals keine bezahlten Berufe gab, Versorgung und soziale Sicherheit verschaffen.

Der Schleier sei ein Zwang für die Frauen, ihre Schönheit zu verbergen. Mohammed wünschte den Schleier nur für seine eigenen Frauen. Später wurde die Schleiersitte des persischen Hofes übernommen, die Edeldamen die Möglichkeit gab, sich von der Neugier des einfachen Volkes abzugrenzen. Überhaupt ist im Koran die Frau durchaus gleichberechtigt, ihre Stellung hat sich erst durch Entwicklungen dieses Jahrtausends verschlechtert. Der Harem und die Trennung von Frauen und Männern in der Moschee sollten ursprünglich die Würde der Frau schützen. So erklärt der ägyptische Theologe Scheich Saleh: „Beim Gebet sollen die Gedanken auf Gott gerichtet sein. Wenn man dabei auf die Knie fällt und sich nach Mekka verneigt, könnte der hintere Teil der Frau in die Augenhöhe des Mannes geraten und seine Gedanken von Allah zu fleischlichen Dingen ablenken. Dabei gingen die Würde des Mannes und die der Frau verloren."

Nach dem Imam Ismail benennen sich die schiitischen Ismailiten des Agha Khan, die ihr Oberhaupt dankenswerterweise jedes Jahr in Gold aufwiegen.

Wenn man den Begriff Religion in seinem engen Wortsinne (lateinisch religio = Bindung, nämlich an ein höheres Wesen) auffaßt, ist der ursprüngliche Buddhismus keine Religion. Denn Siddharta Gautama, der Buddha (= der Erleuchtete) predigte im 6. Jahrhundert v. Chr. die Selbstverwirklichung ohne Gott. Durch Abtötung der Begierde, Quelle des Leidens, und immer vollkommenere Einsicht in Herkunft, Wesen und Überwindung des Leidens (u.a. durch Fasten) erreicht der Erleuchtete (jeder kann Buddha werden!) die Befreiung von Gier, Haß, Verblendung, vom leidvollen, wesenlosen, vergänglichen Dasein und der Last der Wiedergeburten. Das höchste Ziel ist also das Aufgehen im Nichts (sanskrit: Nirvana). Diese ursprüngliche Form ist der Theravada-Buddhismus, die Lehre des kleinen Fahrzeugs (= Hinayana), die heute noch in Sri Lanka, Burma, Thailand, Laos, Kambodscha vorherrscht. In den ersten Jahrhunderten unserer Zeitrechnung entwickelte sich die Idee des Boddhisatva, des Menschen auf dem Weg zur Buddhaschaft, der die Erleuchtung erreichen könnte, aber darauf zunächst verzichtet, um sie möglichst vielen Mitmenschen zu vermitteln. Der bekannteste ist Kuan Yin, die chinesische Göttin des Mitleids, „die den Schrei der Welt hört" (= Avalokiteshvara in Tibet, Ladakh usw.). Daraus entstand mit einem Pantheon aus Boddhisatvas, deren Wiedergeburten, Gottheiten, Dämonen und einem vermittelnden Priesterstand das große Fahrzeug (Mahayana), die heute noch in China, Japan, Korea, Vietnam, Nepal vorherrschende Form des Buddhismus. Dazu kam später unter Beifügung magischer Beschwörungsformen der Buddhismus des diamantenen Fahrzeugs (Wadjrayana), der unter Aufnahme animistischer Elemente des lokalen Bon-Kultes zum tibetischen Buddhismus oder Lamaismus wurde, deren oberster Priester und Boddhisatva als Reinkarnation des Avalokiteshvara der Dalai Lama ist, heute im Exil im indischen Dharamsala. – Eine der wesentlichsten, schönsten und klarsten Einführungen in Geist und Wesen des Buddhismus bietet m. E. Hermann Hesses Buch „Siddharta".

Gautama Buddha war ein Reformator, dessen Lehre viele Elemente des Hinduismus enthält, aus dem er kam und dem er vor allem das Kastenwesen mit den sich reich segnenden Brahmanen nicht nachsehen wollte. Er wird in Statuen, Reliefs und Malereien (oft auf Stoff in Form der faszinierenden Thankas) in verschiedenen Haltungen dargestellt: Stehend (segnend, gebend, lehrend = den Knoten des Lebensirrtums lösend), liegend (ins Nirvana eingehend), im Lotussitz, der Meditationshaltung, die Beine verschränkt (um die Blutzufuhr zu den Beinen zu beeinträchtigen und zum Kopf zu lenken und trotz langen Fastens ein indifferentes Gleichgewicht ohne Einschlafneigung zu ermöglichen), meist auf einer sich öffnenden Lotusblume. Diese ist ein Hauptsymbol des Buddhismus wie auch des Hinduismus: Die Blüte, die aus dem Schmutz des Tümpels wächst und doch rein und schön ist, genau wie die Religion aus der unreinen und sündigen Welt. – In China sehen Sie besonders häufig die Darstellung des so gar nicht asketischen, vielmehr wohlgenährten, pausbäckigen, lachenden, schmuckbehängten und daher für

Arme so verheißungsvollen Maitreya, des Buddhas der Zukunft. Ein Fuß ist schon zum Aufbruch aufgesetzt, denn er wird bald kommen ... schon in 20000 Jahren.

Das typischste Bauwerk des Buddhismus, die Stupa oder Pagode, meist ein halbkugelförmiges Bauwerk aus Stein, stellt ein Abbild des Universums dar (wie der heilige Berg Kailas im Himalaya, wie die Mandalas = ein Typ der Thankas, wie der Borobodur bei Jogjakarta in Indonesien). In der Nähe der Stupas finden sich oft Glocken, die von den Gläubigen angeschlagen werden, um die Aufmerksamkeit von Göttern und Dämonen auf eine verdienstvolle Opfertat zu lenken, Gebetsmühlen, also Rollen, in denen sich gedruckte Gebete befinden, die bei jeder Drehung zum Himmel steigen. Typisch für den Lamaismus sind außerdem Gebetsfahnen. Jeder Windhauch bewegt sie und das darauf geschriebene Mantra, das dadurch aktiviert wird. Oft krönt ein ein- oder mehrfacher Ehrenschirm die Spitze einer Pagode. Er zeigt im Hinduismus und Buddhismus Rang und Würde an; hier stehen darüber hinaus der Stock für die Weltachse und die Schirme für den Baum des Lebens.

Der Hinduismus, die Hauptreligion der Inder, entstand im zweiten Jahrtausend vor unserer Zeitrechnung durch die nach Nordindien eingewanderten indogermanischen Arier. Geschickterweise führten sie nicht nur ihre Götter Brahma, den Schöpfer, Wishnu, den Erhalter, Shiva, den Zerstörer, (= die hinduistische Dreifaltigkeit Trimurti) und zahllose andere nebst Familienmitgliedern und jeweiligen Reinkarnationen (insgesamt über 300 Mio. Götter) ein, sondern auch die Kasten (Brahmanen = Herrscher und Priester, Kshatriyas = Krieger, Vaishiyas = Handwerker, Shudras = Knechte). Wen wundert es, daß sie sich zu den Herrschenden zählten und die besiegten Einheimischen zu den Kastenlosen, „Unberührbaren", Outcasts, „Kindern Gottes", wie sie später Gandhi nannte? All das – außer Gandhis Gotteskindern natürlich – steht schon in den Veden nebst Brahmanas und Upanishaden, die von den Ariern als Offenbarungsschriften übermenschlichen Ursprungs dargestellt wurden.

Ein Hauptinhalt des Hinduismus ist die Seelenwanderung. Die Wiedergeburt in einem höheren oder niedrigeren Wesen wird bestimmt durch das Karma, die guten oder schlechten Taten, die Befolgung des Gesetzes (seiner jeweiligen Kaste, des Dharma) im vorangegangenen Leben.

Shiva Nataradja beim Kosmischen Tanz im Flammenkranz zerstört und schafft die Welt in jeder Sekunde neu. Erst die moderne Physik mit ihren Elektronenmikroskopen, die Materie in Atomkerne und Elektronen auflösen, zeigt uns, wie richtig dieses Bild von einer unstabilen Welt ist. Shiva residiert auf dem heiligen Berg Kailas mit seiner Gattin Parvati, die in anderer Inkarnation als Durga, Göttin der Blitze, und menschenfressende Kali, Taufpatin von Calcutta (Kali Ghat) erscheint. Als er nach einem längeren Kriegszug nach Hause kam, sah er Parvati mit einem Jüngling im Bad und enthauptete diesen. Auch Götter sind eifersüchtig. Der Jüngling war sein herangewachsener Sohn Ganesha. Shiva versprach Parvati, den ersten Vorübergehenden zu köpfen und Ganesha den Kopf aufzusetzen. Es war ein Elefant (Symbol der Klugheit und Geduld). Ganesha mit dem Elefantenkopf ist einer der beliebtesten Götter Indiens. Er hilft als Glückbringer bei Planungen und garantiert gutes Gelingen, besonders von Reisen. Eine andere beliebte Göttin ist – natürlich – die Reichtum verheißende Laxmi.

Vieles in dem magischen Land Indien erscheint ewig, im Schönen und leider auch im Negativen. Wenn Sie einen Tag in einem der großen Tempel wie Madurai verbringen, sehen Sie all das, was Buddha vor über zweieinhalbtausend Jahren schon nicht gefiel, vor allem die wohlgenährten Brahmanen, die sich jede Vermählung, jede Kindtaufe, jeden Totensegen auch von den Allerärmsten nach Landesverhältnissen überreich bezahlen lassen!

Die Sikhs sind „Jünger" Nanaks, eine im 16. Jh. gegründete Religionsgemeinschaft, deren monotheistischer Glaube Elemente des Hinduismus und des Islam verschmilzt. Sie organisierten sich wegen vieler Verfolgungen später militärisch. Im Tempel von Amritsar (Indien) wird täglich 24 Stunden ihre heilige Schrift gelesen.

Die gleichfalls indische Religion der Jaina (sanskr. „Sieger"), gegründet im 5. Jh., schreibt neben sittlichem Handeln (Karma,

Seelenwanderung) mit dem Gesetz der Gewaltlosigkeit (ahimsa) die Unverletzlichkeit auch der kleinsten Lebewesen vor. So sieht man Jainas mit Atemmaske einhergehen und den Boden vor ihren Füßen fegen, damit sie nicht versehentlich ein Insekt einatmen oder zertreten. Strengstes Verbot, einen jainistischen Tempel mit Lederschuhen, -sandalen, -gürteln oder -taschen zu betreten!

Parsen, Anhänger der Feuerreligion Zarathustras, wollen durch reines und wahrhaftes Leben das Reich des Lichtes herbeiführen. Das heilige Feuer brennt immer in ihren Tempeln, und die Elemente sollen nicht verunreinigt werden. Daher werden die Toten in den „Türmen des Schweigens“ in Bombay und bei Karachi den Vögeln zum Fraß vorgesetzt. Bemerkenswert ist der große Zusammenhalt der Gemeinde und der wirtschaftliche Erfolg ihrer Mitglieder. Der Mann Indira Gandhis, Tochter Pandit Nehrus, war Parse aus Bombay und begründete mit ihr die Dynastie der „falschen Gandhis“, die mit dem Mahatma nur den Namen gemein hat.

Der Schintoismus Japans, interessantes Amalgam aus alten Naturreligionen, Ahnenkult und Buddhismus, ist durch frühzeitige Einsetzung als Staatsreligion die einzige erhaltene Naturreligion von Bedeutung. Darin werden die Kami (Götter und Geister der Naturkräfte) verehrt: die Sonnengöttin Amaterasu, auch Stamm-Mutter der japanischen Kaiserfamilie, der Mondgott Tsukijomi, Sturm-, Meeres-, Feuergötter usw. Auch Verstorbene werden zu Kamis, die – im Idealfall – ihre Nachkommen beschützen.

Reisen als Frau allein

Wenn eine hübsche Spanierin nachmittags zur Paseo-Zeit über die Gran Via von Madrid spaziert, hört sie von Männern, die hinter ihr gehen, Piropos, das sind geflüsterte Komplimente: „Deine Augen sind schön wie die Nacht; du bewegst dich gleitender als die Wellen; ich bin dein Gefangener“ und was der poetischen Dinge mehr sind. Natürlich schreitet sie weiter, die Augen zum Horizont gerichtet, als würde sie nichts hören. Im Inneren freut sie sich königlich. – Ein nettes Spiel mit richtiger Reaktion, das im allgemeinen nicht weiter geht. Der Señor weiß, daß er vermutlich nur Ärger bekommen würde, wenn er versuchen würde, die Dinge weiterzutreiben. Denn die Dame wird sich hüten, sich ansprechen zu lassen, weil sie dadurch in ihrem Kreis ihren guten Ruf verlieren würde. Sie ist daher tabu. Wenn sie eine Ausländerin ist, sieht das ganz anders aus. Da hat man die erstaunlichsten Dinge über den Sittenverfall in anderen Ländern gelesen, die Seifenopern im Fernsehen zeigen überaus unternehmungslustige amerikanische Damen und ein Vetter des Freundes von Pedros Bruder hat kürzlich eine blonde nordische Schönheit kennengelernt, die offenbar nicht nur zum Besuch des Prado-Museums nach Spanien gekommen war, und mit der er himmlische Dinge erlebt hat. Also will unser Freund sein Glück auch mal versuchen, besonders, wenn das exotische Traumwesen auch noch – für lokale Begriffe – überaus aufreizend angezogen ist. Eine Frau, die reise-„erfahren“, psychologisch geschickt und cool ist, wird in unseren westlichen Ländern einen zu aufmerksamen Verehrer in seine Schranken verweisen können. Für andere Gegenden, in denen Frauen traditionell eine schwache Stellung haben, besonders in moslemischen Ländern, mögen einige Verhaltensratschläge angebracht sein.

Versuchen Sie zunächst einmal, nicht aufzufallen. Wenn einheimische Frauen sich von Kopf bis Fuß verhüllen, tragen auch

Sie einen „Tarnanzug“ von weiten Hosen und weitem Obergewand, der möglichst die ganzen Arme bedeckt. Erstaunlicherweise wirkt in moslemischen Ländern das Haar, besonders wenn es offen fällt, aufreizend. Tragen Sie evtl. einen Knoten und möglichst ein Kopftuch. In einem Land wie dem Iran werden Sie kaum um das Anlegen eines schwarzen Tschadors (schon bei dem Besuch beim Konsulat im Ausland, um ein Visum zu erhalten) herumkommen. Wenn Sie eine Sonnenbrille tragen oder zumindest bereithalten, hilft Ihnen das, lästige Blickkontakte zu vermeiden. Unterlassen Sie alles, was ein harmloses Männergemüt als „Anmache“ mißverstehen könnte, wie Männer ansprechen (und sei es nur mit einer Frage nach einer Straße), sie lange ansehen, ihnen zunicken, sie anlächeln, so nett und unschuldig das auch gemeint sein mag. Sie werden vermutlich herausfinden, daß Sie oft interessantere, vielseitigere und informativere Gespräche mit Geschlechtsgenossinnen führen können als mit einheimischen Männern. Natürlich werden Sie auch Gespräche mit diesen nicht vermeiden können – wer will das auch? Wenn das Gespräch aber in einer unerwünschten Richtung verläuft, versuchen Sie folgendes: Lassen Sie unauffällig auffällig einen Ehering an Ihrem Finger sehen. Fragen Sie Ihren Gesprächspartner, ob er auch (!) verheiratet ist. Wie viele Kinder hat er? Wie alt sind sie? Hat er Fotos von seiner Familie dabei? Wie sieht seine Frau aus? Das ist psychologisch geschickt. Es führt den Mann dazu, sich etwas zu genieren, vielleicht sogar schuldig zu fühlen, daß er unfairerweise Ihnen Avancen macht, wo er doch eine so bezaubernde Familie hat.

Sollte das nicht helfen und er Ihnen daraufhin sagen, daß er nach dem Koran vier Frauen haben kann, wenn er keine benachteiligt, so erzählen Sie ihm von Ihrem angeblichen oder tatsächlichen Mann und Ihren Kindern und zeigen ihm ein paar Fotos, die Sie zur Vorsicht immer bei sich haben sollten. Wo Ihr Mann ist? In der nächsten Stadt. Er wird Sie am Bahnhof mit Blumen abholen. Sie fahren hin, um sich seinen nächsten Kampf anzusehen. Oh ja, er ist Preisboxer, Mittelgewicht, die Nr. 8 in Deutschland, leider überaus eifersüchtig und jähzornig. Hat er doch kürzlich einen Ihrer ganz harmlosen Verehrer fast totgeschlagen.

Was tun, wenn der Knabe immer noch nicht aufgibt und Ihnen bis auf Tuchfühlung näher rückt? Stellen Sie ein Gepäckstück zwischen sich und ihn oder wechseln Sie indigniert den Platz, ganz beleidigte Unschuld. Fordern Sie ihn – möglichst für andere vernehmbar – auf, Sie in Frieden zu lassen. Flüchten Sie sich dabei möglichst zu anderen Frauen, oder bitten Sie ältere Herren um Hilfe, drohen Sie mit der Polizei; machen Sie ggf. die Drohung wahr. Wenn das alles nichts hilft, greifen Sie zur weiblichsten aller Verteidigungen: ein paar Tränen. Sie werden eine Welle der Solidarität bei den anwesenden Damen und – hoffentlich – männliche Hilfe auslösen.

Es wird sehr auf die ganze Situation ankommen, ob es Sinn hat, Ihrem Peiniger eine kräftige Ohrfeige zu versetzen. Eine couragierte Travelerin erhielt darauf eine kräftige Retourkutsche. Eine andere, die einen Wagen durch Algerien fuhr und einen Überraschungsschlag austellte, hatte so wörtlich „durchschlagenden“ Erfolg, daß sogar eine belästigte Nachfolgerin den gleichen rothaarigen Mann (der mit der Affäre in seinem Sahara-Dorf schon ausgiebig gehänselt worden war) noch zwei Monate später in die Flucht schlug, als Sie fragte: „Sind Sie nicht der Typ, den meine Freundin kürzlich geohrfeigt hat?“ (Übrigens eine Frage, die auch ohne Präzedenzfall wirken mag.) Lehre: Die richtige Ohrfeige im richtigen Moment am richtigen Platz bei dem richtigen Mann kann eine ganze Gegend für eine Weile „anmachfrei“ machen.

Wenn es gar nicht anders geht, schreien Sie um Hilfe, und verstärken Sie den Hilferuf noch durch eine Trillerpfeife oder eine dieser batteriebetriebenen Taschensirenen. Der durch Mark und Bein gehende Ton wird Ihren unerwünschten Verehrer wahrscheinlich erschrecken, und andere eindringlich auf Ihre Verlegenheit aufmerksam machen. Und dann? Ja, dann gibt es die Handvoll Pfeffer im zierlichen Täschchen und den Freund der Schwachen, einen handlichen Tränengasspray, besonders wirkungsvoll in Form der „Chemischen Keule“. Da bleibt kein Auge trocken. Aber Vorsicht bei Gegenwind!

Ein beliebter Trick, sich in Ihr Vertrauen einzuschleichen, ist folgender: Bei einer Paßkontrolle, einem Checkpoint, einer

Razzia, einer Übertretung, werden Sie in scheinbare Schwierigkeiten verwickelt. Angebliches Falschgeld, Drogenverdacht, Papiere nicht in Ordnung, Militäranlagen oder Brücke fotografiert, einen Beamten beleidigt. Alles wird furchtbar dramatisiert und Sie werden unter psychischen Druck gesetzt. Schließlich taucht ein Retter in der Not auf, ein reizender Mann, der mit ein paar Worten, vielleicht einem Bakschisch, das ganze Problem aus der Welt schafft. Sie fallen ihm aus Dankbarkeit fast um den Hals. Er findet ein letztes Wort für seine Komplizen, die Sie (zu diesem Zweck, was Sie nicht ahnen) unter Druck gesetzt haben, trägt – mit der Selbstverständlichkeit des Weltmanns – Ihr Gepäck zu seinem wartenden Wagen, um Sie in Ihr Hotel zu fahren. Unterwegs wird er zudringlich und möchte seinen Lohn. Hier haben Sie wenig Möglichkeit, Hilfe von anderen zu finden, da er vorsichtigerweise an einer sehr einsamen Stelle gehalten hat, vielleicht wegen einer Motorpanne – die klassische Situation. Vorsicht also vor noch so rettenden Engeln!

Nachdem Sie diese Ratschläge in Ihrem Unterbewußtsein abgespeichert haben, denken Sie nicht mehr daran. Ich habe Weltenbummlerinnen auf fast allen Touristenpfaden der fünf Kontinente getroffen, die souverän und routiniert – mal allein, mal mit netten weiblichen oder männlichen Bekannten (in Gesellschaft Reisen ist überhaupt ein guter Schutz gegen Ärgernisse) – unterwegs waren und unbeschwert eine Menge Spaß hatten. Sie werden es auch so machen. Freuen Sie sich darauf! Und vielleicht begegnen Sie auf der Reise sogar dem „Richtigen", vor dem Sie den falschen Ehering, angebliche Familienfotos und die chemische Keule verstecken.

Reisen für ältere Herrschaften

Ein guter Freund von mir, wie wir alle mit dem Reisebazillus infiziert, wurde kürzlich pensioniert und meinte: „Jetzt fängt das Leben erst richtig an!“ Das gleiche Gefühl hat man bei einem englisch-dänischen Paar, alte Globetrotterfreunde, Anfang ihrer schönen siebziger Jahre, die jedes Jahr weite Autoreisen über den Kontinent machen. Im letzten Weihnachtsbrief schrieben sie mir: „Die Eltern bereiten mit ihren 95/93 Jahren eine Abenteuerreise durch Asien vor und freuen sich wie die Kinder darauf. Wie herrlich jung wir doch noch sind!“ Sie haben es geschafft, was wir uns laut Peter Bamm alle wünschen: Alt werden und jung bleiben.

Denken Sie bei Ihrem Reisestart an die nennenswerten Ermäßigungen durch Senioren-Paß für Bahnfahrten, Behinderten-Ausweis, Eintrittsverbilligungen für Museen, Theater, Hotelvergünstigungen. So gibt es 65% Rabatt für 65jährige, 75% für 75jährige an Wochenenden bei den SAS-Hotels. 100jährige wohnen ganz frei. Sie sehen, es lohnt sich, alt zu werden!

Mir ist bei meinen letzten Reisen und vielen Gesprächen mit älteren Reisenden aufgefallen, daß es besonders viele nach Asien zieht. Dort ist man in den meisten Gegenden seines Lebens sicherer als in manchen unserer Großstädte, ganz zu schweigen von manchen Ländern Afrikas und Südamerikas. Viele Asiaten sind von einer wohltuenden Behutsamkeit, was vielleicht einigen ihrer Religionen zuzuschreiben ist, die Toleranz, Friedfertigkeit und Achtung vor der Unversehrtheit auch des kleinsten Lebewesens vermitteln. Im Gegensatz zum Jugendkult einiger westlicher Länder wird in Asien das Alter hoch geachtet, und ein „Baba“ oder eine „Amma“ (Ehrentitel für Vater und Mutter, mit denen aber häufig jeder Ältere angeredet wird), ist meist einer sehr respektvollen Behandlung sicher. Gewiß sind die Flüge weit, aber moderne Maschinen, guter Service während des Fluges und manche preisgünstigen Angebote machen die Welt kleiner und auch entferntere Ziele leicht erreichbar. Die Lebenshaltungskosten sind für Westler, die in Industrieländern ihr Geld verdienen, außerordentlich niedrig, und selbst eine Rente, die bei uns „zu klein zum Leben und zu groß zum Sterben“ ist, ermöglicht ein sehr auskömmliches Reisen in vielen Drittweltländern. Das gilt besonders dann, wenn man die Hauptferienzeiten vermeiden kann und wenn sich der Hauptkostenfaktor Flugpreis auf einen langen Aufenthalt in einem Land, eine Überwinterung oder gar auf noch längere Zeiten verteilt (s. hierzu auch das Kapitel Im Ausland leben). Mit besserer finanzieller Ausstattung lassen sich solche Reisen auch ausgesprochen luxuriös gestalten. In vielen Gegenden kann man allein oder zu zweit ein Taxi über weite Strecken zu einem Preis mieten, den man bei uns für Zugfahrkarten entsprechender Entfernung zahlt. Das ist angenehm, wenn man nicht so gut zu Fuß ist, obwohl man sich damit etwas vom „erdnahen“ Leben entfernt (s. o. unter Das liebe Geld). Das eigentlich Imponierende sind für mich immer wieder die nur nach Jahren älteren Globetrotter, die putzmunter, lustig, lebens- und reiseerfahren mit ihren Rucksäcken neben den jungen Leuten durch die Welt ziehen und uns neben vielem anderen lehren, daß es nie zu spät ist, eine glückliche Jugendzeit zu haben.

Brechen Sie rechtzeitig auf und entfliehen Sie dem „Herbst in Venedig“! Man lebt nur zweimal, und das auch nur, wenn man aus seinem dritten Alter, der Freiheit vom Berufsstreß, ein neues Leben zimmert. Just do it!

Reisen Behinderter

In einem spanischen Hafen sah ich eines der vergnügtesten Ehepaare meines Lebens, beide im Rollstuhl auf einer Segelyacht. USA-Flagge, ca. 17–18 m Länge, Flachdeck, auf der Reise um die Welt. Hinter dem mittschiffs montierten Steuerrad ein Schacht mit Hebebühne, ferngesteuert von jedem Rollstuhl. An Bord außer dem Eignerpaar mittleren Alters ein paar junge Leute, die z.T. für die Atlantiküberquerung angeheuert hatten, z.T. möglicherweise ständig an Bord lebende Pfleger waren. Es war sicher das fröhlichste Schiff im Hafen. Bei den Mahlzeiten an Deck und den munteren Abenden erschollen laute Lachsalven. Wenn ich damals schon gewußt hätte, daß ich dieses Buch schreiben würde, hätte ich gebeten, mir das Schiff und seine ganze Einrichtung einmal ansehen zu dürfen, und dabei versucht, diese prächtigen Menschen zu Freunden zu machen. Aber ich wollte nicht aus reiner Neugier lästig fallen. Natürlich können die allermeisten von uns nur davon träumen, so luxuriös um die Welt zu reisen. Aber man kann ja mal im Lotto gewinnen, Onkel Paules Ölquellen in Texas erben und während der Wartezeit etwas weniger komfortabel reisen.

Hier ist eine Auswahl von Ratschlägen von Pierre, einem französischen Globetrotter im Rollstuhl, die er während eines leider viel zu kurzen Gesprächs in Istanbul schnell aus der Hüfte schoß:

Brauchbare Toiletten für Behinderte, das größte Problem unterwegs, sind selten. Eine gute Problemlösung ist die Umfunktionierung eines kleinen Campingklappstuhls durch Wegschneiden des Stoffsitzes und Anbringung einer Toilettenbrille aus Holz (stabiler als Kunststoff). Zur Benutzung in Hotels und Wohnungen mit schlecht zugänglichen Toiletten wird diese Freiluftversion mit Plastik-Müllsäcken versehen. Eine aufwendigere Lösung ist die Behindertentoilette „artosy“ in Kofferform, elegant zu transportieren und in Geschäften für Sanitärbedarf zu finden. Nach eigener Werbung ist sie kassenerstattungsfähig. – Bei Inkontinenz helfen Spezialhosen, notfalls Windeln. Für Männer haben sich Kondome (überall zu finden) mit Pflaster zur Befestigung (Micropore von 3M ist besonders hautfreundlich) und einem Ableitungsschlauch bewährt.

Rollstuhlfahrer sollten für lange Fahrten, besonders bei Hitze, statt Schaumstoffkissen, auf denen man sich leicht wundsitzt, solche aus Latex mit geschlossenen Poren oder Luftpolsterkissen benutzen. Auf dem auswechselbaren Überzug kann man mit Klettband ein Stück Schaffell befestigen, das den Schweiß aufsaugt. Der praktischste Regenschutz für den Rollstuhl ist ein Fahrrad-Poncho, und für Reparaturen steuert man am besten eine Fahrradwerkstatt an. Rollstühle werden bei Flügen gratis befördert, also nicht in die 20 kg Freigepäck eingerechnet. Allerdings müssen sie beim Einchecken aufgegeben werden. Der Weg zum Flugzeug wird dann in einem Rollstuhl des Flughafens zurückgelegt. Bestellen Sie ihn rechtzeitig (auch für den Ankunftsflughafen), und reservieren Sie auch möglichst frühzeitig einen Sitz in der ersten Reihe, die am leichtesten zu erreichen ist. Lediglich Elektrorollis mit Naßbatterien werden oft von den Fluggesellschaften aus Sicherheitsgründen nicht befördert. Falls doch, so muß meist die Flüssigkeit abgelassen werden. Bei Trokkenbatterien müssen die Kabel gelöst und die Pole isoliert werden (dafür gibt es besondere Plastikkappen). Manche Fluglinien haben schmale Rollstühle für die engen Gänge im Flugzeug (aisle wheelchairs) und hochklappbare Armstützen (movable armrests) an einigen Sitzen in den ersten Reihen, was das Überwechseln beim Einsteigen und die Fahrt zur Toilette erleichtert. Selten sind die Toiletten geräumig genug, um die WC-Tür zu schließen. Dann gibt es wenigstens manchmal einen Vorhang, damit die Tür offen bleiben kann. Vielleicht sollte man sich selbst zur Vorsicht einen leichten Vorhang mit zwei Saugnäpfen zur Befestigung an der Wand mitnehmen. Wenn das alles nicht geht, wird man Ihnen meist gestatten, eine der geräumigeren Toiletten der 1. Klasse zu benutzen. Überhaupt steht es im Ermessen des Piloten, Sie in der First reisen zu lassen, wenn Unterbringung in der Eco schwierig und eng ist. Das mag besonders dann der Fall sein, wenn Plätze nicht vorab fest zugeteilt werden, sondern im „Free seating“ gestürmt werden und keine Behindertenplätze eingenommen werden können oder Behinderter und Begleiter nicht zusammensitzen können. Fragen Sie dann den Captain.

Es kommt vor, daß Fluggesellschaften eine ärztliche Bestätigung verlangen, wonach ein Behinderter ohne Problem transportfähig (travel-fit) sei und – falls er allein reist – für sich selbst sorgen könne (capable for self-care). Ärgerlicher Bürokratismus, den Sie als Oft-Flieger vermeiden, wenn Sie sich eine Fremec (Frequent Traveler's Medical Card) von einer Gesellschaft ein für allemal ausstellen lassen. – Falls Sie einmal ein Stück getragen werden müssen (z. B. kein Rollstuhl da; Notfall), so weisen Sie einen Helfer an, Sie Rücken an Rücken mit eingehakten Armen zu tragen

Solange es in unseren sogenannten zivilisierten Ländern und erst recht in der Dritten Welt die für Rollstühle nahezu unüberwindbar hohen Gehsteigkanten gibt, scheint mir die Mitführung von zwei Dreikanthölzern erwägenswert, die mittels drehbar daran befestigter steifer Drähte vor dem Rollstuhl an die Stufe angelegt und nach dem Passieren der Räder wieder von hinten eingezogen werden können. Das ist vorerst nur ein Idee von mir, an der noch gefeilt werden muß. Vielleicht dennoch schon jetzt ein brauchbarer Denkanstoß. Pierre brauchte derlei nicht. Er fuhr couragiert rückwärts schräg an Gehsteigkanten heran, drehte bei geringen Höhen mit Seitwärts-Gewichtsverlagerung erst das linke, dann das rechte Rad zurück und war oben. Bei höheren Kanten bat er einen Passanten, die Vorderräder nach hinten zu schieben und anzuheben. Er konnte auch in einer Problemsituation sehr schnell aus seinem Rolli auf den Boden gelangen. Das hatte ihm schon geholfen, vom Anlegeponton aus in ein Boot oder Kajak zu steigen. Er meinte auch, es sei praktisch, sich in einem Hotel sofort einen Hocker oder Küchenstuhl geben zu lassen. Den könne er unter der Dusche benutzen und – bei engen Türöffnungen – schon vorher. In die Türöffnung gestellt, könne er vom Rollstuhl auf den Hocker, dann im Bad wieder auf den aufgeklappten Rolli umsteigen. Standing ovation für den tollen Jungen! Er war aus dem gleichen Holz wie Patrick Segal, der querschnittsgelähmte französische Journalist und Verfasser des Buches „Im Rollstuhl um die Welt“.

Ratschläge geben auch die Bundesarbeitsgemeinschaft der Clubs Behinderter und ihrer Freunde, Mainz, und die Arbeitsgemeinschaft Hilfe für Behinderte, Düsseldorf, vor allem über besonders geeignete organisierte Reisen. Übrigens bieten Schnieder-Reisen, Hamburg, Wohnmobile für Rollstuhlfahrer in ihrem Katalog für USA/Kanada an. – Bei Flugscheinen gibt es für Schwerbehinderte interessante Ermäßigungen: 30% auf den Langstrecken-Holiday-Tarif von Lufthansa und American Airlines für Flüge in die USA, ein wegen des günstigen Dollarkurses derzeit besonders attraktives Reiseziel. Begleitpersonen reisen kostenlos (!).

Das Gegenteil von gut ist oft nicht schlecht, sondern gut gemeint. Lassen Sie sich bei der Buchung von Flügen und Hotels nicht von gutgemeinten, aber vagen Versicherungen beruhigen. Suchen Sie bei der Auswahl Rat bei den genannten Arbeitsgemeinschaften (auch die Novotel-Kette wird gelobt), und bestätigen Sie oder lassen Sie sich ausdrücklich bestätigen, daß Ihr gebuchtes Zimmer behindertengerecht ist mit hinreichendem Raum, auch im Badezimmer, ausreichenden Türbreiten, Haltegriffen an Bad, Dusche, WC, evtl. unterfahrbarer Dusche. Oft sind die zu niedrigen Hotelbetten ein Problem, das durch eine zusätzlich aufgelegte Matratze gelöst werden kann. – Erfahrene und fachkundige Zubringerdienste zu Flug, Bahn, Bus bieten die Behindertenhilfen von DRK, Caritas, Arbeiterwohlfahrt. Buchen Sie frühzeitig! – Die neuesten – und natürlich auch die altbewährten – Hilfsmittel für Behinderte finden Sie im Katalog oder life in den Ausstellungen Reha, Düsseldorf, und Rehab, Karlsruhe.

Dialysematerial und Blindenhunde, die meist in der Kabine mitreisen können, werden im allgemeinen bei Flügen gratis befördert.

Reisen mit Kindern

„Liebst du dein Kind? Dann nimm es mit auf Reisen!" heißt ein Hindi-Sprichwort. Danach lebte auch das Ehepaar aus der Bretagne, das ich in Indien mit vier Kindern traf. „Die drei anderen sind diesmal zu Hause geblieben." Perfekte Aufgabenteilung, alles klappte, nicht gerade antiautoritär, aber überaus gekonnt. Die Jüngste war 18 Monate. „Sie wird noch mit Muttermilch ernährt, das vermeidet eine ganze Kette von Problemen wie Nahrungsumstellung, Infektionen, Allergien." (Ja, ganz recht, ich habe auch gestaunt, erinnerte mich dann aber daran, daß bei den meisten Naturvölkern Kinder ein bis drei Jahre gestillt werden.) „Für die Ältere haben wir einige Vorräte an Trockenmilch von zu Hause mitgebracht, damit die Nahrungsumstellung nicht zu schockartig ist. Nun bauen wir langsam mit den so gesunden Möhren und Äpfeln (beides geschält und geraspelt) und zerdrückten Bananen, später Nudeln, Reis, Reiswasser die Ernährung auf. Für unterwegs im Flugzeug, Zug, Bus, Auto, wo Zubereitungen schwierig sind, kaufen wir Kekse und Mineralwasser. Wir achten immer darauf, daß die Kleinen genug trinken, besonders in heißen Ländern. Die Größeren haben gelernt, die Urinfarbe ständig selbst zu kontrollieren (s. o. unter Gesundheit). Die leeren Mineralwasserflaschen aus Plastik sind praktisch. Wenn man den oberen Teil bei dem Ein-Liter-Typ wegschneidet, erhält man kleine Töpfe zum Anrühren von Nahrung, Gefäße, um (unter Zusatz von heißem Wasser) die Säuglingsflasche aufzuwärmen. Im Flugzeug haben die Stewardessen natürlich Elektrogeräte dafür. Es ist wichtig, dabei jedes Mal auf die richtige Temperatur zu achten. Flasche schütteln und (mit der Innenseite des Handgelenks) fühlen, ob das Getränk nicht zu heiß oder zu kalt ist. Mit einem der zahlreichen mitgebrachten Sauger läßt sich eine Halbliter-Mineralwasserflasche zur Säuglingsflasche umfunktionieren – unzerbrechlich, billig und schön leicht. Natürlich haben wir bei Reisen in kühlen Klimazonen auch eine Thermosflasche dabei. Ein Problem ist die Malaria-Prophylaxe. Das flüssige Mittel ist zu bitter, und dem Kind jeden Tag eine bittere Tablette gegen seinen Willen einzuhexen, geht über unsere Kräfte. Also lösen wir die Tabletten für 1 x wöchentliche Einnahme in Obstsaft auf und fügen etwas Zucker hinzu. Die Kleinste mag das gar nicht. Wir müssen ihr die Flüssigkeit regelrecht aufzwingen, und dann: Kopf zurück, Nase zuhalten. Da muß sie schlucken." So hart kann das Leben schon im zarten Alter von 18 Monaten mit einem umgehen!

Wenn die Kinder älter werden und stärker auf Eindrücke von außen reagieren, brauchen sie Zeit, um Dinge zu verarbeiten. Häufigen Ortswechsel sollte man dann vermeiden. Helfen Sie den Kleinen, sich möglichst zu Hause zu fühlen. Vielleicht haben Sie aus der Heimat den geliebten kleinen Teddybär, das Lieblingsspielzeug, die Spieluhr zum Einschlafen mitgenommen. Mit diesen vertrauten Dingen ist die Anpassung an die zunächst fremde Umwelt möglicherweise leichter. Und die Anpassungsarbeit ist enorm: Neues Klima, neues Zimmer, neue Gesichter am Nachbartisch beim Essen, neue Tiere, neue Landschaft, Oma und Opa sind plötzlich nicht mehr da, die Nachbarkinder fehlen, kein Fernsehen, fremde und ungewohnt aussehende Menschen starren neugierig, streicheln einem über die Haare, kneifen dauernd in die Bäckchen (zuviel, wenn Sie nicht darauf achten und Ihr Kind schützen – es hat eine sehr empfindliche Haut), die Leute sprechen eine völlig unverständliche Sprache, Mami und Papi lesen den ganzen Tag oder schleppen einen durch Tempel und Museen. Das fällt alles schwer, und die Eingewöhnung geht sehr langsam. Wenn Sie andere Paare mit Kindern möglichst gleichen Alters finden, hilft das. Man kann sich dann auch mal die Beaufsichtigung der Kleinen teilen und gewinnt ein paar freie Stunden. Wenn das nicht möglich ist, bringen Sie den kleinen Prinzen oder die kleine Prinzessin mit einheimischen Kindern zusammen. In ein paar Wochen schnappen sie genug Wörter der fremden Sprache auf, um dann mitspielen zu können.

Wenn Sie sehen, mit wieviel Geschick, Liebe und Verantwortungsbewußtsein einheimische Mädchen schon ab ca. zwölf Jahren in vielen „unterentwickelten“ Ländern mit ihren jüngeren Geschwistern und Nachbarkindern umgehen, werden Sie vermutlich keine Bedenken haben, ihnen oder einer „Ama“ (Kinderfrau) Ihr Kind für eine Weile anzuvertrauen. Dabei müssen Sie aber ein gutes, dem Kind bekömmliches Mittelmaß finden. Das Kind braucht Sie als einzige vertraute Bezugspersonen viel mehr als zu Hause, wo Großeltern, Spielgefährten, Nachbarn, Kindergartenfreunde vertraute seelische Anlehnungsmöglichkeiten bieten. In diesen Problemkreis gehört das Heimweh. Es kann sich bei vielen älteren Kindern einstellen, besonders vor Feiertagen, Geburtstagen und sonstigen Anlässen, die zu Hause doch immer so schön gefeiert werden. Und diesmal werden plötzlich Omi und Tante Sophie nicht dasein. Versuchen Sie gegenzusteuern. Machen Sie ein besonderes Fest aus dem Tag. Das ist eine Gelegenheit, bei der sich das Kind ausnahmsweise mal im Mittelpunkt fühlen soll. Geschenke im Strumpf oder Schuh, ein Rausch von Zärtlichkeiten, ungeteilte Aufmerksamkeit, Überraschungen, Glückwünsche der Nachbarn, kerzenbestückter Kuchen, Süßigkeiten und Gebäck, die unter den neuen Freunden verteilt werden dürfen, usw. Dieser große Tag mag Heimweh erst gar nicht aufkommen lassen, kann im Gegenteil zum Kristallisationspunkt für schöne Erinnerungen an die ganze Reise werden.

Wenn es Ihnen gelingt, Ihrem Kind unterwegs das existentielle Wohlbefinden zu verschaffen, wird die Reise ein unerhört förderndes Erlebnis sein: Geographie aus eigener, hautnaher Anschauung (vielleicht sogar aus dem Flugzeugfenster, verglichen mit der Weltkarte auf Mamas oder Papas Schoß); angewandte Mathematik durch den Umgang mit Meilen/km, Francs, Rupies, Pesos, Yuan; ständige Auseinandersetzung mit der neuen Umwelt; Lösung von Problemen allein und mit anderen, vor allem den Eltern; laufende Anpassung an neue Gegebenheiten; ständiger Gedankenaustausch – auch über Schwierigkeiten unterwegs – mit den Eltern, die plötzlich Zeit für einen haben und nicht mit Berufsproblemen, Büroalltag, Fernsehen beschäftigt sind; Umgebung voll von aufregendem, fremdländischem Straßenleben, neuen Sprachen, interessanten neuen Freunden; Verantwortung für die eigenen Sachen – die zwölfjährige Jennifer trug ihren eigenen Rucksack über einen Gebirgspaß und hatte dadurch auch ein Erfolgserlebnis. All das ergibt in inniger Gemeinschaft mit den Eltern Selbstsicherheit und Selbstvertrauen. Wie oben gesagt: Wer sein Kind liebt...

Nach diesen wichtigen psychologischen Überlegungen nun eine Auswahl von Ratschlägen aus meiner eigenen reichen Erfahrung (ich war lange Jahre Kind) und von erfahrenen Reisenden mit Kindern. Besonders wichtig ist natürlich die medizinische Versorgung der Kleinen. Impfungen gegen Keuchhusten, Röteln, Masern, Mumps, Windpocken, Scharlach, Diphtherie und/oder die unter Impfungen aufgeführten Krankheiten sind in Abstimmung mit Kinderarzt und Gesundheitsamt oder Tropeninstitut vorzunehmen. Diese Krankheiten können ohne Impfschutz z.T. schwere Dauerschäden hervorrufen, sogar zum Tod führen. Um auf die schwierigen Gespräche mit Arzt und Gesundheitsamt/Tropeninstitut über die zahlreichen möglichen Krankheiten mit verwirrenden medizinischen Begriffen etwas vorbereitet zu sein, lassen Sie sich von Ihrem Apotheker vorab Informationsmaterial zum Einlesen geben (z.B. „Schutzimpfung von Anfang an" von den Behringwerken). Lassen Sie sich vor dem Aufbruch von Ihrem Kinderarzt eine Reiseapotheke verschreiben, die mindestens folgende Medikamente umfaßt: Schnupfenmittel, Hustensaft und evtl. -tabletten, fiebersenkendes Mittel, Arznei gegen Durchfall, Mückenschutz, Antihistaminsalbe, Desinfektionsmittel, Pflaster wie Micropore, Sonnenöl mit hohem Schutzfaktor (z. Einzelheiten s.o. unter Gepäck).

Zum Sonnenschutz dient auch ein möglichst breitkrempiger heller Sonnenhut. Wählen Sie bei der Bekleidung leicht waschbare und schnell trocknende Sachen, am besten aus Baumwolle, Wolle für kühle Klimazonen. Wenn man sieht, mit welch umständlichem Auf- und Zuknöpfen, Runter- und Hochziehen der Kinderhöschen bei uns im Westen das Geschäftchen verbunden ist, wundert man sich immer wieder, warum kein Fabrikant oder Importeur die praktischen chinesischen Kinderhosen mit einem rückwärtigen senkrechten Schlitz am Gesäßteil, der sich bei Bedarf automatisch öffnet, bei uns auf den Markt bringt. Vielleicht nähen Sie ein paar.

Es wird vom Gewicht, vom Alter Ihres Kindes und von Ihren Kräften abhängen, ob Sie sich für ein Tragetuch asiatischer Art, das viel Körperkontakt gibt, ein Tragegestell oder einen faltbaren Kinderwagen entscheiden. Letzterer wird übrigens bei Flügen gratis befördert, also nicht dem Freigepäck (s. o.) zugerechnet. Der Kinderwagen wird auch häufig als Eßstuhl und als Aufenthaltsort des Kindes dienen. Vorsicht vor Sonneneinstrahlung! In den Tropen kommt nur ein Schattenplatz in Frage. Achtung! Der Schatten wandert. Schaffen Sie bei Autofahrten Schatten, indem Sie ein helles Tuch oder ein Stück Karton oben und seitlich in das Türfenster klemmen und es unten am Rahmen mit Klebeband befestigen oder – solider – mit Sicherheitsnadeln Fäden befestigen, die um Fensterkurbeln, Türöffner und Handgriffe gewickelt werden. Natürlich wissen Sie, daß man ein Kind nie länger allein im Auto lassen soll, auch wenn dieses (vielleicht nur vorübergehend) im Schatten steht und die Fenster zur Luftzirkulation einen Spalt weit geöffnet sind. Für das Bettchen sind zwei Schlafsäcke aus Baumwolle praktischer als Bettdecken und Decken. Entscheiden Sie sich nach Lektüre des Kapitels Gesundheit für einen Mückenschutz, vielleicht einfach für ein Stück Gardine, das über ein seitlich geschlossenes Reisebett gelegt wird. Achten Sie darauf, daß sich im Bett keine Schlafgefährten wie Ungeziefer, Spinnen usw. einnisten und daß in der Nähe des Kindes keine süßen Speisen, Honig, Marmelade, angeschnittene Früchte, Obstsäfte und dgl. herumstehen, die Bienen, Wespen und Hornissen anziehen könnten.

Vermeiden Sie lange Bus- und Zugfahrten, bei denen Ihr Kind nicht entspannt und schaukelfrei liegt und schlafen kann. Es kostet den kleinen Körper viel Energie, die Erschütterungen und Gleichgewichtsverlagerungen in einem Verkehrsmittel auszugleichen.

Es mag interessant und nützlich sein, sich unterwegs von Zeit zu Zeit auf die Erde oder eine niedrige Sitzgelegenheit zu setzen und bewußt die Welt aus dem Blickwinkel des Kindes zu betrachten. Man sieht dabei, wie groß manche Gegenstände und

Tiere wirken und wie leicht sie Furcht einflößen können. Finden Sie einen Weg, solche Traumatisierungsmöglichkeiten abzustellen. Das Kind sollte sich immer sicher, in Harmonie mit seiner Umgebung fühlen. Suchen Sie diese „Froschperspektive" besonders bei der Erkundung möglicher Gefahren in der Nähe Ihres Heims fern vom Heim: der Ameisenweg, der glitschige Schwimmbadrand, der zwar langsam, aber recht unregelmäßig abfallende Strand, für den Nicht- und Schlechtschwimmer aufblasbare Ärmelbojen (Kinderschwimmhilfen) tragen sollten.

Wenn sich längere Reisen nicht vermeiden lassen und das Kind sie nicht durchschlafen kann, wird es der vorbeirasenden Landschaft – mag sie noch so faszinierend sein – auf Dauer nicht die gleiche Begeisterung entgegenbringen wie vielleicht Sie, sondern unruhig und gereizt werden. Ehe es soweit kommt, helfen Sie ihm, eine interessante Beschäftigung in seiner kleinen Welt zu finden. Im Flugzeug wird das Bordpersonal den Junior-Passagieren Spielzeug, Bilderbücher, Malstifte bringen. Bei Reisen in anderen Verkehrsmitteln sollten Sie selbst dafür sorgen. Die Lage ist problemloser, wenn Sie mit zwei oder mehr Kindern ähnlicher Altersgruppen reisen. Hier können Sie mit Wettbewerben viel Freude erzielen. Ich erinnere mich an eine Autofahrt mit Freunden durch Sardinien. Nach einer Weile wurden die Kinder so ungnädig, daß wir erwogen, die Fahrt für den Tag abzubrechen. In letzter Minute kam mir die rettende Idee, die Kinder jeden gesehenen Esel zählen zu lassen – Anwesende natürlich ausgenommen. Ich freue mich heute noch bei der Erinnerung, welche Begeisterung mein Vorschlag auslöste. Nach mehrstündiger Fahrt und 119 gegen 102 Eseln fielen die Kinder glücklich und todmüde vom anstrengenden Ausschauhalten und Zählen ins Bett. Von Langeweile und Quengeln war keine Minute mehr die Rede gewesen.

Wenn Sie als vollständige kleine Familie reisen, werden Sie sicherer sein. Die Menschen um Sie herum werden sich fürsorglicher um Sie kümmern. Sie werden leichter Kontakt finden. Kurz: Sie werden das Reisen von seiner schönsten und besten Seite erleben.

Reisen mit Haustieren

Wenn Ihr Hund, Ihre Katze oder Ihre Pythonschlange mit auf die Reise will, sollten Sie sich vorher über die Einreisebestimmungen Ihres Ziellandes informieren. Für Frankreich, Dänemark, die Benelux-Staaten, Österreich und die Schweiz braucht man ein Tollwut-Impfzeugnis. Nach Frankreich dürfen nur Tiere, die älter als drei Monate sind. In Österreich gilt für Hunde Leinen- und Maulkorbpflicht. Auf die Britischen Inseln, nach Schweden und Norwegen dürfen Haustiere nur nach einer viermonatigen Quarantäne eingeführt werden. Weitere Einzelheiten erfahren Sie bei den Botschaften, Konsulaten, Fremdenverkehrsämtern, Automobilklubs oder – besonders die notwendigen Impfungen betreffend – beim Deutschen Grünen Kreuz, Marburg. Denken Sie daran, daß Ihre Tierhalter-Haftpflichtversicherung nur für Deutschland gilt und für eine Auslandsreise erweitert werden muß.

Auf kurzen Strecken wird man einen Hund, meist geliebtes Familienmitglied, häufig im Auto mitnehmen. Dazu sollte er rechtzeitig ans Autofahren gewöhnt und am besten auf einem Hintersitz angeschnallt werden. Wenn er ungesichert mitfährt und durch eine unglückliche Reaktion einen Unfall verursacht, so kann nach einer Entscheidung des Bundesgerichtshofs der Versicherer dem Fahrer einen erheblichen Teil der Schadenssumme anlasten.

Für die Mitnahme im Flugzeug müssen Tiere vorher angemeldet werden und dürfen nur in vorgeschriebenen Transportbehältern an Bord. Sie können in der Kabine reisen, wenn Box und Tier zusammen weniger als 5 kg wiegen und der Behälter höchstens 45×32×20 cm bzw. (je nach Gesellschaft) 55×40×20 cm groß ist. Die Boxen werden von den meisten Fluggesellschaften für – je nach Größe – 15 bis 300 DM verkauft. Größere Haustiere und Exoten wie Vögel, Schlangen, Meerschweinchen, werden nur im Tierabteil des Frachtraums mit Druckausgleich und Klimatisierung befördert. Das Einchecken der Tiere erfolgt ohne zusätzliche Wartezeiten zusammen mit dem anderen Gepäck. Zu den Kosten: Kurzstrecke 22 DM pro Kilo (meist ohne Anrechnung auf Freigepäck), Mittelstrecke (z. B. Türkei, Kanarische Inseln) 36 DM/kg (bei einigen Gesellschaften Pauschalpreis 90 DM pro Tier), Langstrecke 121 DM/kg (Pauschalpreis 165 DM), USA, Mexico, Kanada 400 DM/kg (Pauschalpreis 480 DM).

Wichtig ist es, vorab tierfreundliche Hotels wie die der Mövenpick-, Novotel-, Romantica-Kette zu finden, wo Tiere willkommen sind und meist umsonst im Zimmer übernachten können. Für den an fremdem Ort häufigeren Fall, daß das Tier verlorengeht, empfiehlt sich eine Kennzeichnung durch die Heimat- und Urlaubsadresse am Halsband, Tätowierung oder Einsetzen eines neuen einen Zentimeter langen, dünnen Microchip unter die Haut, lesbar durch einen Scanner, der voraussichtlich in absehbarer Zeit bei Grenzstationen, Tierheimen und Tierärzten vorhanden sein wird.

Überlegen Sie immerhin, bevor Sie Pussi oder Bello der Reisestrapaze und den Problemen am Urlaubsort aussetzen, ob Sie nicht lieber Bekannte um Füttern und Gassiführen bitten, in einem Tierheim oder einer Tierpension Kost und Logis buchen oder sich von Ihrem Tierschutzverein einen anderen Tierfreund benennen lassen, der während Ihres Urlaubs Ihren zwei- oder vierbeinigen Freund betreut, möglicherweise als „Hilfe auf Gegenseitigkeit“, falls Sie bereit sind, später ein anderes Tier zu versorgen.

Im Ausland leben

Mögen Sie den europäischen Winter mit Kälte, Nebel, Regen, Schneematsch? Mögen Sie Sonne, Palmen, 27° C warmes Meerwasser, fremde Kulturen? Sind Sie Schriftsteller, Maler, Komponist, der seinen Aufenthaltsort frei bestimmen kann und vielleicht in exotischer Umgebung zusätzliche Inspiration findet? Oder können Sie ein paar Monate unbezahlten Urlaub nehmen – vielleicht zwischen zwei Jobs? Oder sind Sie ein freier Mensch im Ruhestand mit einer kleinen Pension oder Rente? Warum leben Sie dann nicht mal ein paar Monate oder länger in einem Land Ihrer Träume?

Jeder hat andere Träume, und hier fehlt der Raum, viele Länder abzuhandeln. Lassen Sie mich zunächst einmal ein besonders schönes und vielseitiges Tropenparadies herausgreifen: Sri Lanka, das alte Ceylon, die glückliche Insel bei der Südspitze Indiens. Ich traf dort einige Deutsche, die knapp drei Monate in Hikkaduwa, einem beliebten Touristenziel, überwinterten. Das kostete dann – je nach Buchungszeitpunkt (evtl. last minute) – um die 3000 DM und umschloß Hin- und Rückflug, Transfer Flughafen–Hotel–Flughafen, Unterkunft in einem erstklassigen Hotel, Halbpension. Ein Mittagessen findet man dort unten in einem netten Strandlokal unter Palmen mit Blick aufs Meer für zwei bis fünf DM. In einem Fall trug die Vermietung der Wohnung und die Einsparung der sonstigen teuren Lebenshaltungskosten in Deutschland die ganze Reise mit den dazugehörigen vielen Nebenausgaben. Wenn Sie die Insel kennen, gut handeln können, vielleicht bei der zweiten Reise in einem Strandbungalow oder als möblierter Herr mit Familienanschluß als Teil einer Großfamilie leben und dort oder in kleinen Restaurants essen, können Sie es um – sagen wir – ein Viertel günstiger machen. Wenn sich die teuren Flugkosten auf eine längere Zeit verteilen, wird es noch preiswerter. Sie werden vollauf beschäftigt sein mit Schwimmen, Schnorcheln, Tauchen, Sonnenbaden, Lesen, Strandspaziergängen, Ausflügen ins Landesinnere zu den alten Königsstädten Anuradhapura, Pollonaruwa, Kandy, nach Sigirya mit seinem riesigen Granitfelsen mit Palastruine und den „Wolkenmädchen"-Malereien, zum Adams-Gipfel, zum Fort von Galle oder zu einer Seidenfabrik. Ein Einreisevisum ist nicht erforderlich. Nach einem Monat wird Ihre Aufenthaltserlaubnis auf drei, später auf sechs Monate verlängert (bei Vorlage von Geldwechselbescheinigungen und Zahlung unterschiedlicher Gebühren, die je nach Nationalität nach dem unerfindlichen Ratschluß von St. Bürokratius festgesetzt und gelegentlich geändert werden). Wenn Sie auf Dauer in dem schönen Land bleiben wollen, müssen Sie 150000 DM investieren, eine schwarzäugige Ceylonesin oder einen ebensolchen Ceylonesen heiraten oder in einem Kloster Ihren Studien über Theravada-Buddhismus nachgehen. Sonst fliegen Sie für 45 $ die halbe Stunde nach Trivandrum in Südindien und sofort zurück (und setzen damit eine neue Aufenthaltserlaubnis in Gang) oder erreisen sich den faszinierenden Subkontinent. Wenn Sie das paradiesische Strandleben in neuer Umgebung fortsetzen wollen, fahren Sie vom Flughafen Trivandrum mit einer Motorrikscha nach Kovalam Beach, dem (mit Goa) schönsten Strand von Indien und setzen sich dort für den Rest des Winters zur Ruhe (Hotelzimmer mit eigenem Bad ab fünf DM, Essen im Strandrestaurant ab zwei DM, Indien-Visum für drei Monate in Colombo auf Sri Lanka). Indien in homöopathischen Dosen in dieser grünsten und reichsten, richtiger: am wenigsten armen Provinz des Landes.

Wenn Sie eine Weile in Indien gelebt haben, gefällt es Ihnen vielleicht so gut, daß Sie gar nicht mehr fort wollen. Dann können Sie Ihr Visum – zunächst um weitere drei Monate – verlängern. Mehr als sechs Monate Gesamtaufenthalt pro Kalenderjahr stehen Ihnen in Indien und Sri Lanka nicht zu. Diese Bestimmung könnte man natürlich dadurch überspielen, daß man ausfliegt und mit einem zweitem Paß wieder einfliegt. Im Sommer mag es Ihnen im Süden bei 40° C zu heiß werden. Sie können dann „the hot" in einer indischen Bergstation verbringen oder – wahrscheinlich der Höhepunkt Ihres Lebens, zumindest im geographischen Sinne – in einem der alten Himalaya-Königreiche. Nach Ladakh reicht dann auch der Monsun mit seinen häufigen Regenschauern nicht. Was auch immer Sie tun, der Rest Asiens liegt Ihnen zu Füßen: Thailand, Malaysia, Singapur, Indonesien, China, Japan... Übrigens denkt man in Indien derzeit im Zusammenhang mit der wirtschaftlichen Liberalisierung über ein neues Visum nach. Gültigkeit fünf Jahre bei nur einer jährlichen Ausreise für mindestens einen Tag. Dieser vielversprechende Plan mag im Stil der Echternacher Spring-Prozession – drei Schritt vor, zwei zurück – verwirklicht werden.

Ist Ihnen Südostasien zu weit oder mögen Sie die Zeitumstellung nicht? Wie würde Ihnen – um ein anderes faszinierendes Land herauszugreifen – Ägypten gefallen? 5000 Jahre Geschichte, eine der ältesten Kulturen der Menschheit. Landschaften, die von Wüsten und Oasen zu den Korallenriffen des Roten Meers, vom Sinai zum Nil reichen. Auch hier ist für den ersten Monat kein Visum erforderlich, Aufenthaltsverlängerung unter bestimmten Voraussetzungen wie Tausch von mindestens 6 $ pro Tag praktisch unbegrenzt. Im Norden (Kairo, Alexandria) ist es im Januar/Februar kühl (12–16° C, unangenehm, da keine Zentralheizungen in den Häusern). Da ist man im Süden des Landes besser aufgehoben, im magischen Assuan oder Luxor, wo man bei Interesse für die Kunst der Pharaonen einen wunderbaren Winter verbringen kann. Besonders interessant und mein Traum für mein „drittes Alter" ist Alexandria, die schöne Großstadt am Mittelmeer mit sechs Kulturinstituten verschiedener Länder (auch Goethe-Institut) mit Bibliotheken, Vorträgen, Ausstellungen. Auch die Bibliotheca Alexandrina soll als internationale Institution mit Hunderttausenden von Büchern auf Mikrofilm wiedererstehen. Das saubere Hotel Acropole kostet beispielsweise nur sechs DM pro Person, möblierte Wohnungen ca. 250 DM monatlich, Essen ein paar, ein elektrischer Heizofen ein Dutzend Mark.

Alles zusammengerechnet, lebt man in diesen schönen, interessanten Ländern mit dem Parfüm des Orients für ein paar Dollar pro Tag, da Einheimische z.T. nur um die 30–60 DM im Monat verdienen.

Und die teure Wohnung, die man nicht unbewacht zurücklassen will? Neben Vermietung und Untervermietung gibt es eine elegante Lösung für kürzere oder längere Aufenthalte an anderen Plätzen im In- und Ausland: Wohnungstausch. Ihre eigene Wohnung ist dadurch ohne bezahlten „Homesitter" bewohnt und besser gegen Einbruch geschützt. Zudem sparen Sie Miete und leben in einem mit allen Annehmlichkeiten ausgestatteten privaten Heim. Finden lassen sich solche Gelegenheiten zum Home-swapping durch Zeitungsanzeigen und über die wie Pilze aus dem Boden schießenden Mitwohnzentralen, durch Organisationen wie Intervac Deutschland, Leinfelden-Echterdingen, Holiday Service Wohnungstausch, Memmelsdorf, Student's International Lodgings Exchange, New York, Homelink International, London (die größte mit 7500 Kunden), Interhome, gleichfalls in London, mit jeweils halbjährlich oder jährlich erscheinenden Listen. Wenn Sie in oder bei einer Stadt mit Universität, TH, Fachhochschule oder Kunstakademie wohnen, ist vielleicht ein ausländischer Professor mit halb- oder ganzjährigem Lehrauftrag in Ihrer Stadt ein perfekter Partner. Fragen Sie in Sekretariat, Betreuungs-, Wohnvermittlungsbüro, oder hängen Sie einen Zettel ans Schwarze Brett. Die Erfahrung hat über die Jahre gezeigt, daß es bei diesem Modell erstaunlich wenig Ärger gibt. Das Gefühl, daß die Besitzer des bewohnten Hauses oder Appartements in der eigenen Wohnung sind, und der Wunsch, daß sie sich dort nett und sorglich benehmen mögen, scheint die meisten Bewohner zu eigener Sorgfalt zu veranlassen. Es kann natürlich mal Kummer wegen des Zigarettenlochs in der Tischdecke vorkommen, aber dann gibt es andererseits auch die Geschichten von Leuten, die das Schloß in Schottland mit Butler und Rolls-Royce oder den Bungalow in Kalifornien mit Segelboot in der Bucht fanden. „Se non è vero è ben trovato", sagen die Italiener. Wenn es nicht stimmt, ist es gut erfunden!

Für junge Leute gibt es eine Reihe von Möglichkeiten, im Ausland zu leben und zu arbeiten. Das Entgelt erlaubt in der Regel nicht den Kauf eines Lamborghini. Aber die Möglichkeit, in neuer Umgebung eine Sprache perfekt zu lernen und ein Land „von innen" kennenzulernen, zieht jährlich Zigtausende zum

Jobben in nahe und ferne Länder, oft für ein Jahr, machmal kürzer. Für die ganz Jungen kommt ein Schüleraustausch in Betracht. Geeignete Adressen finden sich durch Schulen, diplomatische Vertretungen und Organisationen wie den Studienkreis für Tourismus, Starnberg, Gesellschaft für Internationale Zusammenarbeit, Experiment e. V., Council on International Educational Exchange, alle in Bonn, ICXchange Deutschland, Oldenburg. Später bietet sich für Mädchen (neuerdings in seltenen Ausnahmefällen auch für Jungen) die Möglichkeit eines Au-pair-Aufenthaltes in einer Familie. Die Helfer haben Familienanschluß, arbeiten im Haushalt mit und betreuen die Kinder. Nach dem „Europäischen Abkommen über die Au-pair-Beschäftigung" des Europarats von 1969 darf dabei nicht mehr als leichte Hausarbeit verlangt werden. Danach arbeiten Au-pairs fünf bis sechs Stunden pro Woche. Meist hüten sie zudem zwei bis drei Abende die Kinder. Dafür erhalten sie Kost, Logis und ein Taschengeld von 400 bis 800 DM pro Monat. Bei der Vermittlung helfen die meisten der oben genannten Stellen.

Mit dem Alter nehmen auch die Möglichkeiten zu: Praktikantentätigkeit (wenden Sie sich gezielt an ausländische Unternehmen, die Sie interessieren, oder an die Carl Duisberg Gesellschaft – Patenschaftsprogramme, Köln), Camp counseling, d.h. Betreuung von Kindern und Jugendlichen in amerikanischen Ferienlagern gegen Flugticket und Taschengeld (US-Botschaft), Arbeit im Kibbuz (Botschaft Israel), Spaß als Animateur, Sportlehrer, Verwaltungshilfe, Kindergärtnerin, Betreuerin in einem Ferienclub, Tätigkeit in gemeinnützigen Work camps (Service Civil International SCI, Bonn, meist für Afrika, Kolpingwerk, besonders für Kenia), Arbeit als Handwerker (International Organization for Migration – Fachkräftevermittlung, Bonn, Zentralstelle für Arbeitsvermittlung – Auslandsabteilung, Ffm., Botschaften). In vielen Ländern gibt es, wenn man sich erst mal eingelebt hat und die Sprache spricht, Jobs als Sportlehrer in vielen Disziplinen vom Skifahren bis zum Tauchen, in der Gastronomie, als Erntehelfer, Babysitter, Sprachlehrer (bei Berlitz oder anderen Sprachschulen, auch unabhängig durch Zeitungsanzeigen), Dolmetscher (z.B. bei Gerichten, Handelskammern)

Übersetzer, Lehrer für Spezialgebiete, auf denen Sie Fachmann sind, etc. Zu all dem gehört viel Interesse am fremden Land, Einsatzbereitschaft und Lernfreudigkeit, denn nirgends in der Welt sind die Löhne so hoch, die Arbeitszeiten so kurz und die Arbeitsbedingungen so günstig wie in Deutschland, außer vielleicht in Japan. Dort gibt es besonders interessante Angebote für Sprachlehrer. Auch interessieren (Dia-)Vorträge über Dinge des fernen Europa, von denen man etwas versteht. Sie werden gelegentlich fabelhaft bezahlt. Außerdem sind mir nun schon mehrfach beeindruckende, junge und nicht mehr ganz so junge Damen, manchmal sehr, aber gelegentlich auch gar nicht mal unnötig hübsch, begegnet, die als Hostessen in japanischen Clubs gearbeitet haben, gewissermaßen als Geishas im klassischen moralischsten Sinne. Viele japanische Geschäftsleute, oft mit Firmenspesenkonto, suchen allein oder mit Geschäftsfreunden häufig Clubs auf, um eine Weile nett und gepflegt zu plaudern. In diesen Clubs sitzen sie – oft in der Gruppe – am Tisch mit jeweils einer, meist im Stundenturnus wechselnden exotischen (also nicht japanischen) Tischdame, die sich – elegant gekleidet, angenehmer, vielseitiger Konversation fähig, psychologisch geschickt, selten Japanisch, aber natürlich brauchbar Englisch sprechend – mit ihnen unterhält. Kein „Après"! Die erstaunlich gute Bezahlung erlaubt problemloses Leben in Japan und die Fütterung eines Sparschweins, dessen Schlachtung dann anschließend Sightseeing in anderen asiatischen Ländern und eine Round-the-world-Rückkehr ermöglicht.

Erkundigen Sie sich rechtzeitig nach einer Arbeitsgenehmigung. Sie muß manchmal (z. B. für die USA) vorab beantragt werden, um die richtige Visakategorie zu erhalten, manchmal wird sie auch im Land von den Behörden erteilt. In Australien jobben die meisten schwarz, nur mit einer unbedingt notwendigen Versicherungsnummer.

Reisen mit eigenem Fahrzeug

Das Wohnmobil und der Wohnwagen, Symbole der Freiheit, der Unabhängigkeit, der Traumstraßen. Keine Streckenplanung nach vorhandenen Restaurants, keine Hotelsuche, kein Auspakken und Einpacken. Man bleibt da stehen, wo es einem gefällt. Am Strand, im Wald, am Fluß, auf der Burgruine. Küche, Bett, vielleicht sogar Toilette und Dusche – alles im eigenen Schnekkenhaus. Wohnwagen oder Wohnmobil? Mit dem Wohnwagen kann man seinen Platz auf dem Campingplatz in Besitz nehmen und mit nur dem Schleppfahrzeug elegant in die Stadt fahren. Man kann den Wohnwagen auch eine Saison lang für die ganze Familie an reizvoller Stelle aufstellen. Jeder kann die zweite Residenz dann mit Auto, Zug, Bus, Fahrrad erreichen. Aber die Straßen-, besonders Kurvenlage ist nicht so gut wie beim Wohnmobil. Niemand darf sich laut polizeilicher Vorschrift während der Fahrt im Wohnwagen aufhalten – schlecht, wenn ein Beifahrer krank ist oder während einer Nachtfahrt ausgestreckt schlafen will. In einer mulmigen Situation kann man im Wohnmobil (sofern ein Durchgang vorhanden ist) rasch aus dem Wohnbereich ans Steuer klettern und wegfahren, ohne durchs Freie zu müssen. Das geht besonders schnell, wenn man den Zündschlüssel nachts immer steckenläßt. Schließlich sind die meisten Wohnmobile stabiler als Wohnanhänger. Kurz: Der professionelle motorisierte Globetrotter fährt im Wohnmobil durch die Sahara oder nach Indien.

Und es wird ein Diesel sein, der durch den Wegfall der elektrischen Zündanlage weniger störanfällig, langlebiger, sparsamer im Verbrauch, nach meiner Erfahrung auch sicherer ist. Dieselkraftstoff, kaum verdunstungs- und explosionsgefährdet, ist in den meisten Ländern 30–70% billiger als Benzin und leichter zu finden; im Notfall hilft der nächste Laster mit ein paar Litern aus. Als Basismodell kommen diverse Typen von verschiedenen

VW über Fiat 238, Ford Transit zu Mercedes in Betracht, je nach Anforderungen, Geschmack und Geldbeutel. Besonders solide und daher beliebt sind die Mercedes der 08er-Serie wie 508, 608 mit Allradantrieb und Zwillingsreifen hinten, Dingen, die man in schwierigem Terrain zu schätzen lernt. Sie sind für Schwerbetrieb auf staubigen Baustellen und dgl. ausgelegt und somit auch für Wüstendurchquerungen und Dschungelfahrten gewappnet. Bei vernünftiger Behandlung sind sie gut für 400000 km. Gebraucht kann man sie ab ca. 5000 DM (10–12 Jahre alt) finden. Der Do-it-yourself-Ausbau dauert – je nach Perfektion – zwischen zwei und 36 Monaten. Wenn man das in Rechnung stellt, mag ein neuer oder gebrauchter fabrikausgebauter Wagen nicht überteuert erscheinen. Allerdings wird die Arbeit eines Perfektionisten vielleicht die Fabrikqualität schlagen. Gelegentlich kommt auch mal solch ein Wagen nach der Indienreise auf den Markt, wenn der Eigentümer zu Weihnachten was zum Backen kaufen muß.

Je größer, desto bequemer (zum Leben, nicht zum Fahren). Es ist wichtig, aufrecht im Wohnbereich stehen zu können. Wenn jemand bettlägerig ist und das Bett aufgeschlagen bleibt, sollte idealerweise dennoch Platz zum Kochen, Waschen oder Schreiben sein. Nur bei Verschiffungen wird man bedauern, einen großen Wagen zu haben. Hier wird der Preis nach Kubikmetern oder auch Wert festgesetzt. Wenn die Gesamthöhe des Fahrzeugs maximal 2,30 m beträgt, ist Verschiffung im geschlossenen Container möglich. Das bietet einen Vorteil wegen der Einbruchsicherheit. Wenn es knapp wird, kann man etwas Luft aus den Reifen lassen. Größte Gesamthöhe bei Verwendung offener Container ist meinst 3,13 m. Wenn Sie an häufige Verschiffung denken, sind diese Überlegungen vielleicht für die Wahl des Basisfahrzeugs und die Entscheidung zwischen dem Höhersetzen des Daches (ca. 3000 DM) oder einem Hubdach hilfreich.

Egal, ob Sie den Ausbau selbst vornehmen oder ein bereits von einer Fabrik oder einem Privatmann ausgebautes Wohnmobil kaufen, Sie sollten folgendes beachten: Der Ausbau soll Wohnkomfort schaffen, die Sicherheit erhöhen und gegen Staub, Moder und Rost schützen. Die zweckmäßigste Raumaufteilung je nach Größe des Mobils und nach Reiseprogramm werden Sie entsprechend Ihrem Geschmack, Beispielen auf Auto- und Caravanausstellungen (auch auf Bootsausstellungen kann man viel über praktische, solide und raumsparende Wohnlösungen lernen) und Ratschlägen in der Fachliteratur unter dem Stichwort Wohnmobilausbau festlegen. Wohnliche Oberflächen für Reisen in wenig staubige Gegenden bieten die mit Gummi beschichteten Auslegeteppiche, mit denen man auch Decken und Wände zur Verschönerung und Isolierung bekleben kann. Bei weiten Reisen auf staubigem Terrain werden sie jedoch zu Staubfängern. Ähnliches gilt für auf Schaumstoff aufgebrachten Velours. Korkbelag, anfangs sehr dekorativ, wird auf die Dauer unansehnlich, wellig bei Feuchtigkeit und ist dann schlecht zu reinigen. Glatte Holzoberflächen haben sich am besten bewährt. Sie sollten zur Temperaturisolierung mit Schaumstoffplatten unterlegt sein. Diese haben zweckmäßigerweise geschlossene Poren, damit keine Feuchtigkeit aufgenommen wird. Denken Sie an eine Dampfsperre, das Ausschäumen von Zwischenräumen und die Vermeidung von Kältebrücken an Spriegeln und Holmen. Helle Farbe schafft freundliche Räume und gutes Lese- und Arbeitslicht. Das Holz sollte natürlich möglichst leicht und stabil sein. Diese Kombination bietet beispielsweise fünffach verleimtes Pappelsperrholz. Spanpreßplatten sind zu schwer und zerbröseln bei längeren Erschütterungen. Die Holzoberfläche sollte gegen das Eindringen von Feuchtigkeit, dadurch entstehende Stockflecken und Verschmutzung geschützt werden. Dazu ist eine Oberflächenbehandlung mit Bohnerwachs (riecht stark) oder besser Bienenwachs mit Verdünner zu empfehlen. Für Tische und Arbeitsplatten bietet sich Resopal an oder – falls Sie Kunststoffe nicht mögen – Aufbringung von Fußbodenversiegelungslack. Als Fußbodenbelag hat sich PVC bewährt. Es ist leichter sauberzuhalten als Teppichboden, der zudem im Süden eine Brutstätte für Ameisen, Ungeziefer etc. sein kann. Wenn Sie gar nicht auf Teppich verzichten wollen, dann verbinden Sie ihn nicht fest mit der Unterlage, damit er zur Reinigung und Sonnenbestrahlung hinausgebracht werden kann. Legen Sie zum automatischen Schmutzabstreifen ein Stück Matte auf eine Treppenstufe.

Für die Naßzelle, auf die manche Weltenbummler im Laufe der Zeit verzichten, genügen 90×90 cm für hochklappbares Becken, Wasserhahn (= Dusche) und chemische Toilette mit biologisch abbaubarer Lösung. Die Küchenausstattung wird von den persönlichen Vorstellungen der Hausfrau oder des Hausmannes abhängen. Sie sollte auf Gasflaschen basieren, wobei ein Abfluß zu schaffen ist – Gas ist schwerer als Luft, kann sich ablagern und explodieren. Auch kalte Luft aus dem Eisschrank fließt beim Öffnen der Tür ab. Eisboxen mit Zugang von oben haben bei häufigem Öffnen weniger Kälteverlust. Die meisten Wohnmobilfahrer finden nach der ersten großen Fahrt, daß sie bei Vorhandensein einer Hinter- und einer Seitentür besser von Anfang an auf die Hintertür verzichtet hätten, was durch Entfernen des oder der Türflügel und Einschweißen einer Wand zu bewerkstelligen ist. Durch ständige Erschütterungen werden Hintertüren und deren Dichtungen meist undicht, und infolge der Verwirbelungen durch Strömungsabriß hinter dem Wagen dringt viel Staub ein.

Querdurchzug durch Seitenfenster ist wichtig zur Kühlung. Die Kühlung wird noch verbessert durch den Kamineffekt einer Kunststoffdachluke, am besten mit Milchglas, um die Erhitzung des Wageninneren bei Sonneneinfall zu vermeiden. Diese bringt auch mehr Licht in den Raum.

Bei der Wasserversorgung ist ein elektrisches Druckpumpensystem bequemer, aber störanfälliger als ein Fußpumpensystem. Beide haben den Vorteil niedrig liegender Schwerpunkte zur Verbesserung der Straßenlage. Wenn Sie dennoch statt dessen einen hochgelegten Wassertank mit Einfüllstutzen am Dach wählen, so können Sie den Druck der Wassersäule benutzen, um einen Katadyn-Wasserfilter vor einem Trinkwassertank weiter unten zu betreiben. Sämtliche Metallteile müssen aus Messing oder verzinkt sein.

Gegen Steinschlag und Aufsetzen sollten Sie eine Aluminiumplatte unter Ölwanne und Getriebe anbringen. Ladeanzeige, Öldruck- und Temperaturmesser sind sehr nützlich. Zusätzliche Türschlösser bzw. preiswertere solide Innenriegel erhöhen die Einbruchsicherheit. Im Falle einer Verschiffung oder bei längerem Abstellen in einer Garage sollte eine Trennwand zwischen Wohnraum und Cockpit anbringbar sein. Stahlrohre in der Mitte der Fensteröffnungen erschweren den Einstieg. Ein bepackter Dachgepäckträger oder Polyester-Kofferraum schafft ein kühlendes Doppeldach. Weißer Anstrich, Aluminiumfolie, Solar-Beklebung sind weitere Maßnahmen zur Hitzeminderung. Auf dem Dach kann ein Suchscheinwerfer und vorteilhafterweise die Hupe (außerhalb der Hitze, des Staubes, Fettschmutzes und der Schallisolierung des Motorraums) Platz finden. Bei Fahrt durch kalte Gegenden sollten Sie sich den Komfort einer Heizung gönnen, am besten durch Gas oder Diesel betrieben (Webasto). Die Innenbeleuchtung ist am günstigsten und robustesten durch Leuchtstoffröhren zu bewerkstelligen. Ein Luftfilter mit Ölbad ist wirkungsvoller, zweckmäßiger und (mit Altöl) billiger zu betreiben als der Papierfiltertyp, für den Ersatzpapiere en masse mitgenommen werden müssen. Wenn Sie all das geschafft haben, gehört das Folgende zur Welt der kleinen Dinge: Abschlepphaken vorn und hinten; Ventilatoren im Fahrraum und über den Betten (Richtung verstellbar, aber nicht selbstschwenkend, sonst schläft man unruhig, wird schlimmstenfalls bei langsamer Einstellung bei fast jedem Schwenk wach); Bezug der Scheiben, mindestens der Frontscheibe mit Sonnenschutzfolie (bringt gleichzeitig Verstärkung des Glases); Verstärkung der Auspuffhalterung; Schmierung im Motorraum mit Vaseline, die punktuell wirkt, ohne sich wie Öl zu verteilen und einen Öl/Staub-Film im ganzen System zu schaffen; Sitzschoner zur Vermeidung von Kontaktschwitzen (am besten sind die Holzperlenmatten, die zusätzlich massieren); Walkie-Talkies bei Konvoifahrten, sonst und überhaupt besser zur Kommunikation mit Fernfahrern ein Citizen-Band-Gerät, womit es allerdings an manchen Grenzen Schwierigkeiten geben kann.

Die Ausstattung mit Ersatzteilen wird von den Schwachstellen Ihres Wagentyps, Ihrem Sicherheitsbedürfnis und Ihrer Route abhängen. Während Sie für eine Wüstendurchquerung außer zehn Liter Wasser pro Person und Tag alles Menschenmögliche für alle denkbaren Probleme mitnehmen sollten, verlassen sich viele Routiniers der Asien-Route auf improvisationsreiche Mechaniker unterwegs, ein erträglich ausgebautes Netz von Vertragswerkstätten (TATA in Indien für Mercedes) und die Richtigkeit der Theorie: Was kaputtgeht, hat man sowieso nicht dabei. Ein Minimum sollte sein: Keilriemen (der berühmte Damen-Nylonstrumpf hilft nicht bei Dieseln und im Langzeitbetrieb); Radlager; Zylinderkopfdichtung; Ventildeckeldichtung; Öl- und Spritfilter; Glüh- bzw. (Zünd-)Kerzen; Birnen und Sicherungen; Regler; Holzplatte zum Aufsetzen des Wagenhebers; Reserveanlasser oder Ersatzteile; Kabel; Stecker; Isolierband; Bremsbeläge; Kupplungsscheibe; Ventilfedern; Hupen (Heike und Peter brauchten fünf auf 25000 km in Asien); Schauglas an Einspritzpumpe; Stoßdämpfer; Radmuttern; Schrauben-, Bolzen- und Splintesammlung; Schläuche; Ventile; Ersatzwischerblätter (als Meterware); Spachtelmasse.

Denken Sie bei der Ausstattung mit Werkzeug nicht nur an das, womit Sie selbst umgehen können, sondern auch daran, daß ein hilfreicher Kapitän der Landstraße oder Hinterhofmechaniker, der das richtige Material selbst nicht hat, Ihnen vielleicht mit Ihrem Werkzeug helfen kann. Nehmen Sie daher außer Ihren Lieblingsschraubendrehern, Hammer, Blechschere, Radkreuz, Kombizange, Axt, Holzsäge, Bohrmaschine mit Einsätzen, Ölkanne, Fettpresse auch Dinge mit wie Schlagschraubendreher mit Einsätzen, Ring-, Gabel-, Imbusschlüssel, Seitenschneider, Kleinkompressor, Markiereisen, Schublehre, Wasserpumpenzange.

Zur Fahrweise siehe oben unter Reisemöglichkeiten im fremden Land. Möchten Sie mehr zu dem Thema lesen? Bücher wie „Im VW-Bus um die Erde“ von dem Globetrotterehepaar Tondok wecken den Appetit und geben nützliche Tips.

Wenn Sie mit kleinerem Budget reisen und keinen Wert darauf legen, viel Wohnraum durch die Welt zu fahren, dagegen schnell und weit auf guten Straßen fahren wollen, wie mit dem Wohnmobil Hotelsuche, Ein-, Auschecken, Ein-, Auspacken, Gepäcktransportieren, Übernachten (in Europa und Amerika meist das Teuerste am Reisen) in manchmal lauten Zimmern fern von Ihren Interessenpunkten (Meer, Strand, Altstadt, Museen) vermeiden wollen, ist ein Personenwagen mit einem Zelt für Campingplätze oder einem Dachzelt, vielleicht ein Kombi, die Lösung. Der Kombi, billig im Herbst/Winter auf einer Versteigerung gekauft, mit Austausch- und Ersatzteilen vom Autofriedhof „verjüngt", mit einer Matratze und Bettzeug im Laderaum, vielleicht mit Eisbox, Klappstuhl und dgl. ausgerüstet, erlaubt manchem Diogenes schöne Tage zwischen portugiesischen Fischerdörfern und malerischen französischen Häfen, in die neuerdings durch Hochbarrieren keine Wohnwagen mehr fahren können. Die rituellen Waschungen können dann im Meer und mittels einer Dusche aus dem schwarzen Sack (black bag, dessen Wasser durch die Sonnenbestrahlung besonders stark aufgewärmt wird) erfolgen, auch in den Einrichtungen von Yachtclubs, Campingplätzen, im öffentlichen oder Hotelschwimmbad – jeweils gegen geringe Gebühr. Ungeeignet für dicht besiedelte Gegenden wie Indien und Ägypten, wo Touristen von Dutzenden von gaffenden Einheimischen umlagert werden, aber herrlich für einsame Landstriche Skandinaviens, einsame Strände und Campingplätze. Gegen Hitze streichen Sie den Wagen weiß, bauen Sie ein Dachfenster ein, schaffen Sie Schatten durch Gepäckträger oder Dachkofferraum, kleben Sie evtl. Aluminiumfolie oder Alutapete aufs Dach und machen Sie seitlich am Dachgepäckträger ein aufrollbares Sonnendach fest. Ihr Lieblingshund Napoleon aus dem Tierheim (auch ein gutes Werk) bewacht den Wagen, während Sie zum Schwimmen, Shopping oder Museumsbesuch unterwegs sind. Im Autoradio hören Sie unterwegs Musik und Nachrichten, mit dem Kassettenteil lernen Sie die Sprache des Landes. Nehmen Sie einen Koffer weniger mit, damit Sie Platz für lustige Anhalter(innen) haben.

Meine erste Motorraderfahrung war eine Tour quer durch Spanien als autostoppender Beifahrer, „Klemmaffe" im Wortsinn. Sehr schnell, sehr sportlich, in den Kurven schleiften die Pedale über den Boden, und ich hatte ein sehr schlechtes Gefühl im Magen. Ein paar Jahre später bei einem Raid nach Sizilien fuhr ich dann genauso verrückt. Aber nach einem Zusammenstoß mit einem Linksabbieger ohne Blinkzeichen habe ich es sein lassen. Seither habe ich die Entwicklungen nicht mehr verfolgt und will mich nicht ohne Sachkenntnis äußern. Jeder Motorradvertreter sagt Ihnen mit Kompetenz (etwas anderes und) alles über moderne Zwei- oder Viertaktmotoren, Drehzahlen, Leichtbauweise usw. und die Zeitschrift „Tourenfahrer" bringt nützliche Testberichte. Lassen Sie mich nur wenige, auf dem harten Weg (nämlich durch eigene Fehler) gelernte Tips geben: Kette schmieren nicht vergessen, aber kein Fett/Öl auf Sandstrecken. Es bildet sich sonst eine Schmirgelpaste, die den Zahnrädern nicht gut tut. Filtern Sie beim Tanken den Sprit durch ein Einfüllsieb, über das Sie ein Feinsieb, notfalls einen Strumpf gezogen haben. Füllen Sie in heißen Ländern abends Ihren Tank auf, damit über Nacht nicht Kondenswasser in den Kraftstoff dringt.

Wenn ich je in meinem Leben noch einmal ein Motorrad kaufen sollte, dann wird es eine indische Royal Enfield sein, bei deren Erwähnung Motorradfans glänzende Augen bekommen, um mit diesem robusten Traditions-Einzylinder mit 350 ccm durch den Subkontinent zu fahren. Neupreis ca. 2000 DM, gebraucht in gutem Zustand in Indien für einen Tausender zu finden. Tiptop herzurichten bei Mechanikerstundenlöhnen von unter einer DM. Nach der Indienrundfahrt Verschiffung von Bombay nach Europa für 120 $ oder ... overland fahren. Das Carnet bekommt man in solchen Fällen beim ADAC, München, AvD, Frankfurt, Deutschen Touring Club, München. ÖAMTC Österreichischen Automobil und Touring Club, Wien, TCT Touring Club Schweiz, Genf. Ein englischer Enfield-Fahrer schaffte es – sogar durch Pakistan und Iran – jeweils nach langen Verhandlungen sogar ohne Carnet, lediglich mit einer Eintragung des Krads in den Paß. Das Vehikel war beim Ausladen ohne Bahnsteig aus dem nur einmal wöchentlich verkehrenden Zug durch die Sandwüste Belutschistans höllisch schwer, obwohl wir zu acht zupackten.

Frei und fit und high sein, das Radel muß dabeisein! – Eine typische Geschichte unserer Sport-ist-Mord-Zivilisation: Der Angestellte X steht auf, setzt sich ins Auto, fährt ins Büro, mittags mit Auto heim zum Essen, Auto Büro, abends Auto heim.

Nach zehn Jahren Fettbauch, Herzbeschwerden, Arzt. „Sie brauchen Bewegung. Ich verschreibe Ihnen eine Übungsmaschine, ein stationäres Fahrrad für den Keller. Täglich eine Stunde pedalieren!“ X steht jetzt auf, pedaliert Maschine, Auto Büro, Auto Mittagessen, pedaliert Maschine, Auto Büro, Auto heim, pedaliert Maschine. Warum fährt er nicht gleich per Fahrrad zum Büro? Da gefielen mir die beiden Engländerinnen besser, die mir in Ekuador von ihrer Fahrradreise Alaska–Feuerland erzählten. Sie hatten sogar ihren Ehrgeiz darein gesetzt, ihre Räder durch den Dschungel des weglosen Darien-Gap in Südpanama zu tragen, den sonst fast jeder Reisende per Schiff umfährt. Ganz Amerika von Nord nach Süd. Alle Achtung!

Fahrradfahren ist gesund, man kommt fast überall hin, kann jederzeit halten, um Schönes zu bewundern, man produziert keine Schadstoffe, macht keinen Lärm, es kostet wenig Geld. Schon für um die 200 DM finden Sie von Zeit zu Zeit Sonderangebote in Supermärkten. Teurer, aber besser zum Reisen sind Mountain- oder auch Touringbikes, stabil, mit dicken Reifen, die solider als Renn- oder Tourenreifen sind und besser abfedern, für Gepäck und Campingmaterial geeignet, brauchbar für nahezu jedes Terrain aufgrund ihrer 10 bis 18 Gänge.

Einige Verbesserungsmöglichkeiten: Wenn Sie mit dem Kunststoffsattel Schwierigkeiten haben, beschaffen Sie sich einen Ledersattel, den Sie notfalls mit Spezialfett zu anatomisch passender Form weichfahren können. Einige Langstreckenfahrer ziehen Sättel mit anpassungsfähiger Gelfüllung vor. Der Lenker sollte Ihrer Schulterbreite entsprechen. Wenn er schmäler ist, behindert er durch die Einschnürung des Brustkorbs die Atmung, breiter führt er zu Schulterkrämpfen. Kaufen Sie evtl. einen Tourenlenker, breiter und damit sicherer als Rennlenker, der verschiedene Fahrstellungen ermöglicht. Der Typ Randonneur wird besonders empfohlen. Eine ungewöhnliche Idee hatte ein Fahrer: Er verband durch zwei Klemmen einen hochgezogenen Normallenker mit einem niedrigen Rennlenker und konnte so zwischen drei Fahrstellungen wählen. Bringen Sie an den Pedalen Rennhaken an, die besseren Halt geben und ein wirkungsvolleres Treten ermöglichen. Ziehen Sie die Riemen nicht zu stark an, damit Sie leicht herausschlüpfen können. Wenn Ihnen das Gefühl des Eingeschnürtseins unangenehm ist, benutzen Sie den einfachen Spangentyp ohne Riemen. Eine gute Schaltung mit mindestens zehn Gängen ist für eine weite Fahrt wichtig. Je nach Programm erleichtern auch durch Kassettennaben austauschbare Zahnkränze einen Speichenwechsel. Mit Kevlar beschichtete Decken halten beonders lange.

Steigern Sie langsam Ihre Leistung: Fahrten in die Umgebung; dann Holland, mit seiner flachen Struktur, seinen unendlichen Fahrradwegen, seiner Sicherheit, seinen sprachgewandten, weltoffenen Bewohnern das perfekte Reiseland für Radfahrer; dann die Tour de France.

Wenn sich Ihre Schenkel wundscheuern, kaufen Sie eine Radfahrhose oder nähen Sie sich nach deren Muster ein Stück Waschleder ein. Angenehm sind dünne Lederhandschuhe mit atmungsaktivem Stoff auf dem Handrücken. Ein Gummiüberzug auf dem Lenker vermeidet Druckstellen. Eine Schirmmütze empfiehlt sich, oder auch ein Baumwollhut mit Krempe, mit dem man sich mal rasch über die Stirn wischen kann, ohne Taschentücher rauszusuchen und dann zu verlieren. Wie immer: Reisen Sie leicht! Verteilen Sie zweckmäßigerweise Ihr Gepäck auf eine Lenkradtasche mit Kartenfach (zum Kartenlesen unterwegs), Low-rider-Vorderradtaschen mit niedrigem Schwerpunkt weit vorn, eine Dreieckstasche, die an der Querstange aufgehängt wird, Seitentaschen am Gepäckträger und eine Alu- oder Hartschalenbox in der Art eines Kosmetikkoffers auf dem Gepäckträger. Letztere ist zuverlässig wasserdicht, was die Taschen nicht immer sind (oder bleiben). Allerdings sollten Sie bei Regen trotz eines praktischen Fahrrad-Ponchos nicht fahren. Erstens macht es keinen Spaß und zweitens ist es gefährlich, da Ihre Handbremsen schleifen (Wer hat heute noch eine gute alte Rücktrittbremse?). Cantilever-Bremsen haben, soviel ich weiß, die größte Zugkraft. Ihr Rad wird stabiler durch Hohlkammerfelgen und 2,34-mm- statt 1,8-mm-Speichen. Kontrollieren Sie regelmäßig, ob jede Speiche festsitzt. Wenn eine bricht und nicht sofort ersetzt wird, fallen die nächsten mit geometrisch steigender Geschwindigkeit im Dominoeffekt aus. Essen Sie besser fünf- bis sechsmal täglich leicht, als mittags schwer. Die Verdauungsagonie wird Ihnen sonst die Freude am Weiterfahren rauben. Außer Flickzeug, Schraubenschlüssel, Schraubendreher, ein paar Ersatzspeichen plus Schlüssel, Reifen-Montiereisen, Zange, brauchen Sie kaum etwas mitzunehmen, wenn Sie in Gebieten bleiben, in denen die gleichen Normen gelten. Sie werden in jedem Fahrradgeschäft oder Kaufhaus Ersatzteile finden. Falls Sie weiter fahren, ist die Mitnahme eines Pedalschlüssels, einiger Kettenglieder, Schläuche, Reservekabel für Bremse und Gangschaltung, Bremsgummi, Ersatzbirnen, Seil, Bindedraht (für provisorische Reparaturen und diverse Befestigungen) empfehlenswert. Nett ist es, nach einem langen Tag Kameradschaft und ein kostenloses Bett bei Gleichgesinnten zu finden. Das vermittelt auf Gegenseitigkeit – ähnlich wie die internationale Servas-Organisation (Antonie Fried, Landau) und der mit 37 SF pro Eintrag billigere FUNtrack im schweizerischen Wil der Fahrradklub ADFC durch seine deutschen und internationalen Verzeichnisse „Dachgeber“ (W. Reiche, Postfach 107747, Bremen). Über die Transportmöglichkeiten im Zug informiert Sie die Bundesbahnauskunft, über Einzelheiten des Flugzeug-Check-in Ihr Reisebüro oder die Fluggesellschaft. Das Aufgeben des Fahrrads ist bei frühzeitiger Anmeldung problemlos. Allerdings müssen Lenker in Längsrichtung gedreht und Pedale nach innen geschraubt oder entfernt werden. Ich würde Sie ins Handgepäck nehmen, um die Diebe auf Flughäfen zu ärgern. Manche Fluggesellschaften verkaufen große Kartons für Fahrräder. Ein guter Schutz! Meist wird das Fahrradgewicht (ca. 12–16 kg) von der Freigepäck-Höchstgrenze (= 20 kg) abgezogen, so daß nur ein paar Kilogramm für Ihr sonstiges Gepäck übrigbleiben. Packen Sie daher die schwersten Teile in eine Tasche, die Sie als Handgepäck nicht einchecken.

Vorsicht ist auch beim Radeln die Mutter der Porzellankiste. Damit ihr geliebter Drahtesel nicht gestohlen wird, nehmen ihn viele mit ins Bett ... na ja, wohl seltener, aber mit ins Hotelzimmer. Ansonsten empfiehlt sich gegen Diebstahl ein Drahtseil, das man durch Gestell und beide Räder führt. Die Luftpumpe ist eine beliebte Trophäe Jugendlicher, die weder etwas Vernünftiges mit sich selbst noch später mit der Pumpe anfangen können. Da Sie sie selten, dann aber sehr brauchen, können Sie ein Stück durchsichtigen Klebstreifen um Rahmen und Pumpe wickeln. Der Dieb wird so überrascht sein, daß die Pumpe sich nicht sofort löst, daß er vergessen wird, den fast unsichtbaren Film zu suchen und dann mit einem Messer durchzuschneiden. Beim nächsten Fahrrad hat er es ja leichter. Natürlich gibt es auch abschließbare Luftpumpen. Schnellspannaben erleichtern die Montage, aber auch einen Diebstahl des Rades. Weitere nützliche Anregungen finden Sie in der Zeitschrift „Radel", vielleicht eines Tages auch einen Test der interessanten, komfortablen Liegefahrräder.

Bei Fahrradtouren in ganz weit entfernten Ländern wie Indien (problemlos), China (problemlos im Süden, im Norden gelegentlich lange, wiederholte Polizeivernehmungen) würde ich dort für ca. 80 DM ein neues Rad kaufen, um die Schwierigkeiten der Ersatzteilbeschaffung für ein europäisches Rad und das neugierige Bestarren des Exoten und die ewigen Fragereien wie „Benzin?" beim Anblick der Trinkwasserflasche zu vermeiden.

Die Erde ist zu einem Drittel mit Land und zu zwei Dritteln mit Wasser bedeckt. Kann man damit nicht auf den Wunsch des Schöpfers schließen, daß der Mensch ein Drittel seines Lebens mit Arbeiten und zwei Drittel mit Segeln verbringen sollte? Reisen im Segelboot, die letzte große Freiheit. Über Motorboote will ich hier nicht reden. Ich verachte alles, was auf dem Wasser Krach macht und stinkt (obwohl ich manchmal nicht ganz so sicher bin, wenn ich selbst in einem dieser schnellen Flitzer sitze oder auf dem Wasserski dahinter hänge). Aber das Segelboot, ja, das ist es! Im Cockpit einer Hochseeyacht sitzen, die lange Dünung des Atlantiks spüren, das Atmen des Meeres, fühlen, wie der Monsun das Schiff wie eine gigantische Hand vorwärts schiebt gen Amerika, oft in drei Wochen Überfahrt nur ein Schiff am fernen Horizont sehen und vielleicht ein Flugzeug am Himmel, ein paar Seeschwalben auf ihrem weiten Weg vom Arktis-Herbst zum Antarktis-Frühling – das sind große Stunden in einem Menschenleben! Interessiert? Ein sinnvoller Weg beginnt mit einem A-Schein-Kurs im Segelverein Ihrer Stadt.

Der spielt sich auf vier bis sechs Meter langen Segeljollen ab. Nur damit kann man richtig und schnell segeln lernen. Jeder Fehler wird sofort bestraft: Peng! Man ist im Wasser. Große Schiffe verzeihen manchen Fehler. Wenn nicht, können die Folgen gravierend sein, z.B. der Mast kommt runter. Mit Dickschiffen umgehen, also Segelyachten von 8 m bis – na ja, sagen wir mal für uns Normalverbraucher – 20 m mit Kajüten zum Schlafen, Kochen, Essen, Navigieren, vom Töpfchen bis Luxusbad und Hilfsmotoren für Hafenmanöver, lernen Sie in einem Kurs einer so renommierten Anstalt wie beispielsweise der Hanseatischen Yacht-Schule in Glücksburg. Hier kommen Sie auch gleich in das ganz noble Milieu des norddeutschen Segelsports hinein. Es geht natürlich auch billiger und einfacher in anderen Schulen, die Sie in der Zeitschrift „Yacht" finden, oder indem Sie auf einem Schiff für eine Überfahrt anheuern oder sich von einem Freund in die Lehre nehmen lassen. Schließlich sind Sie ein kompetenter Segler, der sich in Seemannschaft und Astronavigation bestens auskennt. Dann sind Sie ein gesuchter Mann und finden vielleicht eine Koje für eine Atlantiküberquerung nach Amerika. Vor dem Beginn der Hurrikansaison in der Karibik im Juni segeln dann praktisch alle Charterschiffe und viele private Yachten über die Azoren nach Europa zurück. Einiges zu diesem Thema finden Sie auch unter Reisemöglichkeiten im fremden Land.

Spätestens nach einer Überfahrt werden Sie sich in Ihren kühnen Träumen als Eigner einer Hochseeyacht auf einer Reise um die Welt sehen. Es gibt eine Reihe von Leuten, die das in Booten von sieben und acht Metern Länge gewagt haben. Aber das wird dann sehr spartanisch! Ein vernünftiges Minimum für ein Paar ist 10 m Länge. Und sobald Sie Ihr 10-m-Schiff dann haben, möchten Sie 12 m. Das ist ein Optimum im Hinblick auf Komfort, Stapelraum einerseits und finanzielle Erschwinglichkeit, Handlichkeit andererseits.

Viele begeisterte Eigner halten ihr Schiff nur für eine jährliche Urlaubsfahrt, obwohl sich das durch hohe laufende Kosten (Liegegebühr, jährlichen Unterwasseranstrich, Reparaturen), Wertverlust, entgangene Zinsen auf das in Form des Kaufpreises eingesetzte Kapital usw. im Grunde nicht rechnet. Der Versuch einer Vercharterung für den Rest des Jahres bringt meist neben den Einnahmen eine Menge Ärger. Aber wir tun im Leben in unserer Begeisterung für ein Hobby ja manche Dinge, die sich nicht rechnen. Finanziell wirklich sinnvoll ist die Anschaffung eines eigenen Schiffes, wenn Sie mindestens ein Jahr darauf leben können, d.h. vorübergehend aus Ihrem Beruf aussteigen können, Künstler sind, im Ruhestand leben oder so viel von Holz, Polyester, Ferrozement, Stahl, Aluminium (den üblichen Materialien, aus denen Bootsschalen hergestellt werden), Besegelung, Motoren oder Bordelektronik verstehen, daß Sie mit Arbeiten auf anderen Booten genug Geld für den Unterhalt Ihres Schiffes und Ihr eigenes Überleben verdienen können.

In jedem Fall sollten Sie durch ein- oder mehrfaches vorübergehendes Chartern eines Bootes herausfinden, wie sich in jeder Beziehung ein Boot „anfühlt" – ehe Sie in einer Bootsausstellung die Anzahlung auf den Tisch etwa der holländischen Firma Jongert blättern, des renommierten Herstellers teurer Schiffe. Eine angenehme und lehrreiche Form des Charterns ist das Flottille-Segeln, bei dem ein halbes bis ein Dutzend Boote des gleichen Typs unter Leitung eines erfahrenen professionellen Skippers im Leitboot segelt. Gemeinsame Übernachtung im Hafen, morgens Routen- und Wetterbesprechung mit dem Skipper. Dann segelt jede Mannschaft unabhängig los, kann aber bei Problemen und Fragen den Skipper über Funk konsultieren. (Einschlägige Adressen wiederum in der „Yacht".) – Eine besonders praktische Alternative zum Chartern und Kaufen ist das Mitsegeln. Weltweite Vermittlung u.a. durch Agentur für Mitsegler, München, Koje Libre, Hamburg, Bootsbörse Köhler, Wilhelmshaven, Last Minute Börse, Stuttgart, ARGOS-Skipper-Kreis-Türkei, Wiesbaden. – Sie können auch selbst Ihr Schiff bauen. Das kann viel Freude machen und ein großes Erfolgserlebnis sein, dauert aber 1–2–3 Jahre. Kauf eines nackten Schiffsrumpfes und eigener Ausbau verkürzen die Zeit und geben gewisse Performancegarantien. Die klügste Lösung ist der Kauf eines Schiffes aus 2. Hand. Mit Zeit und Geschick auf Ihrer Seite können Sie sehr gut und günstig kaufen. Der klassische Fall: Das hoffnungsvolle Paar hat sein Traumschiff gekauft. Auf zur Weltumsegelung! Auf den Kanarischen Inseln, an denen man fast vorbeigesegelt wäre, weiß man, daß man es auf dem engen Raum an Bord nicht miteinander aushält, daß sie ohne die Feinkost-Käfer-Anlieferung oder den Chinesen um die Ecke nicht kochen kann, daß er seekrank wird oder mit der Navigation doch nicht so ganz klarkommt. Also weg mit dem Boot! Das kann dann ein Schnäppchen für Sie sein. Mast- und Schotbruch! Sie leben nur zweimal, gönnen sich ja sonst nichts, und schon die Phönizier fanden: Die unsterblichen Götter ziehen von unserer Lebensspanne die Stunden nicht ab, in denen wir segelten.

Das vielleicht häufigste Gesprächsthema unter Yachties und Überlandfahrern im eigenen Fahrzeug sind Waffen. Überall nehmen Überfälle zu: Schon auf französischen Autobahnen treiben Banden ihr Unwesen. Die Piraten im Südchinesischen Meer und in der Malacca-Meerenge begnügen sich inzwischen nicht mehr mit Überfällen auf Boat people und Segelyachten, sondern greifen ganze Frachtschiffe an. Ich kenne Um-die-Welt-Segler, die einen Wachhund, Gewehre und Handgranaten an Bord haben. Der Hund schaltet Zweifel aus, ob Leute in einem herannahenden Boot friedlich plaudern, Früchte verkaufen oder angreifen wollen. „Wenn sie den Hund töten, schießen wir zurück." Ich kenne aber auch den Fall, bei dem eine Seglerin durch Kopfschuß getötet wurde, weil sie ein Gewehr herausholte (mit dem sie gar nicht umgehen konnte). Und es gibt die Weltumsegler, die ihre Gewehre und Pistolen beim Hafenzoll hinterlegen mußten und sie gerade dann hätten gebrauchen können. In einem Auto ist man ohnehin so verletzlich, daß Waffen wenig helfen würden. Dagegen kann der illegale Besitz von Waffen an Land erheblichen Ärger mit Behörden bringen. Es ist verdienstvoll, aber lebensgefährlich, sich bei Überfällen zu wehren. Im Zweifel schießt der geübtere und skrupellosere Räuber schneller. Wenn es Sie beruhigt, halten Sie auf dem Schiff eine behördlich zugelassene Signalpistole, die auch eine fürchterliche Waffe sein kann, im Auto den großen Schraubenschlüssel, und in beiden einen Tränengasspray bereit. Ich wünsche Ihnen, daß sie all dies nie brauchen!

Sagen Sie weder auf einem Schiff noch in anderen Reisesituationen, in denen man daraus Vorteile ziehen könnte, daß Sie allein sind. Die beste Formel, wenn ein Boot mit Einheimischen mit unklaren Absichten sich Ihrer Yacht nähert, ist ein Hinweis wie: „Seien Sie bitte leise! Der Kapitän und sechs Mann schlafen unter Deck. Ich kann sie jetzt nicht wecken. Kommen Sie bitte in vier Stunden wieder!“ Ähnliches können Sie in brenzliger Lage für Ihr Auto erfinden.

Car-sharing

Sollte Ihnen ein Autokauf für eine längere Reise wegen des vielleicht schwierigen Wiederverkaufs zu risikoreich, die Miete zu teuer sein, kommt vielleicht ein Mietkauf in Frage. Damit verpflichtet sich eine Autofabrik oder ein Unternehmen, den Wagen nach der Reise garantiert zu einem Fixpreis zurückzukaufen.

Eine interessantere neue Initiative findet in immer mehr Städten Zuspruch: Car-sharing, Stadt-Auto, Statt-Auto, Teilauto, eine Gemeinschaft von Autohaltern, die gemeinsam eine begrenzte Zahl von Fahrzeugen (meist eins für zehn bis zwölf Mitglieder) kurzfristig und unproblematisch gegen direktes Entgelt nutzen können. Da private Pkw durchschnittlich nur für 33 Minuten pro Tag und Person effektiv genutzt werden und ein internationales Verbundnetz im European Car-sharing vorgesehen ist, macht eine Mitgliedschaft (fünf bis zehn DM pro Monat) viel Sinn für kurze und längere Reisen (Stundenpreis drei bis vier DM, Nulltarif von 24 bis sieben Uhr, max. 35 DM pro 24 Std., 25–35 Pf. je km einschließlich Benzinverbrauch), evtl. auch bei Benutzung öffentlicher Transportmittel zwischen Heimatstadt und Zielort. Die Wagen stehen an festen Parkplätzen, werden telefonisch bei einer Zentrale gebucht, und wenn ein Benutzer seine reservierte Mietzeit überschreitet, werden 50 DM Entschädigung fällig, für die der geschädigte Nachfolger einen Mietwagen, Zug, Bus oder ein Taxi nehmen kann. Eine Kaution von 500–1000 DM schafft einen Fonds für Wagenkäufe und -unterhaltung. Interessant für jeden, der weniger als 8000 bis 10 000 km im Jahr fährt. Unterm Strich sind zwar die variablen Kosten für den einzelnen etwas höher als bei einem eigenen Auto, die Fixkosten jedoch wesentlich niedriger. Die gute Idee ist neu – Geburtswehen daher nicht ausgeschlossen –, aber vielleicht auch an Ihrem Wohnort schon verwirklicht.

Mitfahrzentralen

Von Düsseldorf nach Rom für 120 Mark, nach Amsterdam 23 Mark, Lissabon 140, Paris 50, meist schneller als mit dem Zug – die Mitfahrzentralen machen es möglich. Vor zehn Jahren waren sie eher eine Sache junger Leute der alternativen Szene, heute, da die Bahn immer teurer und unpünktlicher wird, steigt auch schon mal ein kosten- und zeitbewußter Geschäftsmann im Nadelstreifenanzug mit Laptop in den Wagen, und der Fahrer freut sich allemal über den Zuschuß zum Benzingeld. Für ihn ist die Vermittlung in Deutschland kostenlos, der Mitfahrer zahlt sechs Pfennig pro km sowie ca. zwei bis drei Pfennig pro km Vermittlungsgeld an die Zentrale. Zusätzlicher Charme der Sache liegt in der Zusammenwürfelung von Menschen aller Lebensbereiche und Berufe, und wenn man wie ich der Meinung ist, daß man von jedem etwas lernen kann, sind interessante und instruktive Gespräche progammiert. Neben den Waschküchenunternehmen haben sich nun eine Reihe von Großstadtzentralen zum Citynetz-Verband zusammengeschlossen. Einheitliche Telefonnummer 19444 in allen Städten; Computer mit bundesweiter Vernetzung, die auch Rückfahrtbuchung zuläßt; Rückrufservice (der selten klappt); Abbuchung durch Bankeinzugsermächtigung, die Reservierung per Telefon von zu Hause ohne Aufsuchen der Zentrale erlaubt; Versicherungsmöglichkeit; Beachtung von Sonderwünschen wie Mitnahme von Tieren, Kindersitze, Raucher/Nichtraucher, Frau-mit-Frau-Fahren; Sicherheit durch Speicherung der Fahrerdaten (leider oft nicht der Mitfahrerangaben). In der Saison wurden auch schon gelb-, rot- und schwarzhäutige Touristen von der anderen Seite der Welt vermittelt.

Im Ausland läuft die Vermittlung unter Allostop Provoya (Frankreich), Eurolift Portugal (P), Agenzia Autostop (I), Viajes Compartidos (E), Lift Center (GB). Bei dem Eurostop-Zusammenschluß von bisher 71 europäischen und kanadischen Zentralen in sieben Ländern sind 39 DM für eine Jahreskarte und fünf Pfennig je km fällig, für den Fahrer ebenfalls eine Vermittlungsgebühr. Die Karte beinhaltet Registrierung aufgrund des Personalausweises, Abgeltung der Vermittlungen, Unfallversicherung. Und ein Foto zur Identitätskontrolle hat sie auch. Was will ein vorsichtiger Autofahrer mehr?

Neuerdings gibt es auch Mitflugzentralen wie die in Essen. Allerdings sind die Preise kaum günstiger als die besten Angebote für Passagiermaschinen. Da naturgemäß solche Flüge öfter ausfallen und recht langsam sind, ist das Ganze wohl nur für Sportflugzeugenthusiasten und Leute mit langen Anfahrten zu großen Flughäfen interessant.

Autostop

In der guten alten Zeit hielten einmal in Schottland auf mein Daumenzeichen hin zwei Jaguars hintereinander. Heute nehme ich Anhalter mit, fast jeden. Es gibt viel Spaß und interessante Gespräche. Autostop ist immer noch die beste Möglichkeit, nur mit besonders netten, sportlichen Zeitgenossen zu reisen – die Griesgrame, Pessimisten, Gesprächsmuffel fahren ja durch. Die besten Chancen, mitgenommen zu werden, haben Anhalter, die sauber, patent, lustig aussehen. Ein Rucksack hilft. Versehen Sie ihn – besonders im Ausland – mit einem schwarzrotgoldenen Fähnchen und vielleicht mit einem gelben Mondgesicht mit lächelndem Mund oder etwas Originellerem. Ein Pappschild mit dem Namen einer Stadt in Ihrer Richtung oder Ihres Endziels ist nützlich, vor allem, wenn die Straße sich später in verschiedene Richtungen teilt. Autofahrer bremsen ungern, wenn sie auf gerader Strecke mit 150 Stundenkilometern vorbeisausen, Lastwagenfahrer ungern auf einer steilen Bergstrecke und keiner von beiden gern unter einem Halteverbotschild. Ein Fahrer muß Sie sehen und einen Moment überlegen können, ob er Sie mitnehmen will. Daher ist es unzweckmäßig, sich kurz hinter einer Kurve aufzustellen oder vor einem Hindernis, das seine Aufmerksamkeit in Anspruch nimmt. Um Sie einsteigen zu lassen, muß der Fahrer bremsen und anhalten können, ohne sich oder sein Fahrzeug in Gefahr zu bringen. Gute Plätze sind kurz hinter einer Kreuzung oder einer Ampel – auch davor; die Wagen stehen schon, und Sie können auf ein zustimmendes Zeichen hineinspringen, evtl. auch fragen. Besonders interessant sind Tankstellen, an denen Sie vielleicht je nach Kennzeichen fragen können. Wenn Sie nach Hamburg wollen und sehen in einer römischen Tankstelle ein Schild mit „HH“, dann mag das Ihr Mann sein.

Stellen Sie Blickkontakt mit herankommenden Fahrern her.

Daher sollten Sie keine Sonnenbrille tragen. Rauchen Sie auch nicht. Ein Nichtraucher wird sich in Gedanken sofort für ein paar Stunden von Rauchschwaden umnebelt sehen und an Zigarettenlöcher in seinen Sitzbezügen denken. Mit wenig Gepäck reisen Sie, wie Sie ja wissen, am besten. Stellen Sie es so auf, daß es noch kleiner aussieht. Schiffskoffer sind ungeeignet. Kein Fahrer will seinen Pegasus in einen Möbelwagen verwandeln. Wenn Sie nachts reisen müssen, stellen Sie sich schräg unter einer Lampe auf, die Sie von vorn anleuchtet. So sehen Fahrer, daß Sie nicht der böse Wolf sind. Nennen Sie beim ersten Gespräch mit dem Fahrer zunächst ein Nahziel, noch nicht Ihr endgültiges Traumziel. Das erlaubt Ihnen, in der erstgenannten Stadt auszusteigen, falls Ihnen irgend etwas an dem Lift nicht paßt, z. B. ein Kamikaze-Fahrer. Für das Fernziel können Sie sich immer noch später verabreden. Ein kluger Fahrer wird es genauso machen. Halten Sie immer eine Streckenkarte parat. Darauf können Sie ablesen, ob Sie vielleicht ein größeres Stück mit einem besonders interessanten Fahrer, der Ihnen eine einmalige Vorlesung über Quantenmechanik hält (wie es mir einmal passierte), auf einer Strecke fahren wollen, die eigentlich nicht Ihre ist, Sie aber dennoch nahe an Ihr Ziel bringt. Sie können anhand der Karte – besonders nachts – auch entscheiden, an einer Tankstelle auszusteigen, statt an einer späteren Abzweigung in der Mitte von Nirgendwo. Schlimme Geschichten machen die Runde von bestohlenen Fahrern – aber auch von Anhaltern, denen der Fahrer mit dem Gepäck davonfuhr. Merken Sie sich für den unwahrscheinlichen Fall der Fälle beim Einsteigen unauffällig die Kennzeichennummer. Und wenn ein Fahrer sich wegen der möglichen Haftung bei einem Unfall Sorgen macht, beruhigen Sie ihn mit einer Haftungsbeschränkung. Der ADAC hat dafür faire Vordrucke. Allerdings ist die Unterschrift nur rechtsgültig, wenn Sie volljährig sind. Sonst müßte Ihr Vormund vorab unterzeichnen.

Zum Autostop der Lüfte oder Flugzeug-Hitchhiking gehören viel Geduld und Glück. Immerhin mögen Sie durch einen Zettel am schwarzen Brett eines Aero-Clubs, Herumhängen in Bars von Flugplätzen und telefonische Anfragen bei der Traffic-Control in eine Piper, Cessna oder größere Maschine steigen. Die früher sehr gerühmten, da exotischen und kostenlosen Missions-Flüge in Afrika und im Amazonas-Gebiet haben heute meist saftige Preise. Immerhin mag in Ausnahmefällen ein Versuch bei einer Mission Aviation Fellowship Erfolg haben. Andere früher in Globetrotterkreisen gelegentlich erzählten Lifts durch befreundete Piloten scheitern heute häufig an generellen Mitnahmeverboten der Eigentümer aus Versicherungsgründen. Die besten Erfolgschancen bieten Nordamerika und Australien, wo dann der Anflug auf Sydney über die Bucht voller Segelboote, das Theater und die alte Harbour-Bridge der Höhepunkt Ihrer fliegerischen Erfahrung sein kann.

Zu Fuß unterwegs

Nach dem Von-Ast-zu-Ast-Hüpfen ist seit mehr als 1,5 Mio. Jahren das Gehen und Laufen die naturgegebene und wohl auch naturgewollte menschliche Fortbewegungsart. Manche von uns, vom Auto verwöhnt, müssen sie neu erlernen. Fangen Sie langsam an und steigern Sie Entfernungen und Höhenbelastungen, vom Spazierengehen in bequemen, gut eingelaufenen Schuhen ohne Gepäck über Wandern mit Joggingschuhen und Tagesrucksack (25–30 l Rauminhalt) zum Trekking, für das Bergschuhe und volle Ausrüstung mit zünftigem Rucksack (min. 50 l) nötig sind.

Nachwort

Vielen Dank, lieber Leser, daß Sie mich geduldig bis hierher begleitet haben (falls Sie nicht zu denen gehören, die Bücher von hinten lesen, um vorab zu wissen, daß der Mörder immer der Gärtner ist). Vielleicht haben Sie die eine oder andere Anregung akzeptiert. Möglicherweise haben Sie Verbesserungsvorschläge, eigene Tips, interessante Erlebnisse. Dann würde ich mich freuen, von Ihnen zu hören. – Vorher wünsche ich Ihnen eine frohe Begegnung mit der Faszination des Reisens, dem exotischen Parfüm fremder Länder und Kulturen, der Schönheit ferner Landschaften, dem Charme liebenswürdiger, unverfälschter Menschen, um – wie Max Frisch sagt – „noch einmal zu sehen, was uns in diesem Leben möglich ist". Vielleicht verreisen Sie für drei Tage, vielleicht für vier Wochen, vielleicht ergeht es Ihnen wie Ibn Batuta, dem berühmten arabischen Reisenden, der nur einen Spaziergang über die Stadtmauern seiner Heimatstadt Tanger machen wollte, weiterging und erst nach fünfzehn Jahren zurückkam, um die Welt mit seinen Büchern über ferne Länder zu bereichern.

Happy landings!

Klaus Müller

Anhang

Checkliste – mitzunehmen auf Reisen

Papiere:

Reisepaß
Internationale Bescheinigung über Impfungen
Flugschein und Fahrkarten
Internationaler Führerschein
Ausweise, Versicherungs- und Kassenunterlagen
Geld, Devisen, Reiseschecks, EC-Karte
Fotokopien Paß, Visum, Ausweise
Nummernreiseschecks, Kreditkarte, Bankkonto
Adressenliste mit diversen Tel.-, Tx.-, Fax-Nummern
Paßfotos (Negativ?)
Referenz-Nr./Name Flug- und Platzreservierung
Kohlepapier für Grenzformulare?
Visitenkarten/Adreßkleber
Dokumententasche

Kleidung:

2 Hemden mit kurzen Ärmeln (Blusen)
1 Hemd mit langen Ärmeln (Bluse)
Pullover oder Strickjacke (dunkel)
Krawatte?
T-Shirt
weite Baumwollhose
Jeans?
leichte Hose (Rock) zum Ausgehen
Fahrrad-Poncho, Regenjacke
Schuhe
Sandalen
3× Unterwäsche
3 Paar Strümpfe
Shorts

Für Winterreise zusätzlich:

Anorak/Mantel
Rollkragenpulli, Pullover
1–2 Flanellhemden
warme Hose (Jeans)
mehr Unterwäsche
Liebestöter
mehr (wärmere) Strümpfe
Handschuhe
Mütze
Schal

Geschäftsreise:

Akten (Attaché-/Bordcase)
Jersey-Anzug
2–3 Hemden
Krawatten
Unterwäsche

Sarong
Hut
Fahrradponcho, -schuhe und -strümpfe
Badeanzug und Bademütze

Toilettenartikel:

Zahnbürste, -seide
Interdental-Bürstchen
Zahnpasta
Seife
Waschlappen
Rasierer
Rasiercreme
Ersatzklingen
Shampoo
Nagelbürste
Kamm, Ohropax
Schere
Nagel-Clipper
Nagelfeile
Handtuch
Tampons
Pille? Kondome
Spiegel

Reiseapotheke:

Kohletabletten
Moskito-Repellent
Antihistaminsalbe
Antibiotika
Pinzette
Aspirin
Sonnenschutzmittel
Tschamba-Fie
Desinfektionsmittel
Mullbinde
Pflaster, 3M Micropore
Vitamintabletten
Immodium/Lomotil
Resochin (z. Vorbeugung)
Fansidar/Lariam/Halfan (f. Erkrankung)
Salztabletten

Mantel und Hut und Handschuhe
Schuhputzzeug
Auswahl Toilettenartikel
Auswahl Reiseapotheke
Schirm

Schlafkomfort:

Schlafsack
Schlafanzug
Moskitonetz mit Befestigungsmaterial
aufblasbares Kissen
Luftmatratze?

Ernährung:

Feldflasche, Löffel
Wasserentkeimungsmittel
eiserne Ration (Nüsse)
Trockennahrung
(Müsliriegel, Trockenobst)
Tee, Kaffee, Zucker, Milchpulver
Instant Noodles

Salbe gegen Entzündungen
Wundpulver
Medikament gegen Reisekrankheit
Plastik-Einwegspritzen
Fieberthermometer
persönliche Medikamente

Verschiedenes:

Foto-/Videoausrüstung, Filme
Geldbeutel
Tagesbeutel
Schlüsselschnur, Kugelschreiber
Nähzeug, Sicherheitsnadeln
Taschentücher, Toilettenpapier
Reisewecker, Radio
Überlebensdecke, Kompaß
Taschenmesser, -lampe
Flaschen-, Dosenöffner
Vorhängeschloß, Kette
Tränengas, Trillerpfeife
Übersetzungshilfe, Lexikon
Steckdosenadapter
Becken-Universalverschluß?
Wäscheleine, -klammern,
Waschmittel
Plastikbeutel, Klebestreifen
Reiseführer, Lektüre, Taschenkalender
Kerze, Feuerzeug
Brillen, Sonnenbrillen
Toilettenpapier

Übersetzungshilfe

Deutsch	*Englisch*	*Französisch*	*Spanisch*	*Italienisch*
Guten Tag	hello	bonjour	buenos dias	buon giorno
bitte	please	s'il vous plaît	por favor	per favore
danke	thank you	merçi	gracias	grazie
Verzeihung	sorry	pardon	perdon	scusi
wieviel?	how much?	combien?	cuanto?	quanto?
wie alt?	how old?	quel age?	què edad?	quanti anni?
wer?	who?	qui?	quien?	chi?

wo?	where?	où?	donde?	dove?
woher?	from where?	d'où?	de donde?	di dove?
wohin?	to where?	où?	a donde?	dove?
wann?	when?	quand?	cuando?	quando?
wie weit?	how far?	quelle distance?	qué distancia?	quale distancia?
um wieviel Uhr?	what time?	quelle heure?	qué hora?	che ora?
von … nach …	from … to …	de … à …	de … a …	di … a …
Hotel	hotel	hotel	hotel	albergo
schlafen	sleep	dormir	dormir	dormire
Restaurant	restaurant	restaurant	restoran	ristorante
möglich?	possible?	possible?	possible?	possibile?
essen	eat	manger	comer	mangiare
Bahnhof	station	gare	estación	stazione
Flugplatz	airport	aéroport	aeropuerto	aeroporto
Bushalte-stelle	bus station	station de bus	estación de carros	statione di bus
Straßenbahn	tram	tramway	tramvia	tram
Haltestelle	bus stop	arrêt de bus	parada	fermata
Toilette	toilet	toilette	baño	gabinetto
Eingang	entrance	entrée	entrada	entrata
Ausgang	exit	sortie	salida	uscita
Arzt	doctor	docteur	doctor	médico
Apotheke	drugstore	pharmacie	farmacia	farmacia
Hilfe!	help!	au secours!	ayudo!	aiuto!
Postamt	post office	bureau de poste	correos	posta
Telefon	telephone	telephone	fone	telefono
Stop	stop	arrêt	pare	ferma
schön, hübsch	beautiful, nice	beau, joli	hermoso, lindo	bello, carino
jung	young	jeune	joven	gióvane
alt	old	vieux	viejo	vecchio
schwierig	complicated	difficile	difícil	difficile
ja	yes	oui	si	si
nein	no	non	no	no
wie geht's	how are you?	comment ça va?	qué tal?	come va?
gestern	yesterday	hier	ayer	ieri
heute	today	aujord'hui	hoy	oggi
morgen	tomorrow	demain	mañana	domani
übermorgen	after tomorrow	après-demain	despues de mañana	dopo domani
später	later	plus tard	despues	dopo
zu teuer	too expensive	trop cher	demasiado caro	troppo caro
billiger?	cheaper?	moins cher?	mas barato?	meno caro?

Wichtige Formulierungen in Englisch

Ich bin Deutscher (Österreicher, Schweizer) und möchte einen Vertreter meiner Botschaft (Konsulat) sprechen.

I am German (Austrian, Swiss) citizen and want to talk to a representative of my Embassy (Consulate).

Telegramm: american express bangkok – karte ... und schecks ... gestohlen (verloren) – (Name nicht vergessen!)

Telegram: american express bangkok – card ... and cheques ... stolen (lost) – (Name nicht vergessen!)

Bestätigung: Herr (Frau, Fräulein) XY hat den Diebstahl (Verlust) American Express Kreditkarte Nr. ..., der Cook Reiseschecks Nr. ... und folgender Gegenstände gemeldet: 1 Fotoapparat, Filmkamera, Videokamera, 1 Radio, 1 Wecker, Kleidung, Toilettenartikel und verschiedene Ausrüstungsgegenstände. Geschätzter Wert etwa 1000 $. Polizei-Station XY

To whom it may concern: This is to confirm that Mr. (Mrs., Miss) X has declared the theft of American Express credit card No. ..., of Cook Travelers Cheques No. ... and the following objects: 1 camera, video camera, 1 radio, 1 alarm clock, clothing, toiletry and sundry. Total value approx. 1.000 $. Police station XY.

Telex: pelni lines jakarta – bitte reservieren sie doppelkabine erster klasse (ein bett zweiter klasse) jakarta-surabaya dritter januar. (Name nicht vergessen!)

Telex: pelni lines jakarta – please reserve double cabin first class (one bed second class) jakarta-surabaya third january. (Name nicht vergessen!)

Telex: oriental hotel bangkok – erbitte reservierung zwei einzelzimmer fünfter februar für drei nächte – ankommen 17 uhr – (Name nicht vergessen!)

Telex: oriental hotel bangkok – please reserve two singles fifth february for three nights – arrival 5 pm – (Name nicht vergessen!)

Es gibt einen internationalen Buchstabenkurzcode für telegrafische Hotelreservierungen, den man allerdings nicht immer in der Westentasche dabeihat. Auch gehört es zum Service eines großen Hotels, bei einem anderen Hotel für Sie Zimmer zu reservieren.

Telex: mandarin hotel hongkong – ankommen verspätet 23 uhr – (Name nicht vergessen!)

Telex: mandarin hotel hongkong – arrival delayed 11 pm – (Name nicht vergessen!)

Grand Hotels berechnen häufig reservierte, aber nicht in Anspruch genommene Zimmer nicht. Um keine Verluste zu erleiden, vermieten sie die reservierten Zimmer anderweitig, wenn die Gäste einige Zeit nach der angekündigten Ankunftszeit nicht eintreffen. Es empfiehlt sich daher eine Benachrichtigung wie in obiger Form.

Fax: Quantas Airlines, Sydney. – Sehr geehrte Herren! Wegen schweren Unfalls bitte ich um dringende Reservierung von drei Plätzen 1. Klasse Flug Nr. ... Sydney – Frankfurt am 25. Dezember. Verbindlichen Dank für Ihre Hilfe. (Name nicht vergessen!)

Fax: Quantas Airlines, Sydney. – Dear Sirs, due to serious accident I request urgent reservation of three seats First on flight No. ... Sydney – Frankfurt on 25 December. Many thanks for your kind cooperation. Yours sincerely, (Name nicht vergessen!)

Umrechnungen

Temperaturen:

° Celsius × 1,8 + 32 = ° Fahrenheit
(° Fahrenheit – 32) × 5/9 = ° Celsius

Längen, Entfernungen, Flächen:

1 inch (Zoll) = 2,54 cm; 1 cm = 0,39 inch
1 foot (Fuß) = 0,30 m; 1 m = 3,28 feet
1 yard = 0,91 m; 1 m = 1,09 yard
1 mile (Meile) = 1,61 km; 1 km = 0,62 mile
1 square foot = 0,90 m^2; 1 m^2 = 11,10 sq. feet
1 acre = 0,40 Hektar; 1 Hektar = 2,43 acres

Gewichte:

1 ounce (Unze) = 28,35 g; 1 g = 0,035 ounce
1 pound = 0,453 kg; 1 kg = 2,21 pounds

Rauminhalte:

1 imp. gallon = 4,55 Liter; 1 Liter = 0,22 imp. gallon
1 US gallon = 3,79 Liter; 1 Liter = 0,26 US gallon

Register

Länderkunden in der Beck'schen Reihe

Manfred P. Tieger
Irland
Die grüne Insel. Mit praktischen Hinweisen für Touristen und „Auswanderer"
2., überarbeitete Auflage. 1991. 198 Seiten mit 10 Abbildungen und 3 Karten. Paperback
Beck'sche Reihe Band 801

Oskar Weggel
Indochina
Vietnam, Kambodscha, Laos
2., überarbeitete Auflage. 1990. 204 Seiten mit 8 Abbildungen und 4 Karten. Paperback
Beck'sche Reihe Band 809

Thomas Pampuch/Agustín Echalar A.
Bolivien
2., neubearbeitete Auflage. 1993. 185 Seiten mit 11 Abbildungen und 3 Karten. Paperback
Beck'sche Reihe Band 813

Karlheinrich Biermann
Mexiko
1993. 157 Seiten mit 13 Abbildungen und 2 Karten. Paperback
Beck'sche Reihe Band 851

Hans Hecklau
Kenia
1993. 148 Seiten mit 9 Abbildungen und 3 Karten. Paperback
Beck'sche Reihe Band 853

Sabine Bruno/Anette Schade
Fiji, Samoa, Tonga
1993. 158 Seiten mit 7 Abbildungen und 4 Karten. Paperback
Beck'sche Reihe Band 854

Verlag C.H.Beck München